中国語でガイドする
関東の観光名所
10選

音声ダウンロード付き

【編著】
植田一三
アクエアリーズ学長

【著】
高田直志
通訳案内士試験道場代表
上田敏子
アクエアリーズ副学長

【訳】
劉志国
アクエアリーズ講師
賈子申
アクエアリーズ講師

語研

プロローグ

　毎年数千万人の外国人が日本を訪問するにつれて，英会話を学ぶ日本人は増加中ですが，それに対して，訪日客の過半数が話す中国語の学習者数は，それほど増えていません。このように，**中華系の訪日客が日本に関心が高いにもかかわらず**，日本の文化，歴史，社会などを中国語で説明できるようなレベルの書籍は稀です。しかも中華系の人々にわかりやすいように，**中華圏での「文化的・社会的常識」を交えて，相手の懐に入っていく**ようなテキストは皆無に等しいでしょう。本書はそういった時代のニーズに応えるべく制作され，次のような特長があります。

1. 日本事情を中国語で中華圏の人々に伝えるにあたり，**相手の懐に入りやすい事物で比較**。(例：楠木正成と「諸葛孔明＋雷鋒」，招き猫と「関公」，富士山とラサの標高など)

2. 「一衣帯水」の日中の歴史を対話文に散りばめました。(例：日光と風水，漢字と仮名，孫文と横浜，日本の中華料理など)

3. 中上級学習者にとって乗り越えるべき壁といえる成語は丸暗記ではなく，場面に合わせて使わねばなりません。本書では**場面に合わせて成語を使いこなせる**ように心がけました。(例："走马观花"〔zǒu mǎ guān huā〕(駆け足旅行)，"物极必反"〔wù jí bì fǎn〕(揺り戻し〔リバウンド〕がある) など)

4. 関東の観光名所ベスト10の「絶対に紹介すべきスポット」それぞれ5か所前後を，実践的なダイアローグ形式でわかりやすく解説。

5. 外国人観光客から非常によく聞かれるQ＆Aを攻略。

6. 各名所で効果的なガイドができるように最重要フレーズと例文をカバー。

7. 日本文化を英語で説明できるように，日本の祭り，伝統芸能，庭園，食などをはじめとする各分野を，ダイアローグや例文集（巻末）でトレーニング。

8. プロの通訳案内士による各スポットでのガイディングの秘訣を，通訳ガイドの体験談を交えて伝授。

9. 他の地域と異なる「関東らしさ」を伝えるために，平安時代の平将門，鎌倉時代の源頼朝，戦国時代の北条氏，江戸時代の徳川家康など，中央政権と張り合いつつ息づいてきた独自の武家文化，つまり関東がたどってきた道を再確認できるように工夫。

　本書の制作にあたり，多大な努力をしてくれたアクエアリーズスタッフの上田敏子氏（全体企画・校正・文化編ダイアローグ＆章末・巻末例文），ミッチー里中氏・小室葉子氏（文化編ダイアローグ＆巻末例文），劉志国氏〔リュウ・ジーグオ〕(中国語翻訳)，賈子申氏〔ジャ・ツーシェン〕(中国語翻訳)，および（株）語研編集部の島袋一郎氏には心から感謝の意を表したいと思います。そして何よりも，私たちの努力の結晶である著書を愛読してくださる読者の方には心からお礼申し上げます。それではみなさん，明日に向かって中国語の道を，

Let's enjoy the process! (陽は必ず昇る！)

植田　一三

高田　直志

第 **2** 章 「皇居・明治神宮」を案内しよう！

第 **3** 章 「上野」を案内しよう！

第**4**章 「下町」を案内しよう！

第5章 「両国」を案内しよう!

【観光編】

第**6**章　「鎌倉・江ノ島」を案内しよう！

第**7**章　「横浜・横須賀」を案内しよう！

第 **8** 章　「箱根・小田原」を案内しよう！

第**9**章 「日光」を案内しよう！

第 **10** 章 「草津温泉」を案内しよう！

【巻末資料】
「文化編」必須例文リスト

【装丁】山田英春

【ナレーション】李軼倫／李洵
【録音】英語教育協議会（ELEC）録音事業部

【音声のダウンロードについて】

　本書の第 1 章〜第 10 章までの対話例の音声（中国語のみ）がダウンロードできます。パソコンで下記の URL にアクセスして，ダウンロードしてご利用ください。また，右記の QR コードからもアクセスできます。

　　　https://www.goken-net.co.jp/audio/audio_index.html

＊収録箇所は 🎧 マークとトラック番号を表示してあります。
＊収録時間は約 105 分です。
＊本書の中国語タイトルは《关东地区十大旅游景点中文指南》です。

《注意事項》

●ダウンロードできるファイルは ZIP 形式で圧縮されたファイルです。ダウンロード後に解凍してご利用ください。iOS13 以上は端末上で解凍できます。
●音声ファイルは MP3 形式です。iTunes や Windows Media Player などの再生ソフトを利用して再生してください。
●インターネット環境によってダウンロードができない場合や，ご使用の機器によって再生できない場合があります。
●本書の音声ファイルは一般家庭での私的利用に限って頒布するものです。著作権者に無断で本音声ファイルを複製・改変・放送・配信・転売することは法律で禁じられています。

第1章

「浅草」を案内しよう！

浅草は実に多彩な顔を持つ町です。東京最古の寺を持つ観音信仰の中心，初詣，節分，三社祭，花火大会など毎月必ず何かあるお祭りの町，欽ちゃん，渥美清，ビートたけしなど芸人を育てた町，そして訪日客が必ず目指す観光地。そんな人情あふれる刺激的な浅草を案内しましょう！

【観光編】……「雷門」の大提灯前にて

大提灯に書かれた漢字の意味とは！

観光客：Yóukè zhēn shì rénshān-rénhǎi ya. Érqiě dàochù dōu shì rénlìchē! Méixiǎngdào Rìběn xiànzài háiyǒu
游客真是**人山人海**呀。而且到处都是**人力车**！ 没想到日本现在还有
zhème duō 《Luòtuo Xiángzi》.
这么多《**骆驼祥子**》！

ガイド：Jùshuō rénlìchē shì qǐyuán yú míngzhì wéixīn shíqī de Dōngjīng.
据说人力车是起源于明治维新时期的东京。

観光客：Shì ma, wǒ hái yǐwéi shì Zhōngguó ne. Ā, zhè jiùshì wénmíng-xiá'ér de Léimén dàdēnglong ba!
是吗，我还以为是中国呢。啊，这就是**闻名遐迩**的雷门大**灯笼**吧！

ガイド：Duì. Léi gěi dàotián dàilaile jíshíyǔ.
对。雷给稻田**带来**了**及时雨**。

観光客：Zài Zhōngguó yě bǎ léigōng zuòwéi shénxiān ér gòngfèng.
在中国也把雷公作为神仙而供奉。

ガイド：Shì a. Qǐng kàn yíxià mén de zuǒbian. Nà jiùshì "Léishén". Qiāodǎ bēizhe de qī ge xiǎogǔ fāchu
是啊。请看一下门的左边。那就是"雷神"。敲打背着的七个**小鼓**发出
hěn dà de shēngyīn. Yòubian shì "Fēngshén".
很大的声音。右边是"风神"。

観光客：Fēngshén?
风神？

ガイド：Shìde. Táifēng bèi rènwéi shì Fēngshén dàilai de, tā huì dàilai chōngpèi de yǔshuǐ, fēngtiáo-yǔshùn
是的。台风被认为是风神带来的，他会带来充沛的雨水，**风调雨顺**
jiù huì yínglái wǔgǔ-fēngdēng. Yīncǐ, wǒmen bǎ fēng yě shìwéi shénxiān.
就会迎来**五谷丰登**。因此，我们把风也**视为神仙**。

観光客：Yuánlái rúcǐ. Xiànzài Zhōngguó běifāng nào hànzāi, huòzhě shì réngōng jiàngyǔ, huòzhě shì nánshuǐ
原来如此。现在中国北方**闹旱灾**，或者是人工降雨，或者是**南水**
běidiào, ér guòqù zhǐnéng qíyǔ le.
北调，而过去只能**祈雨**了。

ガイド：Méicuòr. Jíshǐ xiànzài zài Rìběn gèdì de shénshè de zhǔjì hái zhǔchí qíyǔ huódòng.
没错儿。即使现在日本各地的**神社的主祭**还主持祈雨活动。

観光客：Āi, búhuì ba.
哎，不会吧！

□ 人山人海《成》黑山の人だかり，ごった返す） □ 人力车 / 黄包车 huángbāochē（人力車）
□ 骆驼祥子（人力車夫"祥子"を主人公にした老舎の小説） □ 闻名遐迩《成》かの有名
な） □ 灯笼（提灯） □ 带来（もたらす） □ 及时雨（恵みの雨） □ 小鼓（小太鼓）
□ 风调雨顺《成》〔農業などで〕風雨の巡りがよく作物の成長によい） □ 五谷丰登《成》
五穀豊穣） □ 视为神仙（神として崇める） □ 闹旱灾（雨が降らなくて困る）
□ 南水北调《成》南の水〔長江水系の水〕を北方〔華北・西北地方〕に回す）
□ 祈雨（雨乞い） □ 神社的主祭（神主）

【日本語訳】

観光客：観光客でごった返していますね。しかも人力車だらけだ！ 今の日本にこんなに「駱駝祥子（らくだのシアンツ）」がいるとは思いませんでした！

ガイド：人力車を発明したのは，明治維新の頃の東京だそうですよ。

観光客：そうだったんですか，中国だと思っていました。ああ，これがかの有名な雷門の大提灯ですか！

ガイド：ええ。雷は，田んぼに恵みの雨をもたらしてくれますね。

観光客：中国でも雷様を神として祀（まつ）ってきましたね。

ガイド：はい。門の左側を見てください。あれが「雷神（らいじん）」です。背中の7つの小太鼓を叩いて大きな音を出すのです。そして右側が「風神（ふうじん）」です。

観光客：風の神？

ガイド：ええ。台風は風神によって生まれると信じられていて，たくさんの雨をもたらしますが，適度な雨は五穀豊穣につながります。そういうわけで私たちは，風も神として崇（あが）めてきたのです。

観光客：なるほど。今，中国の北方では雨が降らなくて困っており，人工降雨で降らせたり，南方の水を北方に流す水路を作ったりしていますが，昔は雨乞いをするしかなかったんですね。

ガイド：ええ。でも日本では，今でも各地で神主（かんぬし）が雨乞いをしますよ。

観光客：ええ！？ 信じられない！

【コラム】 人力車と雨をもたらす雷様

人力車を見て中国人が思い出すのは，解放前の北京の貧しい車夫の物語，《骆驼祥子》。**よく知られた**（"脍炙人口 kuàizhì rénkǒu"）作品ですが，日本でご存知の方は文学通でしょう。また，雨をもたらす雷様を神として崇めるのは，**"农者天下之大本 Nóngzhě tiānxià zhī dàběn"**（農業は天下の根本）というように，農業社会の中国も同じです。伝統文化はよく似ている日中ですので，それを引き合いに出さない手はありません。

Rank 1

Rìběn dōu yǒu shénmeyàng de shénxian?
日本都有什么样的神仙？

（日本にはどんな神々がいるのですか）

Rìběn yǒu "bābǎi wàn shén" zhī shuō, zhǔyào kěyǐ fēnchéng yǐxià sān zhǒng.
日本有"八百万神"之说，主要可以分成以下三种。

Rú Fùshìshān hé Huáyán pùbù děng, bǎ zìrán shìwéi shénshèng de cúnzài.
①如富士山和华严瀑布等，**把自然视为神圣的存在**。

Rú Qiǎncǎo shénshè hé Hègāngbāfāngōng děng, shì tèdìng dìyù de tǔdìshén.
②如浅草神社和鹤冈八幡宫等，是特定地域的**土地神**。

Háiyǒu rú Rìguāngdōngzhàogōng de Déchuān Jiākāng děng, jiāng yīngxióng shìwéi shénshèng de cúnzài.
③还有如日光东照宫的德川家康等，将英雄视为神圣的存在。

Qí tèzhēng shì yǔ dàojiào shénxiān xiāngtóng, wàilái de shén hé zhū shén dōu yǒu zìjǐ de shùyè zhuāngōng.
其特征是与道教神仙相同，外来的神和诸神都有自己的**术业专攻**。

（日本には「八百万の神」と言って，次の３つに分類されます。①富士山や華厳
の滝など，自然を神格化したもの。②浅草神社や鶴岡八幡宮など，特定地域の守
護神。③日光東照宮の徳川家康など，英雄を神格化したものなどがいます。道教
の神々と同じく，外来の神や神々にそれぞれの専門分野があることなどが特徴で
す。）

表現力 UP!

□ 把～视为神圣的存在（～を神格化する）
□ 土地神（土地神，鎮守の神）
□ 术业专攻（専門分野）

訪日客に必ず聞かれる Question ベスト５はこれだ！

Rank 2

Rìběnrén xìn fójiào ma?
日本人信佛教吗？

（日本人は仏教を信じますか）

Jīběnshang shì xìn de.　Lìrú háizi mǎnyuè hòu yào qù dāngdì shńshè cānbài, dàn zànglǐ quèshì jǔxíng fójiào yíshì.
基本上是信的。例如孩子**满月后**要去当地神社参拜，但葬礼却是举行佛教仪式。

Háiyǒu hěn duō jiātíng suīrán dōu yǒu shénkān hé fókān, dàn zài fókān qián jìbài de quèshì zǔxiān de páiwèi hé yízhào.
还有很多家庭虽然都有**神龛**和**佛龛**，但在佛龛前祭拜的却是祖先的**牌位**和**遗照**。

Yě jiùshì shuō Rìběnrén gēnjù qíngkuàng lái xuǎnzé xìn shén, xìn fó, háishi bài zǔxiān. Zhè yìdiǎn hé Zhōngguó nánfāng děng dì
也就是说日本人根据情况来选择信神，信佛，还是拜祖先。这一点和中国南方等地

de rújiào、fójiào、dàojiào hùncún hěn xiāngsì.
的儒教、佛教、道教混存很相似。

（とりあえず信じています。例えば，子供が生まれたら１か月後にお宮参りに行きますが，葬式は仏式です。また多くの家庭に神棚と仏壇がありますが，仏壇では先祖の位牌や遺影を拝むのです。つまり，状況に合わせて神，仏，または先祖を選ぶのです。中国南方などでは儒教，仏教，道教が混在するのと似ています。）

表現力 UP!

□ **基本上**（基本的に〔は〕）　　□ **满月后**（生後１か月後）

□ **神龛**（神棚）　　□ **佛龛**（仏壇）　　□ **牌位**（位牌）　　□ **遗像**（遺影）

【観光編】……「仲見世(なかみせ)」と縁起物

毎日がお祭り気分の仲見世は縁起物の宝庫!

🎧 File# 03

ガイド：Rényān chóumì de Qiáncǎo shì yǐ Qiáncǎosì wéi zhōngxīn ér fāzhǎnqilai de dìqū. Ér zhèige sìyuàn qián de shāngdiànjiē shì tōngwǎng Qiáncǎosì de cānbàidào. Jiāngjìn jiǔshí jiā diànpù líncì-zhìbǐ, jǐmǎnle gòumǎi lǐpǐn de rén.
人烟稠密的浅草是**以浅草寺为中心而发展起来的地区**。而这个寺院前的商店街是通往浅草寺的参拜道。将近九十家店铺**鳞次栉比**，**挤满**了购买礼品的人。

観光客：Hǎo rènao a, hǎoxiàng Shànghǎi de Yùyuán. Zhè tiáo jiēshang yǒu shénme hǎowán de dōngxi ma?
好热闹啊，好像上海的豫园。这条街上有什么好玩的东西吗？

ガイド：Jùyǒu Rìběn tèsè de dōngxi, yīngyǒu-jìnyǒu.
具有日本特色的东西，**应有尽有**。

観光客：Nèige yuányuán de hóngsè mù'ǒu shì jíxiángwù ba?
那个圆圆的红色木偶是**吉祥物**吧？

ガイド：Duì. Nèige shì jiàozuò "dámó" de bùdǎowēng. Jíshǐ dǎoxia yě néng zhànqilai, yīncǐ bèi rènwéi shì jíxiángwù. Tā tǐxiànle "bǎizhé-bùnáo" hé "jiānrěn-bùbá" de jīngshen.
对。那个是叫做"**达摩**"的**不倒翁**。即使倒下也能站起来，因此被认为是吉祥物。他体现了"**百折不挠**"和"**坚忍不拔**"的精神。

観光客：Nèige táocímāo shì zhāocáimāo ba?
那个陶瓷猫是招财猫吧？

ガイド：Duì. Guǎngdōng rén de cāntīnglǐ jīngcháng gòngfèngzhe yì bó yún tiān de Guāngōng xiàng lái qíyuàn shēngyì xīnglóng, ér Rìběn zé shì bǎ yǒu shénqí lìliang de māo bǎi zài diànlǐ.
对。广东人的餐厅里经常供奉着**义薄云天**的**关公**像来祈愿**生意兴隆**，而日本则是把有**神奇力量**的猫摆在店里。

観光客：Ò, wúlùn shì dámó háishi zhāocáimāo dōu shì yǐ hóngbái sè wéizhǔ. Ér wǒmen Zhōngguórén shì xǐhuan jīnsè de ...
哦，无论是达摩还是招财猫都是以红白色为主。而我们中国人是喜欢金色的…

ガイド：Duì. Zài Rìběn hóngbái sè shì jíxiáng de pèisè, ér zài Zhōngguó fēnbié shì xiàngzhēng hóngbái-xǐshì de yánsè.
对。在日本红白色是**吉祥的配色**，而在中国分别是象征**红白喜事**的颜色。

観光客：Yuánlái rúcǐ. Zhēnshì "shílǐ bùtóng fēng, bǎilǐ bùtóng sú" ya.
原来如此。真是"**十里不同风，百里不同俗**"呀。

□ 人烟稠密（家々が密集する）　　□ 以浅草寺为中心而发展起来的地区（浅草寺の門前町）　□ 鳞次栉比（《成》ずらりと軒を連ねる）　□ 挤满（人であふれる）　□ 好热闹（ものすごくにぎやかだ）　□ 应有尽有（《成》あるべきものは何でもある）　□ 吉祥物（縁起物）　□ 不倒翁（起き上がりこぼし）　□ 百折不挠（《成》七転び八起き）　□ 坚忍不拔（《成》粘り強さ）　□ 义薄云天（《成》信義を重んじる）　□ 关公（関羽）　□ 生意兴隆/买卖兴隆（商売繁盛）　□ 神奇力量（不思議な力がある）　□ 吉祥的配色（縁起のいい色合い）　□ 红白喜事（《成》红は慶事，白は弔事）　□ 十里不同风，百里不同俗（《成》所変われば品変わる）

【日本語訳】

ガイド：家々がぎっしり並ぶ浅草は，浅草寺の門前町です。そしてこのお寺の前の商店街（仲見世）は，浅草寺への参道です。90軒近くの店がずらりと軒を連ねていて，お土産を探す人であふれていますね。

観光客：ものすごくにぎやかで，上海の豫園のような雰囲気ですね。この通りで何かおもしろいものはありますか？

ガイド：日本らしいものなら，何でも見つかりますよ。

観光客：あの赤くて丸い人形は縁起物ですか？

ガイド：「ダルマさん」という起きあがりこぼしです。倒れても起きあがるので，縁起物と考えられています。「七転び八起き」や「粘り強さ」の精神を表しているということなのです。

観光客：あちらの陶器の猫の人形は招き猫でしょう？

ガイド：ええ。よく広東人のレストランでは，信義を重んじた関羽の像を祀って商売繁盛を願いますが，日本では不思議な力を持つという猫を店に飾るのです。

観光客：ほう，ダルマにしても招き猫にしても紅白が主ですね。中国人なら金色を好むのですが……

ガイド：はい。紅白は，日本では縁起のいい色合いだとされていますが，中国では紅は慶事，白は弔事のシンボルカラーですよね。

観光客：なるほど。「所変われば品変る」というわけですね。

【コラム】 "达摩 dámó" のイメージの違い

上海周辺からいらしたお客様には，浅草の賑わいを豫園に例えるとわかりやすいかもしれません。また，中国語で "**达摩** dámó" というと，起き上がりこぼしではなく歴史上の人物，"**菩提达摩** pútí Dámó"（菩提達磨）をイメージします。なお，日本では「紅白」はめでたい色ですが，中国では慶事は「紅」，弔事は「白」です。招き猫は，紅白よりも金色が好まれるようです。

【観光編】…… 仁王と五重塔

仁王は仏法を守るガードマン

Nèige shì Sìtiānwáng xiàng ba?
観光客：那个是**四天王像**吧？

Yǔ sìtiānwáng xiàng hěn fēicháng xiāngxiàng, dàn nà shì Rénwáng yě jiùshì "Hēng Hā èr jiàng", shì shǒuhù fófǎ、
ガイド：与四天王像很相像，但那是仁王也就是"**哼哈二将**"，是守护佛法、

zhàn zài miào mén liǎngbiān de yī duì shénxiān. Nín cāicai kàn, hòumian guàzhe de yòng dàocǎo biānzhī de shì shénme?
站在庙门两边的一对神仙。您猜猜看，后面挂着的用**稻草**编织的是什么？

Ńg ......
観光客：嗯……。

Nèige shì gěi Rénwáng chuān de cǎoxié, shì Shānxíng xiàn xìntú gòngxiàn gěi Qiǎncǎosì de. Nàbian kàndào
ガイド：那个是给仁王穿的**草鞋**，是山形县信徒**供献**给浅草寺的。那边看到

de shì wǔchóngtǎ.
的是五重塔。

Néng shàngqu ma?
観光客：能上去吗？

Fēicháng yíhàn, nà zuò tǎ yīnwèi shì gòngfèng Shìjiāmóuní de shèlì de tǎ,
ガイド：非常遗憾，那座塔因为是供奉释迦牟尼的舍利的塔，

suǒyǐ bùnéng shàngqu. Shùnbiàn shuō yíxià, zhèli gòngfèng de shèlì shì yījiǔliùliù nián fójiào guó
所以不能上去。顺便说一下，这里**供奉**的舍利是一九六六年佛教国

Sīlǐlánkǎ zèngsòng gěi Rìběn de.
斯里兰卡赠送给日本的。

Shì zhèyàng a? Èi, nèixiē rén zhèngzài mǎi shénme?
観光客：是这样啊？欸，那些人正在买什么？

Zhèngzài qǐng hùshēnfú. Wèile dédào shénfó de bǎoyòu, huòzhě shì gòngfèng zài shénkān qián,
ガイド：正在**请护身符**。为了得到神佛的**保佑**，或者是供奉在神龛前，

huòzhě shì suíshēn xiédài.
或者是随身携带。

Huàshuō zhèli chuān héfú de rén hǎoduō ya.
観光客：话说这里穿和服的人好多呀。

Nàxiē rén duōshù dōu shì wàiguó yóukè. Yīnwèi zhèli shì dàibiǎo Rìběn de guānguāng shèngdì, rújīn
ガイド：那些人多数都是外国游客。因为这里是东京代表性的观光胜地，如今

wàiguó yóukè yào bǐ Rìběnrén duō.
外国游客要比日本人多。

□ 四天王像（四天王像）　　□ 哼哈二将《成》1体は口を閉じ鼻から白い息を吐き，1体は口を開き黄色い息を吐くという2体の仁王像　　□ 稲草〔稲の〕わら）　　□ 草鞋（わらじ）
□ 供献（奉納する）　　□ 供奉（祀る）　　□ 请〔仏具,供物などを〕買う　＊代わりに"拿ná"〔手に入れる〕も可）　　□ 护身符（お札，お守り）　　□ 保佑〔神や仏が〕守る，加護する）

【日本語訳】

観光客：あれは四天王像ですか？

ガイド：四天王像によく似ていますが，「あうんの呼吸」の仁王と言って，仏法を守るために三門の両側に立つ神々です。この後ろにぶら下がったわらを編んだものは，何だかわかりますか？

観光客：そうですねえ……

ガイド：あれは仁王さんに履いてもらうために，山形県の信者が浅草寺に奉納したわらじです。そしてあそこに見えるのが，五重塔です。

観光客：上まで登れるのですか？

ガイド：残念ながら，あれはお釈迦様の仏舎利が納められている塔ですので登れません。ちなみに，あそこに祀られている仏舎利は，1966年に仏教国のスリランカから日本に贈呈されたものです。

観光客：そうなんですか。ところで，あの人たちは何を買っているのですか？

ガイド：お札やお守りをいただいているのです。神仏のパワーをいただくために，それを神棚に祀ったり，持ち歩いたりするのです。

観光客：それにしても，ここは着物を着ている人が多いですねえ。

ガイド：あの人たちのほとんどは外国人観光客ですよ。ここは東京を代表する観光地ですから，今日は日本人より外国人観光客のほうが多そうです。

【コラム】　仁王像と四天王像，浴衣や着物のレンタル

仁王像を見ると，歴史や文化に詳しい中国人は仏法を四方から守る「四天王像（持国天（東）・増長天（南）・広目天（西）・多聞天（北）」と認識します。また，アジア系訪日客は，浅草で浴衣や着物を**レンタル**（租赁 zūlìn 和服）して，「和風」な雰囲気を楽しむのが大好きです。日本人なら思いもよらない柄の浴衣を見ていると，彼我の美意識の差が感じられます。

File# 05

Nàxiē rén zhèngzài gàn shénme?
観光客：那些人正在干什么？

Zhèngzài chōu shénqiān.
ガイド：正在**抽神签**。

Líng bu líng?
観光客：**灵不灵**？

Zhèli de qiān shì búlùn jiéguǒ hǎohuài de, zhǐshì kànkan yùnqì de hǎo huài, chōuzhe wánr éryǐ.
ガイド：这里的签是不论结果好坏的，只是看看运气的好坏，抽着玩儿而已。

Jiēxialai wǒmen zài nàli shāoxiāng, jiéshēn zhīhòu, qù zhèngdiàn bài fó ba.
接下来我们在那里**烧香**，**洁身**之后，去**正殿**拜佛吧。

Zhèli jiùshì gòngfèngzhe guānyīn púsà de zhèngdiàn. Jùshuō liù shìjì shí zài fùjìn de Yútiánchuānli,
ガイド：这里就是供奉着观音菩萨的正殿。据说六世纪时在附近的隅田川里，

Liǎng ge yúfū dǎ yú shí, lāoqǐle guānyīnxiàng, rènwéi shì guānyīn xiǎnlíng yīncǐ jiù gòngfèng zài zhèli,
两个渔夫**打鱼**时，**捞起**了观音像，认为是观音显灵因此就供奉在这里，

dànshì bù gōngkāi gōng rén cānbài.
但是不**公开供人参拜**。

Wā, zhèige gōngdéxiāng yě shì gòu dà de la. Suīrán dàjiā dōu tóu xiānghuǒqián, dàn jìng shì
観光客：哇，这个**功德箱**也是够大的啦。虽然大家都**投香火钱**，但净是

yìngbì. Rúguǒ shì zài Zhōngguó zhìshǎo děi tóu jǐshí yuán.
硬币。如果是在中国至少得投几十元。

Ō. Yīnwèi Rìyǔli tèbié shì "wǔ yuán" yǔ "yuánfèn" xiéyīn, suǒyǐ tóu wǔ yuán de rén hěnduō.
ガイド：噢。因为日语里特别是"五元"与"缘份"谐音，所以投五元的人很多。

Shì ma! Rúguǒ shì Zhōngguó de shénfó huì yīnwèi wǔ yuán yǔ "wúyuán" xiéyīn, yuànwàng shì búhuì
観光客：是吗！ 如果是中国的神佛会因为五元与"无缘"谐音，愿望是不会

shíxiàn de.
实现的（笑）。

Háiyǒu nàli shì bǎ shídào guānyīn xiàng de liǎng ge yúfū hé chuàngjiàn Qiǎncǎosì de dìzhǔ zuòwéi shénxiān ér
ガイド：还有那里是把拾到观音像的两个渔夫和创建浅草寺的地主作为神仙而

gòngfèng de Qiǎncǎo shénshè. Qiǎncǎo rén yì xiǎngdào wǔ yuèfèn zài zhèli jǔxíng de Sānshèjì xīn jiù
供奉的浅草神社。浅草人**一想到**五月份在这里举行的三社祭**心就**

yǎngyang, zhè shì yí ge fēicháng kuángrè de jiérì.
痒痒，这是一个非常狂热的节日。

Zhēn yíhàn jīntiān kànbudào.
観光客：真遗憾今天看不到。

□ 抽神签（おみくじを引く）　　□ 灵《形》〔予言などが〕当たっている，的中している）
□ 焼香（線香をあげる）　　□ 洁身（身を清める）　　□ 正殿（本堂）　　□ 打鱼（〔網で〕
魚を取る）　　□ 捞起（すくい上げる）　　□ 公开供人参拝（御開帳）　　□ 功徳箱（賽銭箱）
□ 投香火钱（賽銭をあげる）　　□ A 与 B 谐音（A は B と同じ音である[字音が同じである]）
□ 一想到～心就痒痒（～のことを考えるたびにそわそわ［むずむず］してくる）

【日本語訳】

観光客：あの人たちは何をしているのですか？

ガイド：おみくじを引いているのです。

観光客：よく当たるのですか？

ガイド：おみくじはよい結果が出ても出なくても，運勢のよしあしを見て楽しむだけです。
　　　　これからあそこで線香をあげて身を清めてから，本堂に入って礼拝しましょう。

....

ガイド：ここは観音菩薩が祀られている本堂です。6世紀に，近くを流れる隅田川で二
　　　　人の漁師が魚を取っていたところ，観音像をすくい上げ，功徳があると思って
　　　　ここに祀りましたが，それは御開帳されません。

観光客：わあ，それにしても大きな賽銭箱ですね。みんなお賽銭をあげているけど，コ
　　　　インばかりですね。中国なら，少なくとも数十元投げ入れなくてはいけないの
　　　　ですが。

ガイド：ええ。日本語では，特に「5円」は「御縁」に通じるとして5円玉をあげる人
　　　　が多いのです。

観光客：そうなんですか！　中国の神仏ならば5円は「無縁（"无缘"）」に通じるから
　　　　願いを叶えてくださいませんよ（笑）。

ガイド：あちらが，観音像を拾った二人の漁師と浅草寺を開いた地主を神として祀った
　　　　浅草神社です。浅草の人々は，5月にここで行う三社祭のことを考えるとそわ
　　　　そわしてくるというほど，熱狂的な祭りです。

観光客：今日は見られないのが残念ですね。

【コラム】　観音信仰

中国南方や台湾，東南アジアの華人を中心に，観音信仰は盛んです。ただ，あちら
では拝む人は日本的感覚で数千円の線香を買い，**"五体投地 wǔtǐ tóudì"**（五体投地；
全身を地に投げ出して礼拝すること）して拝むのですが，拝まない人は寺院に入っ
てもお辞儀ひとつしません。日本のように「御縁がある」といって5円玉をあげる
というのは，信者でも非信者でもほぼあり得ないことです。

Rank 3

Qǐng xiángxì shuōmíng yíxià Dámó.

请详细说明一下达摩。

（ダルマについて詳しくご説明ください）

Dámó de yuánxíng shì zài Sōngshān shàolínsì xiūxíng, chéngwéi chánzōng kāishānbízǔ de Yìndù sēnglǚ pútí Dámó.

达摩的原型是在**嵩山少林寺**修行，并成为禅宗**开山鼻祖**的印度僧侣**菩提达摩**。

Zhèige hóng tǐ bái miàn de tuǒyuánxíng bùdǎowēng yuánzì Dámó dàshī miànbì jiǔ nián zuòchán de zītài, shì Rìběn jùyǒu

这个红体白面的**椭圆形不倒翁**源自达摩大师**面壁九年坐禅**的姿态，是日本具有

dàibiǎoxìng de jíxiángwù. Qíyuàn shí huàshang yì zhī yǎnjīng, yuànwàng dáchéng shí zài huàshang lìng yì zhī yǎnjīng.

代表性的吉祥物。**祈愿**时画上一只眼睛，**愿望达成**时再画上另一只眼睛。

（ダルマのモデルは嵩山少林寺で修行し、禅宗の開祖となったインド僧、達磨大師です。9 年間壁に向かって座禅をしている姿を、楕円形の赤い体と白い顔で表した起き上がりこぼしは日本を代表する縁起物です。願い事をしてから片目を入れ、願い事が叶ったらもう一つの目を入れるのです。）

表現力 UP!

□ 嵩山少林寺（嵩山少林寺） □ 开山鼻祖（開祖） □ 菩提达摩（達磨大師）
□ 椭圆形（楕円形） □ 不倒翁（起き上がりこぼし） □ 面壁九年坐禅（9 年間壁に向かって座禅する） □ 祈愿（願い事をする） □ 愿望达成（願い事がかなう）

訪日客に必ず聞かれる Question ベスト 5 はこれだ！

Rank 4

Qiǎncǎo měinián dōu yǒu shénme jiérì huò qìngdiǎn huódòng?

浅草每年都有什么节日或庆典活动？

（浅草にはどのような年中行事がありますか）

Qiǎncǎo shì yí ge měitiān dōu chōngmǎnzhe jiérì qìfēn de jiēqū. Tèbié shì zài xīnniánlǐ yīn dì-yī cì qù sìmiào shénshè

浅草是一个每天都**充满着节日气氛的街区**。特别是**在新年里**因**第一次去寺庙神社**

cānbài de rén ér biànde fēicháng rènao. Lìngwài zài wǔ yuè háiyǒu yóu jīngshén-dǒusǒu de nánxìng jiān káng shénjiào yóuxíng de Sānshèjì.

参拜的人而变得非常热闹。另外在五月还有由**精神抖擞**的男性肩扛**神轿游行**的三社祭。

Bā yuè huì zài Yútiánchuān hépàn jǔxíng yānhuǒ dàhuì hé sāngbāwǔ biǎoyǎn, jièshí zhěnggè jiēqū dōu huì biànchéng bùxíngjiē.

八月会在**隅田川河畔**举行**烟火**大会和**桑巴舞表演**，届时整个街区都会变成**步行街**。

（浅草は毎日がお祭り気分の町です。特に正月は初詣客でにぎわっています。また、5 月には威勢のいい男たちの神輿が練り歩く三社祭があります。8 月には隅田川沿いで花火大会やサンバカーニバルが開催され、町中が歩行者天国になります。）

表現力 UP!

- □ 充满着节日气氛的街区（お祭り気分の町）
- □ 在新年里第一次去寺庙神社参拝的人（初詣客）
- □ 精神抖擞（意気ごむこと，精神が活気に満ちていること）
- □ 神轿（神輿）　□ 游行（練り歩く）
- □ 隅田川河畔（隅田川沿い）　□ 烟火（花火）
- □ 桑巴舞表演（サンバカーニバル）　□ 届时（その時には）
- □ 步行街（歩行者天国）

訪日客に必ず聞かれる Question ベスト5はこれだ！

Rank 5

Qiǎncǎo dōu yǒu nǎxiē hǎowánr de?
浅草都有哪些好玩儿的？

（浅草にはどんな楽しみがありますか）

Zài zhěnggè èrshí shìjì Qiǎncǎo dōu shì yúlèquān de zhōngxīn. Chúle xiàngsheng hé xiǎopín děng yǐwài, dānkǒu xiàngsheng
在整个二十世纪浅草都是娱乐圈的中心。除了相声和小品等以外，单口相声

yǎnyuán chuānzhe héfú guìzuò zài wǔtáishang jiǎng qùwén de "dānkǒu xiàngsheng" zhìjīn yě kěyǐ jiàndedào.
演员穿着和服跪坐在舞台上讲趣闻的"单口相声"至今也可以见得到。

Diànyǐng dǎoyǎn Běiyě wǔ niánqīng shí jiùshì zài zhèli xuéyì de xiàoxīng.
电影导演北野武年轻时就是在这里学艺的笑星。

（浅草は20世紀を通して芸能界の中心でした。漫才・コントなどのほか，着物を着た噺家が高座で正座をしておもしろい話をする「落語」が今でも楽しめます。映画監督の北野武は，若いころここで修業をしたお笑い芸人でした。）

表現力 UP!

- □ 娱乐圈（芸能界）　□ 相声（漫才）　□ 小品（コント）　□ 単口相声演员（噺家）
- □ 跪坐（正座する）　□ 讲趣闻（おもしろい話をする）　□ 电影导演（映画監督）
- □ 学艺（芸を学ぶ，〔職人の〕技能を学ぶ）　□ 笑星（お笑い芸人）

昔ながらの下町と未来都市を結ぶクルーズの旅

ガイド：Xiànzài wǒmen jiù qù tǐyàn yíxià Dōngjīng Yútiánchuān de guānguāng yóuchuán ba. Cóng bǎochízhe xīrì
现在我们就去体验一下东京隅田川的**观光游船**吧。从**保持着昔日**
róngmào de lǎojiē—Qiǎncǎo wèi qǐdiǎn chuānguò shí'èr zuò qiáo, jiù dàole wèilái dūshì Táichǎng.
容貌的老街——浅草为起点**穿过**十二座桥，就到了未来都市台场。

观光客：Hǎo qīdài ya! Jiù hǎoxiàng chéngzuò Shànghǎi Huángpǔjiāng de guānguāng yóuchuán yíyàng.
好期待呀！就好像乘坐上海黄浦江的观光游船一样。

ガイド：Díquè shì nàyàng. Zhōngyú chūfā le. Kàn, wǒmen yǎnqián de jiùshì shìjiè zuìgāo de tiětǎ、Dōngjīng Qíngkōngtǎ.
的确是那样。终于出发了。看，我们眼前的就是世界最高的铁塔、**东京晴空塔**。

观光客：Yǒu duōgāo?
有多高？

ガイド：Liùbǎi sānshísì mǐ, bǐ Shànghǎi zhōngxīn dàshà gāo liǎng mǐ. Shì Āifēi'ěrtiětǎ de liǎng bèi yǐshàng.
六百三十四米，比**上海中心大厦**高两米。是埃菲尔铁塔的两倍以上。
Cóng liàowàngtáishang hái néng kàndào Fùshìshān.
从**瞭望台**上还能看到富士山。

观光客：Zhēn liǎobuqǐ! Tīngshuō Rìběn jīngcháng fāshēng dìzhèn, jiànzào nàme gāo de tǎ yǒu shénme kàngzhèn
真了不起！听说日本经常发生地震，建造那么高的塔有什么抗震
mìjué ma?
秘诀吗？

ガイド：Yǔqí shuō kàngzhèn bùrú shuō shì "nàizhèn", yě jiùshì róuruǎn de gòuzào. Fāshēng dìzhèn shí zhěnggè
与其说**抗震**不如说是"耐震"，**也就是柔软**的构造。发生地震时整个
tǎ dōu yáohuàng.
塔都**摇晃**。

观光客：Nà, bù wēixiǎn ma?
那，不危险吗？

ガイド：Bú huì de, yīnwèi yáohuàng huì fēnsàn dìzhèn suǒ shìfàngchu de néngliàng. Rúguǒ bú nàyàng zhěnggè tǎ hěn
不会的，因为**摇晃**会分散地震所释放出的能量。如果不那样整个塔很
róngyì dǎotā.
容易倒塌。

观光客：Yuánlái rúcǐ. Zhòngyào de shì "yǐ róu kè gāng" zhè zhǒng sīxiǎng.
原来如此。重要的是"**以柔克刚**"这种思想。

□ 观光游船（クルーズ船）　□ 保持着昔日容貌的老街（昔ながらの下町）　□ 穿过（くぐる）　□ 东京晴空塔（東京スカイツリー）　□ 上海中心大厦（上海タワー）　□ 瞭望台（展望台）　□ 抗震（地震に強い）　□ 也就是（つまり〔～ということである〕）　□ 柔软（しなやかな，柔軟な）　□ 摇晃（揺れる）　□ 以柔克刚（《成》柔よく剛を制す）

【日本語訳】

ガイド：これから東京の隅田川クルーズ船に乗りましょう。昔ながらの下町，浅草を起点に 12 本の橋の下をくぐると，未来都市のお台場に到着します。

観光客：楽しみですね！ 上海の黄浦江（こうほこう）を観光クルーズするようですね。

ガイド：まさにそうですね。いよいよ出発です。さあ，あそこに見えるのが世界最高のタワー，東京スカイツリーです。

観光客：高さはどのぐらいですか？

ガイド：634 メートルで，上海タワーより 2 メートル高いんですよ。エッフェル塔の 2 倍以上あります。展望台からは，富士山も見えますよ。

観光客：すごいですね！ 日本は地震大国だと聞いていますが，あんな高い塔を建てるのに地震に強い建造物を作る秘訣でもあるのですか？

ガイド：地震に強いというより「耐震」，つまり，しなやかな構造なのです。地震が起こるとタワー全体が揺れるようになっています。

観光客：それじゃあ，危険なんじゃないですか？

ガイド：いえ，揺れることによって地震エネルギーを分散させるのです。そうでないとタワー全体が倒れかねません。

観光客：なるほど。大切なのは「柔よく剛を制す」という発想なのですね。

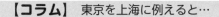

【コラム】　東京を上海に例えると…

上海周辺のお客様には，隅田川を "黄浦江 Huángpǔjiāng" に，スカイツリーは電波塔としてなら "东方明珠塔 Dōngfāng míngzhū tǎ"（東方テレビタワー），高さなら "上海中心大厦 Shànghǎi zhōngxīn dàshà" を引き合いに出します。また，中国語では "抗震 kàngzhèn" という言葉がありますが，日本人は「地震に対抗できるわけない」ことを知っているからか，地震をしなやかに受け流すという道家的な考えがあるのがおもしろいですね。

門の左側を見てください。あれが「雷神」です。背中の7つの小太鼓を叩いて大きな音を出すのです。右側が「風神」です。	Qǐng kàn yíxià mén de zuǒbian. Nà jiùshì "Léishén". Qiāodǎ bēizhe de 请看一下门的左边。那就是"雷神"。敲打背着的 qī ge xiǎogǔ fāchu hěn dà de shēngyīn. Yòubian shì "Fēngshén". 七个小鼓发出很大的声音。右边是"风神"。
台風は風神によって生まれると信じられていて、たくさんの雨をもたらしますが、適度な雨は五穀豊穣につながります。	Táifēng bèi rènwéi shì Fēngshén dàilai de, tā huì dàilai chōngpèi de yǔshuǐ, 台风被认为是风神带来的，他会带来充沛的雨水， fēngtiáo-yǔshùn jiù huì yínglái wǔgǔ-fēngdēng. 风调雨顺就会迎来五谷丰登。
このお寺の前の商店街（仲見世<ruby>仲見世<rt>なかみせ</rt></ruby>）は、浅草寺への参道です。90軒近くの店がずらりと軒を連ねていて、お土産を探す人であふれています。	Zhèige sìyuàn qián de shāngdiànjiē shì tōngwǎng Qiǎncǎosì de cānbàidào. 这个寺院前的商店街是通往浅草寺的参拜道。 Jiāngjìn jiǔshí jiā diànpù líncì-zhìbǐ, jǐmǎnle gòumǎi lǐpǐn de rén. 将近九十家店铺鳞次栉比，挤满了购买礼品的人。
日本らしいものなら、何でも見つかりますよ。	Jùyǒu Rìběn tèsè de dōngxi, yīngyǒu-jìnyǒu. 具有日本特色的东西，应有尽有。
あれは、「あうんの呼吸」の仁王と言って、寺門の両側に立ち、仏法を守る守護神です。	Nà shì Rénwáng yě jiùshì "Hēng Hā èr jiàng", shì shǒuhù fófǎ、zhàn zài 那是仁王也就是"哼哈二将"，是守护佛法、站在 miào mén liǎngbiān de yī duì shénxiān. 庙门两边的一对神仙。
おみくじはよい結果が出ても出なくても、運勢のよしあしを見て楽しむだけです。	Zhèli de qiān shì búlùn jiéguǒ hǎohuài de, zhǐshì kànkan yùnqì de hǎo huài, 这里的签是不论结果好坏的，只是看看运气的好坏， chōuzhe wánr éryǐ. 抽着玩儿而已。
あちらが、観音像を拾った二人の漁師と浅草寺を開いた地主を神として祀った浅草神社です。	Nàli shì bǎ shídào guānyīn xiàng de liǎng ge yúfū hé chuàngjiàn Qiǎncǎosì 那里是把拾到观音像的两个渔夫和创建浅草寺 de dìzhǔ zuòwéi shénxiān ér gòngfèng de Qiǎncǎo shénshè. 的地主作为神仙而供奉的浅草神社。
昔ながらの下町、浅草を起点に12本の橋の下をくぐると、未来都市のお台場に到着します。	Cóng bǎochízhe xīrì róngmào de lǎojiē—Qiǎncǎo wèi qǐdiǎn chuānguò 从保持着昔日容貌的老街——浅草为起点穿过 shí' èr zuò qiáo, jiù dàole wèilái dūshì Táichǎng. 十二座桥，就到了未来都市台场。
634メートルで、上海タワーより2メートル高いんですよ。エッフェル塔の2倍以上あります。	Liùbǎi sānshísì mǐ, bǐ Shànghǎi zhōngxīn dàshà gāo liǎng mǐ. 六百三十四米，比上海中心大厦高两米。 Shì Āifēi' ěrtiětǎ de liǎng bèi yǐshàng. 是埃菲尔铁塔的两倍以上。

浅草～お客様の人数によって説明の場所を選ぼう

　浅草，特に仲見世の人混みはガイド１年生泣かせです。この人混みの中をどのように説明するかが腕の見せ所なのです。１年目の私は，10名もの外国人観光客を案内しながら，ダルマ（"不倒翁 bùdǎowēng"）の由来や招き猫（"招財猫 zhāocáimāo"）などの説明をしてしまったため，混雑の中で後ろには声が届かず，お店側にも店の前を占拠されて迷惑がられ，なによりも10名の観光客がその場で立ち尽くしたため，人の流れが滞ってしまいました。

　２，３名ならば問題ありませんが，５，６名以上になるのなら，あらかじめ仲見世の入口（雷門の裏）で必見のものを写真やタブレットなどで数点紹介し，20～30分後に向うに見えるゲート（宝蔵門）で待ち合わせをしたほうが，ツアーがスムーズに進みます。いずれにせよ，２，３名グループと10名ぐらいのグループでは説明の場所を変えるのが，ガイディングのコツです。

「浅草」案内の必須表現リスト

本章のダイアローグやQ&A,「浅草をガイドするための必須例文をマスター！」で
使用した「浅草」を案内するための最重要表現やその他の関連表現をまとめました。
これらを駆使して，浅草についてうまく発信できるように復習しましょう！

▶浅草寺周辺，神社仏閣

- □ 浅草寺の門前町 ...... 以浅草寺为中心而发展起来的地区 yǐ Qiáncǎosì wéi zhōngxīn ér fāzhǎnqǐlai de dìqū
- □ 《成》ずらりと軒を連ねる .... 鳞次栉比 líncì-zhìbǐ
- □ 昔ながらの下町 .... 保持着昔日容貌的老街 bǎochízhe xīrì róngmào de lǎojiē
- □ 奉納する .... 供献 gòngxiàn
- □ 祀る .... 供奉 gòngfèng
- □ 〔神や仏が〕守る，加護する ..... 保佑 bǎoyòu
- □ 線香をあげる .... 烧香 shāoxiāng
- □ 身を清める.................................. 洁身 jiéshēn
- □ 提灯 .... 灯笼 dēnglong
- □ 本堂 .... 正殿 zhèngdiàn
- □ 御開帳 .... 公开供人参拜 gōngkāi gòng rén cānbài
- □ 賽銭箱 .... 功德箱 gōngdéxiāng
- □ 賽銭をあげる .... 投香火钱 tóu xiānghuǒqián
- □ 願い事をする .... 祈愿 qíyuàn
- □ 神として崇める .... 视为神仙 shìwéi shénxiān
- □ ～を神格化する .... 把～视为神圣的存在 bǎ ~ shìwéi shénshèng de cúnzài
- □ 土地神，鎮守の神........................ 土地神 tǔdìshén
- □ 開祖 .... 开山鼻祖 kāishān bízǔ
- □ 神主 .... 神社的主祭 shénshè de zhǔjì
- □ おみくじを引く .... 抽神签 chōu shénqiān
- □ 《形》〔予言などが〕当たっている，的中している... 灵 líng
- □ 願い事がかなう .... 愿望达成 yuànwàng dáchéng
- □ 神棚 .... 神龛 shénkān
- □ 仏壇 .... 佛龛 fókān
- □ 位牌 .... 牌位 páiwèi

□ 遺影 .... 遗像 yíxiàng

▶年中行事

□ 初詣客 .... 在新年里第一次去寺庙神社参拜的人 zài xīnniánli
dì-yī cì qù sìmiào shénshè cānbài de rén

□ 神輿 .... 神轿 shénjiào

□ 練り歩く .... 游行 yóuxíng

□ 隅田川沿い .... 隅田川河畔 Yútiánchuān hépàn

□ 花火 .... 烟火 yānhuǒ

□ サンバカーニバル .... 桑巴舞表演 sāngbāwǔ biǎoyǎn

□ 歩行者天国 .... 步行街 bùxíngjiē

□ ～のことを考えるたびにそわそわ［むずむず］してくる.... 一想到～心就痒痒 yì
xiǎngdào ~ xīn jiù yǎngyang

▶浅草の芸能

□ 芸能界 .... 娱乐圈 yúlèquān

□ 漫才 .... 相声 xiàngsheng

□ コント .... 小品 xiǎopǐn

□ お笑い芸人 .... 笑星 xiàoxīng

□ 噺家 .... 单口相声演员 dānkǒu xiàngsheng yǎnyuán

□ 芸を学ぶ，〔職人の〕技能を学ぶ... 学艺 xuéyì

▶縁起物

□ 縁起物 .... 吉祥物 jíxiángwù

□ お札，お守り .... 护身符 hùshēnfú

□ 起き上がりこぼし .... 不倒翁 bùdǎowēng

□ 達磨大師 .... 菩提达摩 pútí Dámó

□ 商売繁盛 .... 生意兴隆 / 买卖兴隆 shēngyì xīnglóng/mǎimài xīnglóng

□ 縁起のいい色合い .... 吉祥的配色 jíxiáng de pèisè

File# 07

観光客： Zhèige qīwǎn bú shì xiěchéng "wǎn" zì ér xiěchéng "wǎn" zì.　Zhōngguó shì shí zìpáng ér Rìběn shì
这个漆碗不是写成"碗"字而写成"椀"字。中国是**石字旁**而日本是
mù zìpáng, piānpáng bù yíyàng hái tǐng yǒu yìsi.
木字旁，偏旁不一样还挺有意思。

ガイド： Shìde.　Mùzhì qīqì shì Rìběn yǐnyǐ-wéiháo de gōngyìpǐn zhī yī.　Yīnwéi shì mùzhìpǐn suǒyǐ shì
是的。木制漆器是日本**引以为豪**的工艺品之一。因为是木制品所以是
mù zìpáng.　Rìběn qīqì zuì dà de tèsè shì shǒugǎn, ránhòu jiùshì nàiyòng.
木字旁。日本漆器最大的特色是**手感**，然后就是**耐用**。

観光客： Biǎomiàn pínghuá qiě guāngzé dù gāo zhēnshi hǎo wánměi de yí jiàn gōngyìpǐn.
表面平滑且光泽度高真是好完美的一件工艺品。

ガイド： Shìde. Zì gǔ yǐlái, qīqì jiùshì fēicháng zhēnguì de dōngxi, Ōuzhōu wángzú céngjīng zhēngxiān-kǒnghòude
是的。自古以来，漆器就是非常珍贵的东西，欧洲王族曾经**争先恐后**地
qiǎnggòu Rìběn de qīqì, àibú-shìshǒu.
抢购日本的漆器，**爱不释手**。

観光客： Shì ma.　Duìle, qīqì shì zěnme zuò de?
是吗。对了，漆器是怎么做的？

ガイド： Ǎ,　qījiàng bǎ qīshù de shùyè hé yánliào hùnhé zài yìqǐ,　ránhòu bǎ tā duōcì tú zài mùcái de
啊，**漆匠**把漆树的树液和颜料混合在一起，然后把它多次涂在木材的
biǎomiànshang. Wèile yìnghuà mùcái, zhìzuò qīqì shì xūyào gāo shīdù hé bǐjiào gāo de wēndù de.
表面上。为了硬化木材，制作漆器是需要高湿度和比较高的温度的。

観光客： Cóng shīdùshang kǎolǜ gǎnjué méiyou nèige guójiā bǐ Rìběn gèng shìhé zhìzuò qīqì le.
从湿度上考虑感觉**没有哪个国家**比日本更适合制作漆器了。

ガイド： Duì ya.　Lúndǎo qīqì hé Huìjīn qīqì,　Chūnqìng qīqì děngděng,　Rìběn yǒu hǎojǐ ge zhùmíng de
对呀。轮岛漆器和会津漆器，春庆漆器等等，日本有好几个著名的
qīqì chǎndì ne.
漆器产地呢。

観光客： Yǒu yìsi!　Chúle mùwǎn zhīwài hái néng zuò shénme?
有意思！　除了木碗之外还能做什么？

ガイド： Pén hé kuàizi, xiāngzi, chájù, fókān shénme de. Qī zuòwéi zhuānghuáng cáiliào yě bèi yòng yú jiànzhùshang.
盆和筷子、箱子、**茶具**、佛龛什么的。漆作为装潢材料也被用于建筑上。

観光客： Yòngtú hěn guǎng a. Wǒ yě xiǎng mǎi diǎn shénme qīqì.
用途很广啊。我也想买点什么漆器。

ガイド： Hǎo a,　dànshì bù piányi.　Yě yào kàn shì shénme dōngxi, bǐrú shuō nèige wǎn shì sānwàn Rìyuán.
好啊，但是不便宜。也**要看**是什么东西，比如说那个椀是三万日元。

観光客： Quèshí hěn guì.
确实很贵。

ガイド： Dànshì hěn nàiyòng. Rúguǒ jīngxīn shǐyòng de huà, jùshuō néng yòng sānbǎi nián.
但是很耐用。如果精心使用的话，据说能用三百年。

観光客：
Yě jiùshì shuō yòng yì nián shì yìbǎi Rìyuán, yòng sān tiān hái bú dào yī Rìyuán…Hǎo, mǎi le!
也就是说用一年是一百日元，用三天还不到一日元…好，买了！
Zǐsūn hòudài hái néng yòng.
子孙后代还能用。

□石字旁（石偏）　　□木字旁（木偏）　　□偏旁（偏旁，部首）　　□引以为豪《成》～
が誇りとする…）　　□手感（手触り）　　□耐用（長持ちする）　　□争先恐后《成》遅
れまいと先を競う）　　□抢购〔争って〕買い込む）　　□爱不释手《成》愛用する）
□漆匠〔うるし）職人）　　□没有哪个国家比日本～（日本ほど～な国はない）　　□茶
具（茶道具）　　□要看～（～次第，～かどうかにかかっている）　　□子孙后代《成》子々孫々）

【日本語訳】

Licensed under Public Domain
via Wikimedia Commons

観光客：この漆のお椀には「碗」ではなく「椀」と書いてあ
　　　　りますね。中国では「石偏」なのに日本では「木偏」。
　　　　部首が違うとはおもしろいですね。

ガイド：ええ。木を加工した漆器は日本が誇る工芸品のひと
　　　　つなんです。木製だから木偏なんですよ。日本の漆
　　　　器の一番の特徴はその手触りです。そして長持ちすることです。

観光客：表面の滑らかさやつやが，本当にすばらしい工芸品ですね。

ガイド：はい。古代から，漆器はとても貴重なもので，ヨーロッパの王族が日本の漆器
　　　　を競って買い求め，愛用したこともありました。

観光客：そうなんですか。ところで，漆器ってどうやって作るのですか？

ガイド：ええと，職人が漆の木の樹液と顔料を混ぜます。そしてそれを木地に何度も何
　　　　度も塗ります。漆器は，木材を硬化するために高い湿度と比較的高い温度が必
　　　　要なんです。

観光客：湿度なら日本ほど漆器作りにぴったりの国はないような気がします。

ガイド：そうですね。輪島塗や会津塗，春慶塗など，いくつかの有名な漆器の産地があ
　　　　るんですよ。

観光客：おもしろいですね！　お椀以外にはどんなものが作られるのですか？

ガイド：盆や箸，箱，茶道具，仏壇などです。漆は化粧塗料として建築にも利用されるんです。

観光客：なかなか多用途ですね。私も何か買いたいです。

ガイド：ええ，でも安くはありませんよ。ものによりますが，例えば，あのお椀は3万円です。

観光客：確かに高いですね。

ガイド：でも，とても長持ちするんです。大切に使えば300年は使い続けることがで
　　　　きるそうです。

観光客：ということは1年使って100円，3日使って1円未満……よし，買いましょう！
　　　　子々孫々使えるんですから。

第2章

「皇居・明治神宮」を案内しよう！

現在の皇居はかつて世界最大の城郭，江戸城の中心部でした。徳川家康が関八州の太守(たいしゅ)として築いたこの城は，約250年の泰平の世と，幕末の混乱，明治維新に第二次世界大戦の敗北，そして戦後復興をすべて見てきたのです。歴史の生き証人の皇居，そして明治神宮を案内しましょう！

【観光編】……「皇居前広場」前にて
楠木正成像と南北朝時代

 File# 08

ガイド： Nèige qízhe zhàn mǎ chuān kuī dài jiǎ de rén, shì shísì shìjì de yí ge jiào Nánmù Zhèngchéng de wǔshì.
那个骑着战马**穿盔戴甲**的人，是十四世纪的一个叫楠木正成的武士。
Céngjīng shì zhōngjūn àiguó de xiàngzhēng.
曾经是忠君爱国的象征。

观光客： "Àiguó de xiàngzhēng" hǎoxiàng Léifēng a (xiào). Wèi shénme bèi kànchéng shì àiguó de xiàngzhēng?
"爱国的象征" 好像**雷锋**啊（笑）。为什么被看成是爱国的象征？

ガイド： Shísì shìjì, Hòutíhú tiānhuáng duóhuí zhèngquán shí, zhuīsuí tā de jiùshì guāndōng dìqū de Zúlì Zūnshì
十四世纪，后醍醐天皇夺回政权时，追随他的就是关东地区的足利尊氏
hé Dàbǎn de Nánmù Zhèngchéng děng rén.
和大阪的楠木正成等人。

观光客： Hòulái zěnmeyàng le?
后来怎么样了？

ガイド： Wèile chuànglì xīn de wǔshì zhèngquán, Zūn shì bǎ Hòutíhútiānhuáng gǎnchū Jīngdū, ràng
为了创立新的**武士政权**，尊氏把后醍醐天皇**赶出**京都，让
biéde tiānhuáng jíwèi le.
别的天皇即位了。

观光客： Nà bú shì xiàng kuǐlěi yíyàng ma?
那不是像**傀儡**一样吗？

ガイド： Duì. Zài zhè wèi tiānhuáng zhīxià, Zūn shì chéngwéi jiāngjūn bìng jiànlìle xīn de mùfǔ.
对。在这位天皇之下，尊氏成为将军并建立了新的幕府。

观光客： Nà, Hòutíhútiānhuáng zěnmeyàng le?
那，后醍醐天皇怎么样了？

ガイド： Hòulái zài Nàiliáng xiàn zhōngbù de Jíyě jiànlìle "wángmìng zhèngquán" Náncháo. Yīnwèi Zhèngchéng yǐ
后来在奈良县中部的吉野建立了"亡命政权"南朝。因为正成以
"yǒngshì bàoguó" de jīngshén yīzhí zhuīsuí Hòutíhútiānhuáng dào zuìhòu, suǒyǐ chéngle zhōngjūn àiguó de
"**永世报国**"的精神一直追随后醍醐天皇到最后，所以成了忠君爱国的
xiàngzhēng.
象征。

观光客： Míngbai le, rúguǒ bǎ Náncháo bǐyù chéng Nánsòng, Zhèngchéng jiùshì "jīngzhōng bàoguó" de Yuèfēi, ér
明白了，如果**把**南朝**比喻成**南宋，正成就是"**精忠报国**"的**岳飞**，而
miǎoshì tiānhuáng de Zūn shì jiù xiàng Qínhuì le.
藐视天皇的尊氏就像**秦桧**了。

ガイド： Shùnbiàn shuō yíxià, yīnwèi Zhèngchéng yě shì jūnshìjiā, yīncǐ yě kě chēng tā wèi "Rìběn de Zhūgě Kǒngmíng".
顺便说一下，因为正成也是军事家，因此也可称他为"日本的诸葛孔明"。

观光客： Léifēng hé Yuèfēi hé Zhūgě Kǒngmíng héqǐlái de rénwù a, zhège rén zhēn liǎobuqǐ.
雷锋和岳飞和诸葛孔明合起来的人物啊，这个人真了不起。

□ 穿盔戴甲（鎧兜に身を包む）　　□ 雷锋（雷鋒：解放軍兵士の模範とされた人物）
□ 武士政権（武家政権）　　□ 赶出 / 驱逐（追放する）　　□ 傀儡 / 木偶（操り人形）
□ 把 A 比喻为 B（A を B にたとえる）　　□ 精忠报国（忠義を尽くして国に報いる：岳飛
が背中にほどこしたという入れ墨の言葉）□ 岳飞（岳飛：金の侵攻に最後まで戦い続け
殺された英雄とされる人物）　　□ 藐视（ないがしろにする）　　□ 秦桧（秦檜：北宋の領
地を金に割譲し，岳飛を殺害したかどで「売国奴」の代名詞とされる宰相）

【日本語訳】

ガイド：あの軍馬に乗って鎧兜に身を包んだ侍は，
　　　　楠木正成という 14 世紀の武士です。か
　　　　つて忠君愛国のシンボルでした。

観光客：「愛国のシンボル」ってなんか雷鋒みたいで
　　　　すね（笑）。なぜ愛国のシンボルなんですか？

ガイド：14 世紀に後醍醐天皇が政権を奪還する
　　　　際，彼に従ったのが関東の足利尊氏や大阪の楠木正成たちでした。

観光客：それからどうなりましたか？

ガイド：新しい武家政権をつくるために，尊氏は後醍醐天皇を京都から追放し，別の天
　　　　皇を即位させました。

観光客：それでは操り人形のようなものではなかったですか？

ガイド：ええ。この天皇の下，尊氏は将軍になり，新しい幕府を開いたのです。

観光客：では，後醍醐天皇はどうしたのですか？

ガイド：その後，奈良県中部の吉野に「亡命政権」の南朝を開きました。「七生報国」（何
　　　　度生まれ変わっても国のために尽力する）の精神で最後まで後醍醐天皇に従ったので，
　　　　正成は忠君愛国のシンボルとなったのです。

観光客：なるほど，南朝を南宋に例えると，正成は「忠義を尽くして国から受けた恩に
　　　　報いた」岳飛，天皇をないがしろにした尊氏は秦檜みたいですね。

ガイド：ちなみに，正成は戦略家であったので，「日本の諸葛孔明」とも呼ばれていたんです。

観光客：一人で雷鋒と岳飛と諸葛孔明ですか，すごい人がいたもんですね。

【コラム】　岳飛・秦檜と楠木正成・足利尊氏

日本史になじみのない中国人観光客に対しては，「中国史でいうと○○に当たる」とい
う表現が有効です。ここでは，楠木正成を雷鋒（大陸以外では無名）の愛国スロー
ガン，岳飛の忠誠心，諸葛孔明の戦略という具合に，様々な人物を重ねます。さ
らに偏見も込みですが，戦前「逆賊」とされた足利尊氏を秦檜に例えると，南北朝
時代の概略が理解されやすいでしょう。

【観光編】…… 皇居と江戸城

皇居が昔江戸城であったことを知らないのはなぜ？

File# 09

ガイド：
Xiànzài de huángjū shì shíqī shìjì jiànchéng de Jiānghùchéng de zhōngxīn bùfen. Dànshì, yǒude rén hái
现在的皇居是十七世纪建成的江户城的中心部分。但是，有的人还
bù zhīdào huángjū jiùshì yǐqián de Jiānghùchéng.
不知道皇居就是以前的江户城。

观光客：
Wèi shénme?
为什么？

ガイド：
Zěnme shuō ne, dìyī ge lǐyóu, jiùshì zhèli shǒuxiān bèi rènwéi shì tiānhuáng de gōngdiàn, qícì cái shì
怎么说呢，第一个理由，就是这里首先被认为是天皇的宫殿，其次才是
chéngbǎo.
城堡。

观光客：
Tiānhuáng hěnzǎo yǐqián jiù zài Dōngjīng ma?
天皇很早以前就在东京吗？

ガイド：
Bú shì, shì cóng shíjiǔ shìjì yǐhòu.　　Suīrán Rìběn de huángshì shì "wànshì yí xì", dàn yīn wǔshì
不是，是从十九世纪以后。虽然日本的皇室是**"万世一系"**，但因武士
shìlì de táitóu,　　"yǒu quánwēi méi quánlì" de zhuàngtài chíxùle yìqiān duō nián.
势力的抬头，"有权威没权力"的状态持续了一千多年。

观光客：
Zhè hǎobǐ Táng Xuánzōng de zǐsūn shīqùle quánlì, xiànzài hái zài Xī'ānchéngli yíyàng.　　Wúfǎ xiǎngxiàng.
这好比唐玄宗的子孙失去了权力，现在还在西安城里一样。无法想像。

ガイド：
Tǐng yǒuqù de jiànjiě.　　Dì' èr ge lǐyóu shì chūqí de dà.　　　Huángjū de miànji shì èr diǎn sān píngfāng
挺有趣的见解。第二个理由是出奇的大。皇居的面积是二点三平方
gōnglǐ, shì Tiān'ānmén guǎngchǎng de wǔ bèi. Dān shì rào nèi hùchénghé zǒu yìquān yě xūyào yí ge xiǎoshí.
公里，是天安门广场的五倍。单是绕**内护城河**走一圈也需要一个小时。

观光客：
Wèi tā de guǎngkuò suǒ zhéfú. Cóng pòtǔ dònggōng dào jiànchéng yòngle duōshao nián?
为他的广阔所折服。从**破土动工**到建成用了多少年？

ガイド：
Yòngle bàn ge shìjì.　　Jiēxiàlai dìsān ge lǐyóu shì xiànzài méiyou tiānshǒugé jí tǎlóu le.　　Rìběnrén
用了半个世纪。接下来第三个理由是现在没有**天守阁**即塔楼了。日本人
shuōdào "chéng" jiù huì liánxiǎngdào tiānshǒugé, Jiānghùchéng tiānshǒugé dàyuē yǒu liùshí mǐ gāo,
说到"城"就会联想到天守阁，江户城天守阁大约有六十米高，
yīliùwǔqī nián yīn dàhuǒ ér quánbù shāohuǐ, piànwǎ wúcún.
一六五七年因大火而全部烧毁，**片瓦无存**。

观光客：
Suǒyǐ gāosǒng rùyún de tiānshǒugé jiù wúyǐng wúzōng le. Tài yíhàn le.
所以**高耸入云**的天守阁就**无影无踪**了。太遗憾了。

□ 万世一系（万世一系）　　□ 这好比～（それは～のようなものだ）　　□ 内护城河（内堀）

□ 破土动工（鍬入れ）　　□ 天守阁（天守閣）　　□ 片瓦无存（廃墟となる）

□ 高耸入云（《成》雲の上まで高くそびえる）　　□ 无影无踪（跡形もない）

【日本語訳】

ガイド：現在の皇居は，17世紀に完成した江戸城の中心部分でした。でも，皇居が昔の江戸城だったことを知らない人もいます。

観光客：なぜですか？

ガイド：そうですね，1つ目の理由は，ここは城である前に天皇陛下の宮殿だと思われているからです。

観光客：天皇は大昔から東京にいたのですか？

ガイド：いえ，19世紀以降です。日本の皇室は「万世一系(ばんせいいっけい)」（天皇の血統が永遠にわたって，かわらず続くこと）ですが，武士の台頭のために千年以上「権威はあっても権力はない」状態が続きました。

観光客：それって，唐の玄宗(げんそう)の子孫が権力を失ったまま，今なお西安にいるようなものですよね。想像できないなあ。

ガイド：おもしろい見方ですね。2つ目の理由はけた外れな広さです。皇居の面積は2.3キロ平方メートルで，天安門広場の5倍もあります。内堀を一周歩くだけでも，1時間はかかります。

観光客：広さに圧倒されますね。鍬入れ(くわ)から完成まで，何年かかりましたか？

ガイド：半世紀です。そして3つ目の理由は，天守がなくなったことです。日本人は「城」というと天守を連想し，江戸城天守も約60メートルの高さがありましたが，1657年に大火（明暦の大火）で全焼し，廃墟となったのです。

観光客：だから，雲をしのぐ天守も跡形もなくなったんですね。残念です。

【コラム】「東京ドームの○倍」は「天安門広場の○倍」

少なくとも隋以前から続いてきた天皇制は，中国人には不思議な存在です。特に千年以上，権力はなく，権威のみだというのは，まさに「玄宗の子孫が権力を失ったまま，今なお西安にいるようなもの」なのです。なお，皇居の面積を数字のみでいうのではなく，「天安門広場の5倍」としておくと，その広さが伝わりやすいと思います。

Rank 1

Bù chóngjiàn Jiānghùchéng de tiānshǒugé ma?
不重建江户城的天守阁吗？

（江戸城の天守は復元されないのですか）

Yīn liǎng ge yuányīn bù kěnéng chóngjiàn Jiānghùchéng tiānshǒugé. Shǒuxiān, suīrán yuánlái de shèjìtú zhìjīn hái bǎoliúzhe,
因两个原因不可能重建江户城天守阁。首先，虽然原来的**设计图**至今还保留着，

dàn chóngjiàn suǒ bùkě quēshǎo de zhàopiàn què méiyou. Qícì, jiànzhùfǎ guīdìng bùnéng jiàn sì céng yǐshàng de
但**重建**所**不可缺少**的照片却没有。其次**建筑法**规定不能建四层以上的

mùzhì jiégòu jiànzhù, suǒyǐ wǔ céng jiégòu de Jiānghùchéng tiānshǒugé hěn nán shíxiàn chóngjiàn.
木质结构建筑，所以五层结构的江户城天守阁很难实现重建。

（江戸城天守の復元は二つの理由から不可能です。まずオリジナルの城の図面は
今も残ってはいるのですが，再建に不可欠な写真がないからです。次に建築基準
法で木造4階建て以上の建築は不可能ですが，江戸城天守は5階建であったこ
となどから再建は困難です。）

表現力 UP!

□ **设计图**（図面）　　□ **重建**（復元，再建）　　□ **不可缺少**（不可欠）　　□ **建筑法**（建築基準法）

訪日客に必ず聞かれる Question ベスト５はこれだ！

Rank 2

Tiānhuáng de gōngzuò dōu yǒu nǎxiē?
天皇的工作都有哪些？

（天皇はどんな仕事をするのですか）

Bèi guīdìng wéi "guómín tǒngyī xiàngzhēng" de tiānhuáng bù néng cānzhèng, zhǐ zuò yìxiē rènmìng shǒuxiàng hé zuìgāo rénmín
被规定为"国民统一象征"的天皇不能**参政**，只做一些任命**首相**和**最高人民**

fǎyuàn dàfǎguān děng guóshì huódòng, yǐjí zhìlì yú hé gèguó wàibīn zhījiān de guójì yǒuhǎo guānxi. Lìngwài zài fāshēng
法院大法官等国事活动，以及致力于和各国外宾之间的国际友好关系。另外在发生

tiānzāi rénhuò shí yě huì gǎnfù zāiqū wèiwèn zāimín. Háiyǒu jiùshì hé Zhōngguó gǔdài yíyàng, xīnhuáng dēngjī yào gǎi
天灾人祸时也会赶赴**灾区**慰问**灾民**。还有就是和中国古代一样，新皇**登基**要改

niánhào, hé gōnglì xiāng bìngyòng.
年号，和**公历**相并用。

（「国民の統合の象徴」と定められている天皇は政務は行えず，内閣総理大臣や最高裁判所長官の任命などの国事行為を行い，諸外国の国賓との国際親善に努めます。また天災・人災がおこると被災地に赴き，被災者を慰問します。なお，古代中国と同じく，新しく即位すると元号が変わり，西暦と併用します。）

表現力 UP!

- [ ] **参政**（政務を行う）　　　[ ] **首相**（内閣総理大臣）　　　[ ] **最高人民法院大法官**（最高裁判所長官）
- [ ] **天灾人祸**（天災・人災）　　　[ ] **灾区**（被災地）　　　[ ] **灾民**（被災者）　　　[ ] **登基**（即位）
- [ ] **公历**（西暦）

【観光編】...... 桜田門と幕末

激動の幕末の舞台，桜田門

ガイド：
Yībāliùlíng nián zài zhèige ménwài fāshēngle jiàn dàshì.
一八六〇年在这个门外发生了件大事。

観光客：
Fāshēngle shénme?
发生了什么？

ガイド：
Zài láizì lièqiáng qīnlüè de wēixié rìyì jiāshēn zhīshí,　　mùfǔ de zǎixiàng Jǐngyī Zhíbì hé lièqiáng
在来自列强侵略的威胁日益加深之时，幕府的**宰相**井伊直弼和列强
qiāndìngle sàng quán rǔ guó de bù píngděng tiáoyuē.
签订了**丧权辱国**的不平等条约。

観光客：
Zhènghǎo shì Qīngcháo yīn Běijīng tiáoyuē ér bǎ Jiǔlóng gēràng gěi Yīngguó de shíhou, Rìběn jìngrán yě
正好是清朝因**北京条约**而把九龙半岛割让给英国的时候，日本竟然也
chǔyú jíjí-kěwēi de zhuàngtài.
处于**岌岌可危**的状态。

ガイド：
Duì. Bǐrú shuō,　　wàiguó rén kěyǐ wéi suǒ yù wéi,　　jíshǐ shārén yě wúzuì shìfàng.　　Dàn rúguǒ
对。比如说，外国人可以**为所欲为**，即使杀人也**无罪释放**。但如果
bù qiānyuē, Rìběn hěn kěnéng bèi guāfēn.
不签约，日本很可能**被瓜分**。

観光客：
Hé Qīngcháo yíyàng, zài dāngshí de Yàzhōu, zhǐyǒu liǎng ge xuǎnzé huòzhě shì hé Ōu-Měi qiānshǔ
和清朝一样，在当时的亚洲，只有两个选择，或者是和欧美签署
bù píngděng tiáoyuē bìmiǎn zhànzhēng, huòzhě shì jiùsuàn lúnxiàn chéng zhímíndì yě yào bèishuǐ-yízhàn.
不平等条约避免战争，或者是就算**沦陷成殖民地**也要**背水一战**。

ガイド：
Duì. Jǐngyī zuòle yí ge xiāngduì láishuō hǎo yìxiē de xuǎnzé. Dànshì duìyú tíchàng páiwài de
对。井伊做了一个**相对来说好一些**的选择。但是对于**提倡排外**的
jíduān fènzǐ láishuō, zéshì nányǐ jiēshòu de.
极端分子来说则是**难以接受**的。

観光客：
Nàxiē jíduān fènzǐ dōu zuòle xiē shénme?　　Yìhétuán dehuà, dǎchūle "fú qīng miè yáng" de kǒuhào.
那些极端分子都做了些什么？　义和团的话，打出了"**扶清灭洋**"的**口号**。

ガイド：
Wèile fǎnduì mùfǔ ruǎnruò wúnéng de wàijiāo zhèngcè, zài zhèlǐ ànshāle Jǐngyī.
为了反对幕府**软弱无能**的外交政策，在这里暗杀了井伊。

観光客：
Nà bú shì kǒngbù shìjiàn ma?
那不是**恐怖事件**吗？

ガイド：
Gōng shuō gōng yǒulǐ, pó shuō pó yǒulǐ.
公说公有理，婆说婆有理。

□ 宰相（大老）　□ 丧权辱国（国権を危うくする屈辱的な）　□ 北京条约（1860 年に清と英仏露の間で結ばれた不平等条約）　□ 岌岌可危（体制が安泰でなくなる）　□ 为所欲为《成》やりたい放題）　□ 无罪释放（無罪になる）　□ 被瓜分〔〔国土が〕餌食になる）　□ 沦陷成殖民地（植民地になる）　□ 背水一战《成》背水の陣を敷いて戦う，一か八かの戦いをする）　□ 相对来说好一些（比較的よい）　□ 提倡排外（攘夷を唱える）　□ 难以接受（受け入れがたい，納得がいかない）　□ 扶清灭洋（扶清滅洋：国家主権を持つ清朝を助け，攘夷を行う義和団の初期のスローガン）　□ 口号（スローガン）　□ 软弱无能《成》弱腰）　□ 恐怖事件（テロ事件）　□ 公说公有理，婆说婆有理《諺》〔舅は自分に理があると言い，姑も自分に理があると言う→〕それぞれが正しいと主張し，意見が分かれて結末がつかないこと）

【日本語訳】

ガイド： 1860 年に大事件がこの門の外で起きました。

観光客： 何が起きたんですか？

ガイド： 列強からの侵略の脅威が高まる中，幕府の大老井伊直弼（い いなおすけ）が列強との間の国権を危うくする屈辱的な不平等条約に調印しました。

観光客： ちょうど清朝が北京条約で九龍半島を英国に取られたころに，日本も存亡がかかっていたとは……

ガイド： ええ。例えば，外国人は殺人を犯しても無罪になるほどやりたい放題でした。もし調印していなければ，日本は列強の餌食になっていたかもしれません。

観光客： 清朝と同じく，当時のアジアには，戦争を避けるために，欧米と不平等条約を結ぶか，たとえ植民地になっても背水の陣を敷いて戦うという，2 つの選択肢しかなかったのですね。

ガイド： そうです。井伊はよりましな選択をしたわけです。しかし攘夷を唱える過激派（じょうい）には，それは納得のいくものではありませんでした。

観光客： それで何かしたのですか？　義和団なら「扶清滅洋」というスローガンを掲げましたが。

ガイド： 幕府の弱腰外交に反対して，井伊をここで暗殺したのです。

観光客： それはテロ事件じゃないですか？

ガイド： それはどちらも自分のほうが正しいと思っているんでしょうね。

【コラム】　「列強」の範囲

幕末に不平等条約を押し付けられたのは日本だけではなく，清朝を含むアジアのほとんどが同じ立場でした。ここでは清朝と江戸幕府の対処法を並べて説明しています。ただ，日本で「列強」というと，欧米を指しますが，中国では欧米＋日本を意味するので，認識の違いに気をつけましょう。

【観光編】...... 明治神宮参道と神道の神々

「人間的」な日本の神々

ガイド：Zhèli shì gòngfèng Míngzhì tiānhuáng hé huánghòu de língmiào—Míngzhì shéngōng. Zhèige niǎojū shì
这里是供奉明治天皇和皇后的**陵庙**——明治神宫。这个**鸟居**是
shénjiè hé rénjiān de fēnjièxiàn.
神界和人间的分界线。

観光客：Ō, xiànzài wǒmen jìnrù shénjiè le. Nàbian de xiāngzi shì shénme?
噢，现在我们进入神界了。那边的箱子是什么？

ガイド：Shì niàngjiǔchǎng gòngfèng de jiǔtǒng. Duìyú niàngjiǔchǎng láishuō, néng bǎ jiǔ gòngfèng gěi zhèli shì
是**酿酒厂**供奉的**酒桶**。对于全国的酿酒厂来说，能把酒供奉给这里是
yì zhǒng zìháo, yě shì hěnhǎo de guǎnggào.
一种自豪，也是很好的广告。

観光客：Wèi shénme jiǔ duì shénshè nàme zhòngyào?
为什么酒对神社那么重要？

ガイド：Shì yīnwèi Rìběnrén xiàyìshìde bǎ mǐ kànchéng shénshèng zhī wù. Suǒyǐ yòng mǐ niàngzào de jiǔ yě shì
是因为日本人下意识地把米看成神圣之物。所以用米酿造的酒也是
shénshèng zhī wù, jìnrù wǒmen de shēntǐ zhīhòu jiù huì dàilai shénqí de lìliàng, jiù lián zuìjiǔ yě bèi
神圣之物，进入我们的身体之后就会**带来神奇的力量**，就连醉酒也被
rènwéi shì shénxiān suǒ shǐ.
认为是神仙所使。

観光客：Bǎ jiǔ kànchéng shén hǎoxiàng dàojiào de jiǔshén Dùkāng.
把酒看成神好像道教的**酒神杜康**。

ガイド：Duì. Shénxiān hé wǒmen yíyàng yǒu xīnù'āilè, bùjǐn xǐhuan jiǔ, shènzhì háiyǒu hào nǚsè de shénxiān.
对。神仙和我们一样有喜怒哀乐，不仅喜欢酒，甚至还有**好女色**的神仙。
Shùnbiàn shuō yíxià, jùshuō zài Rìběn bǎ niàngjiǔchǎng de fùzé rén chēngwéi "Dùshì", yě shì yóu
顺便说一下，据说在日本把酿酒厂的负责人称为"杜氏"，也是由
Dùkāng érlái de.
杜康而来的。

観光客：Zhēn búkuì shì yīyī-dàishuǐ de línbāng, yǒuyuán a.
真**不愧是一衣带水的**邻邦，有缘啊。

ガイド：Shìde. Jiēxiàlai kàn yíxià nèi gēn dàocǎoshéng. Yòng dàocǎo niǔchéng de dàibiǎo yúncai. Nèige zhī zìxíng de
是的。接下来看一下那根**稻草绳**。**用稻草扭成的**代表云彩。那个**之字形**的
báizhǐ dàibiǎo léi, léi de pángbiān de nèi jǐ gēn xì dàocǎo dàibiǎo yǔ.
白纸代表雷，雷的旁边的那几根细稻草代表雨。

観光客：Yuánlái rúcǐ. Niàngjiǔ xūyào dàmǐ, zhòng dàmǐ xūyào yǔ, yún hé léi.
原来如此。酿酒需要大米，种大米需要雨、云和雷。

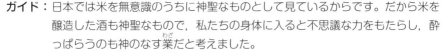

□ 陵庙（霊廟）　　□ 鸟居 / 牌坊（鳥居）　　□ 神界和人间的分界线（聖域と俗域の境目，結界）　　□ 醸酒厂（造り酒屋：酒蔵）　　□ 酒桶（酒樽）　　□ 带来神奇的力量（不思議な力をもたらし）　　□ 酒神杜康（酒造りの神の名前，杜康）　　□ 好女色（女好き）　□ 不愧是～（さすがに～だけのことはある）　　□ 一衣带水《成》海や川を隔てて近接しているさま）　　□ 邻邦（隣国）　　□ 稲草縄（しめ縄）　　□ 用稲草扭成的～（ワラをねじって作った）　　□ 之字形（ジグザグ）

【日本語訳】

ガイド：ここが明治天皇・皇后をお祀りした霊廟，明治神宮です。こちらの鳥居が神域と俗世間との結界となっています。

観光客：ほう，今私たちは神域に入ったんですね。あそこの箱は何ですか？

ガイド：造り酒屋が奉納した酒樽です。全国の造り酒屋にとって，ここにお酒を奉納するのは誇りでもあり，いい宣伝にもなります。

観光客：お酒はどうして神社にとってそんなに重要なのですか？

ガイド：日本では米を無意識のうちに神聖なものとして見ているからです。だから米を醸造した酒も神聖なもので，私たちの身体に入ると不思議な力をもたらし，酔っぱらうのも神のなす業だと考えました。

観光客：酒＝神とみるのは道教の酒の神様，杜康のようですね。

ガイド：はい。神には我々と同じく喜怒哀楽があり，酒好きだけでなく，女好きな神々さえいるほどです。ちなみに，酒蔵の責任者を，日本では「杜氏」というのは杜康から来ているからだそうです。

観光客：さすがに海を隔てただけの隣国，縁がありますね。

ガイド：ええ。次はあのしめ縄を見てください。ワラをねじって作ったのは雲を表しています。あのジグザグの白い紙は雷，雷の横に見える数本の細いワラは雨を表しています。

観光客：なるほど，酒を造るには米が必要で，米を作るには雨，雲，雷が必要なんですね。

【コラム】　"杜康"とは

酒造りの神は，中国では"杜康 dùkāng"，そこから日本語の「杜氏」という言葉が生まれたというと，中国人は驚きます。なお，1975 年に建てられた明治神宮の鳥居は，台湾の阿里山連山で伐採した樹齢 1500 年のヒノキで作った鳥居もありますが，台湾の方にならともかく，大陸の方には言う必要はないでしょう。

観光客：
Ā, shì xīnláng xīnniáng!
啊，是新郎新娘！

ガイド：
Xīnniáng de chúnbái héfú hé chúnbái tóujīn dàibiǎo chúnjié. Ér xīnláng de yìnyǒu jiāhuī de hēisè héfú
新娘的**纯白和服**和**纯白头巾**代表纯洁。而新郎的**印有家徽的黑色和服**
hé qúnkù zé dàibiǎo zhuāngyán.
和裙裤则代表**庄严**。

観光客：
Nàxiē rén shì zài wàimian jǔxíng hūnlǐ ma?
那些人是在外面**举行婚礼**吗？

ガイド：
Bú shì, gāngcái zài dàtīng de shén qián jǔxíng jiāobēijiǔ yíshì, zài zhèli pāi jiéhūn jìniàn zhào, zhīhòu
不是，刚才在**大厅**的神前举行**交杯酒仪式**，在这里**拍结婚纪念照**，之后
jǔxíng hūnyàn.
举行婚宴。

観光客：
Rìběnrén dàduō zài shénshè jǔxíng hūnlǐ ma?
日本人大多在神社举行婚礼吗？

ガイド：
Bú shì, zài Dōngjīng hěnduō shì zài jiàotánglǐ jǔxíng hūnlǐ de.
不是，在东京很多是在**教堂**里举行婚礼的。

観光客：
Éi? Tīngshuō zài Rìběn jīdū jiàotú hé tiānzhǔ jiàotú fēicháng shǎo.
欸？ 听说在日本**基督教徒**和**天主教徒**非常少。

ガイド：
Duì. Suīrán shì zài jiàotáng jǔxíng hūnlǐ, dàn bìng bùshì xìn jīdūjiào, zhǐ shì yǔ zōngjiào wúguān de
对。虽然是在教堂举行婚礼，但并不是信基督教，只是与宗教无关的
hóngbái xǐshì.
红白喜事。

観光客：
Zài jiàotáng jǔxíng què yǔ zōngjiào wúguān? Zài bú xìnyǎng de jīdūjiào Shàngdì qián fāshì hǎikū shílàn
在教堂举行却**与宗教无关**？ 在不信仰的基督教上帝前**发誓海枯石烂**
xīn bú biàn ma?
心不变吗？

ガイド：
Qíshí Rìběnrén fāshì de duìxiàng bìng bú shì shàngdì, ér shì zàichǎng de jiāshǔ. Érqiě Shéndàojiào hé
其实日本人发誓的对象并不是上帝，而是在场的家属。而且神道教和
Dàojiào yě yíyàng, shì kuānróng de jiēnà wàilái zhī shén de duōshénjiào, měi ge shénxiān dōu
道教也一样，是宽容地接纳外来之神的多神教，每个神仙都
yǒu zìjǐ de shùyè zhuāngōng. Yīncǐ zài Rìběn Yēsū Jīdū yě bèi shìwéi xìngfú hūnyīn zhī shén.
有自己的术业专攻。因此在日本耶稣基督也**被视为幸福婚姻之神**。

観光客：
Yuánlái rúcǐ.
原来如此。

□ 纯白和服（白无垢）	□ 纯白头巾（绵帽子，角隐し）	□ 纯洁（清らかさ）

□ 印有家徽的黑色和服裙裤（紋付き袴） 　□ 庄严（厳かさ） 　□ 举行婚礼（挙式する）
□ 大厅（ホール）　□ 交杯酒仪式（三々九度）　□ 拍结婚纪念照（結婚式の記念写真を撮る）　□ 婚宴（披露宴）　□ 教堂（チャペル）　□ 基督教徒（〔多くプロテスタントを指し〕キリスト教徒）　□ 天主教徒（カトリック教徒）　□ 红白喜事（冠婚葬祭）
□ 与宗教无关（無宗教的）　□ 发誓海枯石烂心不变（永遠の愛を誓う）　□ 被视为～（～と見なされている）

【日本語訳】

観光客：あっ，新郎新婦だ！

ガイド：新婦の白無垢と綿帽子［角隠し］は清らかさのしるしです。そして，新郎の黒い紋付袴は厳かさのしるしです。

観光客：あの人たちは外で挙式するのですか？

ガイド：いいえ，先ほどホールの神前で三々九度をあげ，ここで記念撮影をし，その後で披露宴を行うのです。

観光客：日本人はだいたい神前結婚なのですか？

ガイド：いえ，東京ではチャペルで挙式する方が多いです。

観光客：え？　日本にはクリスチャンはとても少ないと聞きましたが。

ガイド：ええ。チャペルで結婚式を挙げるのですが，キリスト教を信じているというわけではなく，宗教とは無関係の冠婚葬祭として行うのです。

観光客：チャペルでやるのに無宗教なんですか？　信じていないキリスト教の神様に永遠の愛を誓うのですか？

ガイド：実は日本人が誓っている相手は，神様というよりその場の家族なんです。また神道は道教と同じく，外来の神の受け入れに寛容な多神教で，神様ごとに専門分野をもっています。イエス・キリストも，日本では幸せな結婚の神様となっているのです。

観光客：そうだったんですね。

【コラム】　とりあえずは新郎新婦

訪日客にとって明治神宮で最大の見どころは，神社の社殿そのものというよりも毎日行われている婚礼の模様でしょう。ガイディング中に，新郎新婦を見かけたら，とりあえず説明はストップして，そちらをご見学いただきましょう。対話例には書いていませんが，結婚にどれだけお金がかかるか，というような「経済の話」が大好きな方が多いようです。

Rank 3

Qítā Yàzhōu rén yě jìnxíng le páiwài yùndòng ma?

其他亚洲人也进行了**排外运动**吗？

（他のアジア人も攘夷を行ったのですか）

Páiwài yùndòng zài qítā Yàzhōu zhūguó yě fāshēngguo, dàn dōu tángbì-dāngchē, yǐ shībài ér gàozhōng. Lìrú zài qīngcháo yǐ

排外运动在其他亚洲诸国也发生过，但都是**螳臂当车，以失败而告终**。例如在清朝以

"fúqīng mièyáng"wéi kǒuhào de yìhétuán zuìhòu bàigěile bāguó liánjūn. Dāngshí shòudào xīfāng lièqiáng wēixié de Yàzhōu

"扶清灭洋"为口号的义和团最后败给了**八国联军**。当时受到西方列强**威胁**的亚洲

zhūguó suǒ néng zuò de zhǐyǒu zhànbài hòu lúnwéi zhímíndì huòzhě bù fǎnkàng jiēshòu sàngquán rǔguó de bù píngděng tiáoyuē.

诸国所能做的只有战败后**沦为殖民地**或者不反抗接受**丧权辱国**的不平等条约。

（攘夷は他のアジア諸国でも起こりましたが，みな無謀で，失敗に終わりました。例えば，清朝でも「扶清滅洋」をスローガンにした義和団が，列強のハカ国連合軍に敗れました。当時，西洋からの脅威を受けたアジア諸国には，戦っても結局は植民地化されてしまうか，戦わずに屈辱的な不平等条約を受け入れるしかなかったのです。）

表現力 UP!

☐ 排外运动（攘夷）

☐ 螳臂当车（《成》〔カマキリが前肢を上げて車を遮る→〕身の程知らずなことをする，無謀な）

☐ 以失败而告终（失敗に終わる）

☐ 扶清灭洋（扶清滅洋：清朝を支持して列強を滅ぼすという義和団のスローガン）

☐ 八国联军（ハカ国連合軍：義和団事件で北京に派兵した日本を含むハカ国の軍隊）

☐ 威胁（脅威）

☐ 沦为殖民地（植民地化される）

☐ 丧权辱国（国家が主権を失い，恥辱を受ける）

Rank 4

Qǐng gàosu wǒ gèng duō guānyú niǎojū de shìqíng.
请告诉我更多关于鸟居的事情。

（鳥居についてもっと教えてください）

Suǒwèi "niǎojū" jiùshì lì yú shénshè rùkǒu de "kāi" zìxíng de mén. Gùmíng sīyì jiùshì "niǎolèi tíngliú zhī suǒ".
所谓"鸟居"就是立于神社入口的"开"字形的门。**顾名思义**就是"鸟类停留之所"。

Zhè shì yīnwèi niǎo bèi rènwéi shì liánjiē tiāndì zhījiān de shén de shǐzhě, tāme suǒ tíngliú de mén yě jiùshì qūfēn
这是因为鸟被认为是连接天地之间的神的使者，它们所停留的门也就是区分

shényù hé fánchén súshì de jiéjiè. Lèisì yú Zhōngguó de miàoqián de páifáng.
神域和**凡尘俗世**的**结界**。类似于中国的庙前的**牌坊**。

（「鳥居」とは，神社の入口に立つ「开」の形の門です。文字どおりの意味は，「鳥の居る所」です。これは鳥は天と地を結ぶ使者として神聖視されていたので，それらが止まる門を神域と俗世間を分ける結界としたからです。似たようなものは，中国の廟の前の牌坊があります。）

表現力 UP!

□ 顾名思义（文字どおりの意味）　□ 凡尘俗世（俗世間）
□ 结界（結界）　□ 牌坊（牌坊）

皇居・明治神宮をガイドするための必須例文をマスター！

あの軍馬に乗って鎧兜に身を包んだ侍は，楠木正成という14世紀の武士です。かつて忠君愛国のシンボルでした。	Nèige qízhe zhàn mǎ chuān kuī dài jiǎ de rén, shì shísì shìjì de yí ge 那个骑着战马穿盔戴甲的人，是十四世纪的一个 jiào Nánmù Zhèngchéng de wǔshì. Céngjīng shì zhōngjūn àiguó de xiàngzhēng. 叫楠木正成的武士。曾经是忠君爱国的象征。
現在の皇居は，17世紀に完成した江戸城の中心部分でした。	Xiànzài de huángjū shì shíqī shìjì jiànchéng de Jiānghùchéng de zhōngxīn bùfen. 现在的皇居是十七世纪建成的江户城的中心部分。
皇居の面積は2.3キロ平方メートルで，天安門広場の5倍もあります。内堀を一周歩くだけでも，1時間はかかります。	Huángjū de miànji shì èr diǎn sān píngfāng gōnglǐ, shì Tiān'ānmén guǎngchǎng de 皇居的面积是二点三平方公里，是天安门广场的 wǔ bèi. Dān shì rào nèi hùchénghé zǒu yìquān yě xūyào yí ge xiǎoshí. 五倍。单是绕内护城河走一圈也需要一个小时。
ここが明治天皇・皇后をお祀りした霊廟，明治神宮です。	Zhèli shì gòngfèng Míngzhì tiānhuáng hé huánghòu de língmiào— Míngzhì shéngōng. 这里是供奉明治天皇和皇后的陵庙 — 明治神宫。
こちらの鳥居が神域と俗世間との結界となっています。	Zhèige niǎojū shì shénjiè hé rénjiān de fēnjièxiàn. 这个鸟居是神界和人间的分界线。
酒蔵の責任者を，日本では「杜氏」というのは杜康から来ているからだそうです。	Jùshuō zài Rìběn bǎ niàngjiǔchǎng de fùzé rén chēngwéi "Dùshì", yě shì yóu Dùkāng érlái de. 据说在日本把酿酒厂的负责人称为"杜氏"，也是由杜康而来的。
次はあのしめ縄を見てください。ワラをねじって作ったのは雲を表しています。あのジグザグの白い紙は雷，雷の横に見える数本の細いワラは雨を表しています。	Jiēxiàlai kàn yíxià nèi gēn dàocǎoshéng. Yòng dàocǎo niǔchéng de dàibiǎo yúncai. 接下来看一下那根稻草绳。用稻草扭成的代表云彩。 Nèige zhī zìxíng de báizhǐ dàibiǎo léi, léi de pángbiān de nèi jǐ gēn xì 那个之字形的白纸代表雷，雷的旁边的那几根细 dàocǎo dàibiǎo yǔ. 稻草代表雨。
新婦の白無垢と綿帽子［角隠し］は清らかさのしるしです。そして，新郎の黒い紋付袴は厳かさのしるしです。	Xīnniáng de chúnbái héfú hé chúnbái tóujīn dàibiǎo chúnjié. Ér xīnláng de 新娘的纯白和服和纯白头巾代表纯洁。而新郎的 yìnyǒu jiāhuī de hēisè héfú hé qúnkù zé dàibiǎo zhuāngyán. 印有家徽的黑色和服和裙裤则代表庄严。
先ほどホールの神前で三々九度をあげ，ここで記念撮影し，その後で披露宴を行うのです。	Gāngcái zài dàtīng de shén qián jǔxíng jiāobēijiǔ yíshì, zài zhèli pāi jiéhūn 刚才在大厅的神前举行交杯酒仪式，在这里拍结婚 jìniàn zhào, zhīhòu jǔxíng hūnyàn. 纪念照，之后举行婚宴。

明治神宮～目の前に見えるものを説明しよう

　明治神宮を案内するため，気合を入れて明治天皇や神道，境内の樹木などについて詳しく下調べをして臨みました。この場所で何を言い，あの場所では何を言おうかということのシナリオを作り，それに従って説明していったのはよかったのですが，あわてたのが**白無垢の花嫁**（"**新娘** xīnniáng"）を目にしたときでした。

　私はこれについては全く下調べをしていなかったため，質問が来るとまずいと思い，本殿に進もうと思いました。しかしお客様の目は神道や明治天皇や樹木の話などよりも目の前の花嫁にくぎ付けです。ガイド1年生だった私は「伝統的な神前結婚です。」と言ったきり何も言えませんでした。お客様はしきりに写真を撮っていらしたため，説明らしい説明はいらなかったのかもしれませんが，情けない思いでいっぱいでした。

　前日の下準備以外にも日本文化に関するあらゆる場面を想定して普段から学び，目の前で起こった想定外の事象の説明をする能力をつけなければなりません。**ガイドの基本は今目の前にある物事を説明すること**ですから。

「皇居・明治神宮」案内の必須表現リスト

本章のダイアローグやQ&A,「皇居・明治神宮をガイドするための必須例文をマスター!」で使用した「皇居・明治神宮」を案内するための最重要表現やその他の関連表現をまとめました。これらを駆使して,皇居・明治神宮についてうまく発信できるように復習しましょう!

▶皇居・皇室

- □ 鎧兜に身を包む .... 穿盔戴甲 chuān kuī dài jiǎ
- □ 万世一系 .... 万世一系 wànshì yí xì
- □ 武家政権 .... 武士政权 wǔshì zhèngquán
- □ 追放する .... 赶出 / 驱逐 gǎnchū/qūzhú
- □ 操り人形 .... 傀儡 / 木偶 kuǐlěi/mù' ǒu
- □ 天皇 .... 天皇 tiānhuáng
- □ 国民の統合の象徴 .... 国民统一象征 guómín tǒngyī xiàngzhēng
- □ 即位 .... 登基 dēngjī
- □ 政務を行えない .... 不能参政 bù néng cānzhèng
- □ 内閣総理大臣 .... 首相 shǒuxiàng
- □ 最高裁判所長官 .... 最高人民法院大法官 zuìgāo rénmín fǎyuàn dàfǎguān
- □ 天災・人災 .... 天灾人祸 tiānzāi rénhuò
- □ 被災地に赴く .... 赶赴灾区 gǎnfù zāiqū
- □ 被災者を慰問する .... 慰问灾民 wèiwèn zāimín
- □ 西暦 .... 公历 gōnglì

▶城郭

- □ 天守閣 .... 天守阁 tiānshǒugé
- □ 内堀 .... 内护城河 nèi hùchénghé
- □ 図面 .... 设计图 shèjìtú
- □ 復元,再建 .... 重建 chóngjiàn
- □ 建築基準法 .... 建筑法 jiànzhùfǎ
- □ 跡形もない .... 无影无踪 wúyǐng wúzōng

▶神社

□ 霊廟 .... 陵庙 língmiào

□ 鳥居 .... 鸟居 / 牌坊 niǎojū/páifāng

□ 俗世間 .... 凡尘俗世 fánchén súshì

□ 結界 .... 结界 jiéjiè

□ 聖域と俗域の境目，結界 .... 神界和人间的分界线 shénjiè hé rénjiān de fēnjièxiàn

□ 造り酒屋：酒蔵 .... 酿酒厂 niàngjiǔchǎng

□ 酒樽 .... 酒桶 jiǔtǒng

□ しめ縄 .... 稻草绳 dàocǎoshéng

▶婚礼

□ 白無垢 .... 纯白和服 chúnbái héfú

□ 綿帽子，角隠し .... 纯白头巾 chúnbái tóujīn

□ 清らかさ .... 纯洁 chúnjié

□ 紋付き袴 .... 印有家徽的黑色和服裙裤 yìnyǒu jiāhuī de hēisè héfúhé qúnkù

□ 厳かさ .... 庄严 zhuāngyán

□ 挙式する .... 举行婚礼 jǔxíng hūnlǐ

□ 三々九度 .... 交杯酒仪式 jiāobēijiǔ yíshì

□ 結婚式の記念写真を撮る .... 拍结婚纪念照 pāi jiéhūn jìniàn zhào

□ 披露宴 .... 婚宴 hūnyàn

□ チャペル .... 教堂 jiàotáng

□ 冠婚葬祭 .... 红白喜事 hóngbái xǐshì

□ 永遠の愛を誓う .... 发誓海枯石烂心不变 fāshì hǎikū shílàn xīn bú biàn

□ ウェディングドレス .... 婚纱 hūnshā

□ タキシード .... 无尾晚礼服 wú wěi wǎn lǐfú

▶幕末

□ 攘夷 .... 排外运动 páiwài yùndòng

□ 攘夷を唱える .... 提倡排外 tíchàng páiwài

□ 植民地化される .... 沦为殖民地 lúnwéi zhímíndì

□ 大老 .... 宰相 zǎixiàng

第3章

「上野」を案内しよう！

　上野には二つの顔があります。日本最大のコレクションを誇る東京国立博物館を中心とする美術館・博物館が集中する芸術の町，そして上野動物園に花見の名所，何でも安いアメ横など，庶民の熱気あふれる下町です。芸術と大衆文化の両方が楽しめる上野を案内しましょう！

場面 1

【観光編】…… 東京国立博物館と近代建築

日本一の博物館建設のもつ意味とは？

 File" 13

ガイド： Lái, wǒmen dào Dōngjīng guólì bówùguǎn le.　Zuǒbian de yánglóu jiào "Biǎoqìngguǎn".
来，我们到东京国立博物馆了。左边的洋楼叫"表庆馆"。

观光客： Hǎo zhèngzōng, zhēnshi bǐ Ōuzhōu hái Ōuzhōu!
好**正宗**，真是**比**欧洲还欧洲！

ガイド： Nà zuò shì Rìběn jiànzhùshī zài shíjiǔ shìjì mò shèjì de.　Dāngshí de Rìběn wèile zǒu xiàndàihuà dàolù
那座是日本建筑师在十九世纪末设计的。当时的日本为了**走现代化道路**
ér zài tuōlí yǐ jiāngjūn zhìshàng de mùfǔ tǐzhì.
而在脱离以将军至上的幕府体制。

观光客： Nàshí de Rìběn jiù zài yǐnjìn xīfāng wénhuà la!
那时的日本就在引进西方文化啦！

ガイド： Shìde. Zhèngfǔ jiāng xīfāng wénhuà yǐnrù yī shí zhù xíng zuòwéi guócè. Ránhòu zhèngfǔ pìnqǐng
是的。政府将西方文化引入衣食住行作为国策。然后政府聘请
Yīngguó jiànzhùshī shèjìle yuánlái de zhǔlóu.
英国建筑师设计了原来的主楼。

观光客： Zhèige jiànzhù háo bù xùnsè yú zhèngzōng de Ōuzhōu jiànzhù.
这个建筑**毫不逊色**于正宗的欧洲建筑。

ガイド： Shìde. Zhè zhèng shì gāodù tuīguǎng "wénmíng kāihuà" shíqī de jiànzhù jiézuò. Shì zài fǎnfù
是的。这正是高度推广**"文明开化"**时期的建筑杰作。是在**反复**
mōsuǒ xià cái dànshēngchu de zhèyàng wánměi de jiànzhùwù.
摸索下才诞生出的这样完美的建筑物。

观光客： Nà, nàbiān zhōngjiān de jiànzhùwù hěn dútè bìngqiě jùyǒu dōngfāng fēnggé.
那，那边中间的建筑物很独特并且具有东方风格。

ガイド： Nàbiān shì zhǔlóu (Rìběn zhǎnqū). Gāngjīn hùnníngtǔ jiànzhù pèi jiā hēisè wǎwūdǐng, ránhòu zài
那边是主楼（日本展区）。**钢筋混凝土**建筑配加黑色**瓦屋顶**，然后再
pèishang Bōsī fēnggé de màncǎo tú'àn de zhuāngshì. Zhè shì gēnjù shàng shìjì sānshí niándài shèngxíng de
配上波斯风格的蔓草图案的装饰。这是根据上世纪三十年代盛行的
"Yàzhōu zhǔyì" ér jiànzào de.
"亚洲主义"而建造的。

观光客： Nàshì zěnyàng yì zhǒng sīxiǎng ne?
那是怎样一种思想呢？

ガイド： Yǐ Rìběn hé Yàzhōu gèguó gòngtōng de wénhuà jiàzhíguān wéi jīchǔ, bìngchú Ōu-Měi, yǐ yà zhì yà.
以日本和亚洲各国共通的文化价值观为基础，**摒除欧美，以亚治亚**。
Zài hòulái bèi lìyòng wéi qīnlüè Yàzhōu de zhèngzhì xuānchuán.
再后来被利用为侵略亚洲的**政治宣传**。

观光客： Wǒ jiù juéde zhèige jiànzhù shì zài nǎlǐ jiànguo,　yuánlái shì hé wěimǎn "shǒudū" Chángchūn de
我就觉得这个建筑是在哪里见过，原来是和**伪满**"首都"长春的
Bādàbù yíyàng de jiànzhù.
八大部一样的建筑。

44

> □ 正宗（本格）　　□ 比Ａ还Ａ（Ａ以上にＡ的）　　□ 走现代化道路（近代化の道を歩む）
> □ 脱离（脱却する）　　□ 以将军至上的～（将軍を至上とする～）　　□ 毫不逊色（～となんら変わらない）　　□ 文明开化（文明開化）　　□ 反复摸索（試行錯誤）　　□ 钢筋混凝土（鉄筋コンクリート）　　□ 瓦屋顶（瓦屋根）　　□ 波斯风格的蔓草图案（ペルシア風の唐草文様）　　□ 摒除欧美（欧米人を追い出せ）　　□ 以亚治亚（アジア人によるアジアを作り直す）　　□ 政治宣传（プロパガンダ）　　□ 伪满（満州国）

【日本語訳】

ガイド：さあ，東京国立博物館に着きました。左の洋館は「表慶館（ひょうけいかん）」です。

観光客：なかなか本格的ですね，欧州以上に欧州的です！

ガイド：あれは日本人建築家が19世紀末に設計したものです。当時の日本は近代化の道を歩むために，将軍を至上とする幕藩体制から脱却していました。

観光客：その頃の日本は，西洋化しようとしていたんですよね！

ガイド：ええ。政府は国策として洋風を衣食住まで取り入れました。そして，政府は英国人建築家を招いて，元の本館を設計しました。

観光客：この建物は，本場ヨーロッパの建築となんら変わりないですね。

ガイド：はい。これはまさに，「文明開化」を高度に普及させた時期の建築の傑作です。試行錯誤の末，このような完全な建物を生み出したのです。

観光客：ところで，あちらの中央の建物はユニークで，東洋的ですね。

ガイド：あちらは本館（日本ギャラリー）です。鉄筋コンクリート建築の上に黒い瓦屋根，そしてペルシア風の唐草文様の装飾で覆われています。これは1930年代に流行った「アジア主義」に基づき建てられました。

観光客：それはどんな思想ですか？

ガイド：日本とアジア諸国は共通の文化的価値観に基づくので，アジア人によるアジアを作り直すために，欧米人を追い出せというのです。後にアジア侵略のプロパガンダとして利用されてしまいましたが……

観光客：どこかで見たことのある建物かと思ったら，満州国の「首都」だった長春によく見かける8つの官庁舎のような建物ですね。

【コラム】　「アジア主義」の功罪

ここでは，アジア主義に基づく「興亜様式（こうあ）」の建築が満州国の建造物を連想させることを挙げましたが，同じタイプのものが，東京なら九段会館，横浜なら神奈川県庁，名古屋なら愛知県庁や名古屋市役所など，各地に点在するのでご注意を。中国語通訳案内士は，常に歴史認識の違いに悩まされます。また，悩まされたことがないようならホンモノではありません。

File# 14

ガイド：
Zài zhèige zhǔlóu zhōng shōucángle xǔduō cǎisè fēngsú mùbǎnhuà. Zhèxiē bǎnhuà wéimiào wéixiàode miáohuìle
在这个主楼中收藏了许多**彩色风俗木版画**。这些版画**惟妙惟肖**地描绘了

Jiānghù shídài chéngshì jūmín de zītài, shèngxíng yú shíbā shìjì mò.
江户时代**城市居民**的姿态，盛行于十八世纪末。

观光客：
Shì rúhé zhìzuò de ne?
是如何制作的呢？

ガイド：
Mùbǎnhuà shì yóu huàjiā, diāogōng hé yìnshuāgōng de liúshuǐ zuòyè pīliàng shēngchǎn de.
木版画是**由画家、雕工和印刷工的流水作业**批量生产的。

Tícái yǒu Fùshìshān děng fēngjǐnghuà hé gēwǔjì yǎnyuán, měirén děng, dōu shì tiējìn shēnghuó de nèiróng.
题材有富士山等风景画和歌舞伎**演员**、美人等，都是贴近生活的内容。

Hòulái Mònài děng yìnxiàngpài hé Fàngāo hòuyìnxiàngpài yě duì cǐ zàn bù jué kǒu.
后来**莫奈**等印象派和**梵高**等后印象派也对此**赞不绝口**。

观光客：
Yuánlái rúcǐ. Nà wǒ xǐhuan cháyì, yóuqí duì yǎnghú gǎn xìngqù. Tīngshuō Rìběn yě yǒu xīnshǎng chágòu
原来如此。那我喜欢**茶艺**，尤其对**养壶**感兴趣。听说日本也有欣赏**茶垢**

shènrù cháqì lièwén ér mànmàn biànsè de xíguàn, nà zhèli yě yǒu táocí ma?
渗入茶器裂纹而慢慢变色的习惯，那这里也有陶瓷吗？

ガイド：
Dāngrán yǒu. Zhǐ búguò yǔ jīngyíng tòubái de Jǐngdézhèn cíqì bùtóng, Rìběn de shěnměiguān rènwéi
当然有。只不过与**晶莹透白**的景德镇瓷器不同，日本的审美观认为

zuǒyòu bú duìchèn qiě biànxíng de táoqì gèng jùyǒu zìrán chúnpú zhī měi.
左右不对称且**变形**的陶器更具有自然淳朴之美。

观光客：
Yě jiùshì shuō, "rénzhě jiàn rén, zhìzhě jiàn zhì". Tīngshuō zhèli yě yǒu Rìshì tíngyuàn.
也就是说，"**仁者见仁，智者见智**"。听说这里也有日式庭院。

ガイド：
Shìde, yǐ Rìběn měishù wéi zhōngxīn de zhǔlóu hòumian yǒu huányóushì tíngyuàn, zài nàli kěyǐ
是的，以日本美术为中心的主楼后面有环游式庭院，在那里可以

tǐhuìdào "xiánjì gǔyǎ", yě jiùshì Rìběnrén jiǎnpǔ, chúnjìng, jìjìng, sùyǎ de shěnměiguān.
体会到"**闲寂古雅**"，也就是日本人**简朴、纯净、寂静、素雅**的审美观。

观光客：
Nà zhēnshi tài hǎo le!
那真是太好了！

□ 彩色风俗木版画（錦絵）　　□ 惟妙惟肖（《成》真に迫っている）　　□ 城市居民（町人）
□ 由画家、雕工和印刷工的流水作业（絵師，彫師，刷師の流れ作業）　　□ 演员（役者）
□ 莫奈（モネ）　　□ 梵高（フィンセント・ファン・ゴッホ）　　□ 赞不绝口（《成》絶賛する）
□ 茶艺（茶藝）　　□ 养壶（急須を色が変わるまで使い込むこと）　　□ 茶垢渗入裂纹（ひ
びに茶渋がしみ込む）　　□ 晶莹透白（透き通るように白い）　　□ 左右不对称（左右非対
称）　　□ 变形（変形する，ひずむ）　　□ 仁者见仁，智者见智（《成》仁者は仁を見，智
者は智を見る→同じ事物でも人によってそれぞれ見方が違うこと）
□ 闲寂古雅（わびさび）　　□ 简朴、纯净、寂静、素雅（簡素さ，清らかさ，静けさ，渋さ）

【日本語訳】

ガイド：ここ本館には錦絵のコレクションがあります。江戸時代の町人の姿を生き生きと描いており，18世紀末に広まりました。

観光客：どうやって作ったのですか？

ガイド：錦絵は，絵師，彫師，刷師の一貫した流れ作業で大量生産されました。題材は富士山などの風景画や，歌舞伎役者，美人等，身近なものです。後にモネなどの印象派やファン・ゴッホなどのポスト印象派も絶賛しました。

観光客：なるほど。ところで私は茶藝が好きで，急須を使い込み色が変わるのに惹かれます。日本でも茶器のひびに茶渋がしみ込んで色が変わるのを愛でる習慣があるそうですが，ここは陶磁器もありますか？

ガイド：もちろんです。ただ透き通るように白い景徳鎮の磁器とは異なり，左右非対称でひずんだ陶器がかえって自然で素朴な美しさがあるというのが，日本的な美意識です。

観光客：つまり，見るポイントが異なるんですね。それからここには日本庭園もあるそうですが。

ガイド：はい，日本美術中心の本館の裏庭は回遊式庭園で，「わびさび（侘寂）」，つまり簡素さ，清らかさ，静けさ，渋さに美を見出した日本人の美意識が感じられると思います。

観光客：それはいいですね！

【コラム】　西洋美術と中国美術

博物館を訪問したがる中国からの個人客は，知的水準が高いと思って間違いないでしょう。日本美術だけでなく，茶藝や景徳鎮の磁器，中国園林や中国の風俗画など，中国美術にも触れておきましょう。また，そのようなお客様は欧米の美術館も見て歩いている可能性も高いので，西洋美術の勉強もしておくといいでしょう。ガイドの道は広く深いのです。

訪日客に必ず聞かれる Question ベスト5はこれだ！

 Rank 1

Rìběn táocí de tèsè shì shénme?

日本**陶瓷**的特色是什么？

（日本の陶磁器の特色は何ですか）

Rìběn de táocí suǒ zhùzhòng de shì zuǒyòu bú duìchèn de biànxíng hé shùn qí zìránde jiēshòu yíqiè. Táocí yóu Zhōngguó hé

日本的陶瓷所**注重**的是左右不对称的变形和**顺其自然地接受**一切。陶瓷由中国和

Cháoxiǎn chuánrù, tāmen jiāng zuǒyòu duìchèn shìwéi shǒuyào jiàzhí, yīncǐ Rìběn de zuòpín bèi shìwéi shì cáncìpǐn,

朝鲜传入，他们将左右对称视为首要价值，因此日本的作品被视为是**残次品**，

hǎo yìdiǎn de yě huì bèi rènwéi shì qiánwèi.

好一点的也会被认为是**前卫**。

（日本の陶磁器は，左右非対称で整っていないこと，そして自然の成り行きに任せてすべてを受け入れることを重んじます。陶磁器は中国や朝鮮からもたらされましたが，あちらでは左右対称に価値を置き，日本のものは不良品，よくてもアヴァンギャルドなものと見なします。）

表現力 UP!

□ 陶瓷（陶磁器）

□ 注重（重視する，重んじる）

□ 顺其自然地接受（自然の成り行きに任せてそれを受け入れる）

　＊ "顺其自然" は「《成》自然の成り行きに任せる」

□ 残次品（欠陥製品，不良品）

□ 前卫（アヴァンギャルド，前衛）

訪日客に必ず聞かれる Question ベスト5はこれだ！

Rank 2

Hé wéi wǔshìdào?

何为武士道？

（武士道とは何ですか）

Wǔshìdào jiù rú shìdàfū de sāngāng wǔcháng huòzhě shì duì wǔchén láishuō wǔdé yìbān de wǔshì lúnlǐ. Tā shì jí

武士道就如**士大夫**的**三纲五常**或者是对武臣来说**武德**一般的武士伦理。它是集

shéndàojiào míngjìng zhǐshuǐ de jiàzhíguān, chánzōng de wúcháng gàiniàn yǐjí rújiào de zhōngchéngxīn děng wéi yìtǐ de.

神道教**明镜止水**的价值观，禅宗的**无常概念**以及儒教的**忠诚心**等为一体的。

Wǔshì yǐnjiù pōufù yě shì yīnwèi fùbù bèi rènwéi shì línghún suǒzài zhī chù, gù pōu zhī yǐ shì zhēnxīn.

武士**引咎剖腹**也是因为腹部被认为是灵魂所在之处，故剖之以示真心。

（士大夫にとっての三綱五常のように，あるいは武臣にとっての武徳のような武士の倫理です。それは神道の明鏡止水の価値観に，禅の無常観，そして儒教的な忠誠心などがひとつになったものです。侍が過ちへの責任をとって切腹をするのも，腹には魂が宿ると考えられているので，腹を切って誠意を示すためでしょう。）

表現力 UP!

- □ 士大夫（士大夫：科挙に合格した役人／文化人）
- □ 三纲五常（三綱五常：《成》儒教で社会の根本となる三綱〔父子，君臣，夫妻の道〕と五常〔仁，義，礼，智，信〕）
- □ 武德（武徳；武道を修めていくうえで守らなければならない徳義）
- □ 明镜止水（明鏡止水；何の邪念もなく，静かに落ち着き澄み切っている心の状態）
- □ 无常概念（無常観）
- □ 忠诚心（忠誠心）
- □ 引咎剖腹（過ちへの責任をとって切腹をする）

ガイド： Yīnwèi lǐmiàn yāquè wúshēng, suǒyǐ zài wàimian gěi dàjiā jiǎngjiě yíxià Fǎlóngsì bǎowù guǎn.
因为里面**鸦雀无声**，所以在外面给大家讲解一下法隆寺宝物馆。

観光客： Hǎode.
好的。

ガイド： Fǎlóngsì shì Shèngdé tàizǐ yú qī shìjì shí zài Nàiliáng jiànzào de. Hěnduō yǒu jiàzhí de fóxiàng dōu zài
法隆寺是圣德太子于七世纪时在奈良建造的。很多有价值的佛像都在
zhèlǐ duì yóukè gōngkāi zhǎnchū.
这里对游客公开展出。

観光客： Yě jiùshì shuō Fǎlóngsì de jiànzhù běnshēn zài Nàiliáng, dàn dàduōshù de fóxiàng zài zhèlǐ?
也就是说法隆寺的建筑本身在奈良，但大多数的佛像在这里？

ガイド： Shìde. Zài wēi'àn de guǎnnèi kěyǐ kàndào liù zhì qī shìjì shí yóu Cháoxiǎn bàndǎo xīnán bù de Bǎijì suǒ
是的。在**微暗**的馆内可以看到六至七世纪时由朝鲜半岛西南部的百济所
chuánlái de fóxiàng. Kànzhe kànzhe jiù fǎngfú shì chuānyuèdàole nèige shídài.
传来的佛像。看着看着就仿佛是**穿越**到了那个时代。

観光客： Nà zhēnshi tài hǎo le. Nà, zhèlǐ de fóxiàng yǒu shénme dútè zhī chù?
那真是太好了。那，这里的佛像有什么**独特**之处？

ガイド： Miàndài-xiàoróng. Hé sīchóu zhī lù yǐjí běiwèi de yún gāng shíkū, lóngmén shíkū de fóxiàng xiāngsì.
面带笑容。和丝绸之路以及北魏的云冈石窟、龙门石窟的佛像相似。

観光客： Yǔqí shuō shì Rìběn de fóxiàng dàobùrú shuō shì shìjiè měishù de bǎozàng. Fǎlóngsì hǎobǐ shì shìjiè
与其说是日本的佛像倒不如说是世界美术的**宝藏**。法隆寺**好比**是世界
fóxiàng de shìbóhuì.
佛像的世博会。

ガイド： Yě kěyǐ zhème shuō. Duìyú dāngshí zhǐ jiànguo tǔyǒng de wōguó rénmín láishuō, jiàndào zhèxiē fóxiàng
也可以这么说。对于当时只见过土俑的倭国人民来说，见到这些佛像
shí yídìng hěn zhènjīng.
时一定很**震惊**。

観光客： Yǔ Bīngmǎyǒng xiāngbǐ, tǔyǒng xíngtài bù guīzé, yòu tài gǔpǔ.
与兵马俑相比，**土俑**形态不规则，又太**古朴**。

ガイド： Díquè rúcǐ. Rìběn měishù cóng liù shìjì kāishǐ, yìqiān duō nián dōu shì yǐ fójiào měishù wéi zhōngxīn,
的确如此。日本美术从六世纪开始，一千多年都是以佛教美术为中心，
ér tā de qǐdiǎn jiù zài zhèlǐ. Wǒmen jìnqu cānguān ba.
而它的起点就在这里。我们进去参观吧。

□ 鴉雀無声（《成》カラスやスズメの声さえしない→ひっそり静まり返っている）
□ 微暗（ほの暗い）　　□ 穿越到～（～にタイムスリップする）　　□ 独特（独特の）
□ 面帯笑容（《成》顔に微笑をたたえている）　　□ 宝藏（宝の山，うずもれた宝物・財貨）
□ 好比（まるで～のようである）　　□ 震惊（大いに驚く，びっくり仰天する）　　□ 土俑（埴輪）　　□ 古朴（古風で飾りけがない）

【日本語訳】

ガイド：内部はしーんと静まり返っているので，外で法隆寺宝物館についてご説明しましょう。

観光客：お願いします。

ガイド：法隆寺は聖徳太子が7世紀に奈良に建てた寺です。その価値ある仏像の多くは，ここで一般公開されているのです。

観光客：つまり，法隆寺の建築自体は奈良，仏像の多くはここにあるのですね？

ガイド：ええ。ほの暗い館内で6～7世紀に朝鮮半島南西部の百済から伝来した仏像を見ることができます。見ているとその時代にタイムトラベルしたかのような感じがするんです。

観光客：いいですね。ところで，ここの仏像ならではの特徴は何ですか？

ガイド：顔に笑みを浮かべています。シルクロードや北魏の雲崗石窟，龍門石窟の仏像に似ています。

観光客：日本の仏像というより，世界の美術の宝の山のようですね。法隆寺は世界中の仏像の万博会場みたいだったんですね。

ガイド：そう言えますね。そしてそれまでの埴輪しか見たことのない倭国の人々にとって，これらの仏像は衝撃的だったことでしょう。

観光客：兵馬俑に比べると，埴輪は姿形にばらつきがありますし，古風で飾りけがあまりないですからね。

ガイド：ええ。日本美術は6世紀から1000年以上仏教美術中心でしたが，その始まりがここにあるのです。では入って見学しましょう。

【コラム】　シルクロードにつながる法隆寺仏

法隆寺館内では水を打ったように静まり返っている（"鴉雀無声 yāquè wúshēng"）ため，数人ならともかく団体客ならばロビーで説明しましょう。穏やかなほほえみ（古拙の笑い）をたたえた，シルクロードの石窟を小さくしたかのような仏像がほの暗い空間に立ち，ライトで照らされていますが，飛鳥仏について語る時，忘れてはならないのがシルクロードや中国の各石窟群との関連です。

File# 16

観光客：Shàngyě gōngyuán shì shǎngyīng shèngdì. Zài Lǔ Xùn de《Téngyě xiānshēng》de kāitóu yě
上野公园是**赏樱胜地**。在鲁迅的《**藤野先生**》的开头也

yǒu Qīngcháo liúxuéshēng dào zhèli shǎnghuā de chǎngmiàn, Rìběnrén wèihé rúcǐ xǐ ài yīnghuā ne?
有清朝留学生到这里赏花的场面，日本人为何如此喜爱樱花呢？

ガイド：Dàgài shì yīnghuā kěyǐ bàochūn ba.
大概是樱花可以报春吧。

観光客：Yīnghuā néng kāi duōjiǔ ne?
樱花能开多久呢？

ガイド：Jǐnjǐn zhǐyǒu yī liǎng zhōu. Lìng yí ge xǐ ài yīnghuā de lǐyóu jiùshì zài nà shùnkāi shùnluò de
仅仅只有一两周。另一个喜爱樱花的理由就是在那**瞬开瞬落**的

chànà zhī měi zhōng kěyǐ shǐ rén liánxiǎngdào zìjǐ duǎnzàn de yìshēng.
刹那之美中可以**使人联想到自己短暂的一生**。

観光客：Rúguǒ shì Zhōngguórén de huà yídìng huì qídǎo chángshēng bùlǎo. Cǐwài shuōqǐ guóhuā de huà yě shì
如果是中国人的话一定会祈祷长生不老。此外说起国花的话也是

"suìhán-sānyǒu" zhōng nàihán chūkāi de méihuā. Nàme, nèige qiānzhe gǒu de tóngxiàng shì shuí?
"**岁寒三友**"中耐寒初开的梅花。那么，那个牵着狗的铜像是谁？

ガイド：Nàshì míngzhìwéixīn shí sàmófān de lǐngdǎo, Xīxiāng Lóngshèng. Zài yībāliùbā nián de Rìběn,
那是明治维新时萨摩藩的领导，西乡隆盛。在一八六八年的日本，

Jiānghù mùfǔ hé yǐ Sàmófān hé Zhǎngzhōufān wéi zhōngxīn de "xīnzhèngfǔjūn" xiāng duìlì, suíshí
江户幕府和以萨摩藩和长州藩为中心的"**新政府军**"相对立，随时

kěnéng yī chù jí fā.
可能**一触即发**。

観光客：Jiùshì mǎshàng jiù yào bàofā nèizhàn le ma?
就是马上就要爆发内战了吗？

ガイド：Shìde. Rúguǒ Jiānghù chéngwéi zhànchǎng, zài shuāngfāng bèihòu de Yīngfǎ shìlì yídìng huì
是的。如果江户成为战场，在双方背后的英法势力一定会

yúwēng-délì. Zài zhè zhǒng qíngkuàng xià bīngbúxuèrèn ér náxià Jiānghùchéng de jiùshì Xīxiāng.
渔翁得利。在这种情况下**兵不血刃**而拿下江户城的就是西乡。

観光客：Wú yuè tóngzhōu la.
吴越同舟啦。

ガイド：Shìde. Jiù rú guógòng hézuò yíyàng. Dàn hé Zhōngguó bùtóng de shì Xīxiāng xiàtái bìng bèi zìjǐ chuàngjiàn
是的，就如**国共合作**一样。但和中国不同的是西乡下台并被自己创建

de jūnduì dǎbài, ránhòu zài gùxiāng sàmó jiéshùle yīshēng. Nèige táizuò kèyǒu tā de zuòyòumíng.
的军队打败，然后在故乡萨摩结束了一生。那个台座刻有他的**座右铭**。

観光客："Jìngtiān àirén". Yuánlái rúcǐ, kànlái tā yuánlái shì wèi shùn tiānmìng wèi mín jiànguó de dàzhàngfu.
"敬天爱人"。原来如此，看来他原来是位**顺天命**为民建国的**大丈夫**。

□ 賞櫻胜地（桜の名所）　　□ 藤野先生（藤野先生：魯迅の仙台時代の恩師に関する小説）
□ 瞬开瞬落（パッと咲いてパッと散る）　　□ 刹那之美（刹那の美しさ，はかなさ）
□ 使人联想到自己短暂的一生（自分の命を重ね合わせる）　　□ 岁寒三友（松竹梅）
□ 新政府軍（官軍）　　□ 一触即发《成》一触即発）　　□ 渔翁得利《成》漁夫の利を得る）
□ 兵不血刃《成》戦うことなく敵に勝つ）　　□ 吴越同舟《成》呉越同舟：敵同士の利害が
一致する，共通の敵に対して手を組むこと）　　□ 国共合作（国共合作：中国国民党と中国共産党
の政治提携のこと。第二次国共合作では日本に対抗）　　□ 座右铭（座右の銘）　　□ 顺天命（天
命に背かない）　　□ 大丈夫（男の中の男）

【日本語訳】

観光客：上野公園は桜の名所ですね。魯迅(ろじん)の名作『藤野先生(ふじの)』の冒頭にも清国留学生が
　　　　ここで花見をする場面がありますが，なぜ日本人は桜が好きなのですか？

ガイド：桜は春の訪れを教えてくれるからでしょう。

観光客：開花期間はどれくらいですか？

ガイド：わずか一，二週間です。桜を愛するもう一つの理由は，パッと咲いてパッと散る，
　　　　そのはかなさに自分の命の短さを見るのです。

観光客：中国人なら不老長寿を願うんですが。また，国の花というと，「松竹梅」の一つで，
　　　　寒さに耐え咲き始める梅でしょうね。ところで，あの犬を連れた銅像はだれですか？

ガイド：明治維新の薩摩藩のリーダー，西郷隆盛です。1868 年，日本は江戸幕府と薩
　　　　長中心の「官軍」に分かれ，一触即発という状況でした。

観光客：内戦直前だったんですね？

ガイド：はい。江戸が戦場になれば，英仏が双方の後押しをし，漁夫の利を得ることが
　　　　明らかだと考え，江戸城を無血開城させたのが西郷です。

観光客：敵同士でも利害が一致したんですね。

ガイド：はい，国共合作みたいに。ただ，中国と異なるのは，西郷は
　　　　後に失脚し，自らが創設した官軍に敗れて故郷の薩摩で生涯
　　　　を終えました。あの台座に彼の座右の銘が刻んであります。

観光客：「敬天愛人(けいてんあいじん)」。なるほど，天命に背かず，人々のために国を作
　　　　ったサムライの中のサムライだということですね。

【コラム】「松竹梅」と "岁寒三友" の間

中国人の多くが学校時代に国語（"语文 yǔwén"）の時間に読んだという，魯迅の『藤野先生』
の冒頭にも上野公園の桜は出てきます。また，"岁寒三友"は中国では松が上で梅は下，とい
う序列はありません。最後に，幕末史を知らないことを前提に，旧幕府軍と新政府軍がお互い
の利害を乗り越えて，開城に合意したことを，中華民国期の「国共合作」に例えています。

【観光編】…… 不忍池と死生観
しのばずのいけ
供養しないでいられぬ国民性

ガイド：
Shàngyě gōngyuán nèi yǒu yí ge xiǎoxíng de Qīngshuǐsì wǔtái. Zhèli jiāng Jīngdū sìzhōu de fēngjǐng
上野公园内有一个小型的清水寺舞台。这里将京都四周的风景
nóngsuōhuà le. Lìrú zhèige qiūlíng jiùshì "Dōngruìshān", yě jiùshì jiàozuò "dōngbiān de Bǐruìshān",
浓缩化了。例如这个丘陵就是"东叡山"，也就是叫做"东边的比叡山"，
Bùrěnchí dàibiǎo de shì Pípahú.
不忍池代表的是琵琶湖。

观光客：
Hǎoxiàng yí ge zhǔtí gōngyuán yíyàng.
好像一个主题公园一样。

ガイド：
Zhèngshì rúcǐ. Nèige yǒu Biàntiāntáng de xiǎodǎo yě shì mófǎng le Pípahú de Zhúshēngdǎo.
正是如此。那个有弁天堂的小岛也是**模仿**了琵琶湖的竹生岛。

观光客：
Hǎo huálì de shénshè a. "Biàntiān" shì wèi shénmeyàng de shén ne?
好**华丽**的神社啊。"弁天"是位什么样的神呢？

ガイド：
Biàntiān shì Qīfúshén zhīyī, shì fùzé zhǎngguǎn yīnyuè hé shēngyì xīnglóng de nǚshén.
弁天是七福神之一，是负责掌管音乐和生意兴隆的女神。

观光客：
Shénme jiào Qīfúshén?
什么叫七福神？

ガイド：
Shì zōngjiào, guójiā, zhíwù dōu bùtóng de qī wèi shén de tǒngchēng. Xiāngdāng yú Zhōngguó de "Bāxiān".
是宗教、国家、职务都不同的七位神的统称。相当于中国的"**八仙**"。

观光客：
Yuánlái shì zhèyàng a. Nàme, zhèli wèihé yǒu zhème duō de shíbēi ....
原来是这样啊。那么，这里为何有这么多的石碑…。

ガイド：
Nàxiē shì niǎozhǒng、yúzhǒng、gǎnxiè jiǎyú de shíbēi yǐjí gòngfèng hétúnde shíbēi děng. Rìběnrén duì bèi
那些是鸟**冢**、鱼**冢**、感谢**甲鱼**的石碑以及供奉**河豚**的石碑等。日本人对被
zìjǐ shíyòng de shēngwù bàoyǒu zuì'ègǎn hé gǎnxiè zhī xīn, suǒyǐ yào gòngfèng tāmen.
自己食用的生物抱有罪恶感和感谢之心，所以要供奉它们。

观光客：
Bùrán de huà huì rènwéi tāmen nándé chāodù.
不然的话会认为它们**难得超度**。

ガイド：
Shìde. Bùjǐn yǒu zhèxiē, háiyǒu yǎnjìngzhǒng hé càidāozhǒng děng yòngjù de zhǒng.
是的。不仅有这些，还有眼镜冢和菜刀冢等用具的冢。
Yīnwèi rénmen shēnxìn zìjǐ shǐyòngguo de dōngxi yě shì yǒu línghún de.
因为人们深信自己使用过的东西也是**有灵魂**的。

观光客：
Lián gōngjù dōu yǒu fénmù? Zhè kěshì Zhōngguó búhuì yǒu de xísú.
连工具都有**坟墓**？ 这可是中国不会有的习俗。

□ 模仿（模做する，〜にあやかる）　　□ 华丽（きらびやかな）　　□八仙（８人の仙人）
□ 冢（塚）　　□ 甲鱼（スッポン）　　□ 河豚（ふぐ）　　□ 难得超度（成仏できない，浮
かばれない）　　□ 有灵魂（魂が宿る）　　□ 坟墓（墓）

【日本語訳】

ガイド：上野公園内には，清水寺の舞台の小型版があります。ここは京都周辺の風景を
縮小して表現したものです。例えば，この丘自体を「東叡山」，つまり「東の
比叡山」と呼び，不忍池は，琵琶湖を表しています。

観光客：テーマパークみたいですね。

ガイド：そのとおり。あの弁天堂がある小島も，琵琶湖の竹生島にあやかったものです。

観光客：きらびやかな神社ですね。「弁天」とはどんな神様ですか？

ガイド：弁天様は音楽と商売繁盛の女神で，七福神のひとりでもあります。

観光客：七福神とは何ですか？

ガイド：宗教も国も役割も違う7名の神々の総称です。中国の「8人の仙人」に相当し
ます。

観光客：そうなんですか。ところで，ここには石碑がたくさんあるのですが……。

ガイド：鳥塚，魚塚，スッポン感謝の碑，ふぐ供養碑などです。日本人は自分たちが食
べた生き物に対して，罪悪感と感謝の心から供養するのです。

観光客：でないと，魂が浮かばれないと思うのですね。

ガイド：そうですね。それだけでなく，眼鏡塚や包丁塚など，道具の塚まであるんです。
自分の使ったものにも魂が宿ると思うからです。

観光客：道具の墓まで？　中国ではあり得ない習慣ですね。

【コラム】　七福神≒“八仙过海”

七福神を見て中国人がイメージするのは，道教の8名の神々が海を渡っていく（“八
仙过海 bāxiān guò hǎi”）です。七福神の弁財天に対して八仙の何仙姑など，紅一点で
あることを含め，外見はよく似ていますが，七福神のほうが道教，仏教，神道の神々
がいてより多彩です。また，漢民族には動物の魂を弔う習慣はあまりなく，まして
や道具に魂があるという発想自体が希薄です。

【観光編】…… 谷根千と猫

猫好き集まれ！ 猫の街「谷根千」へ Go!

File# 18

ガイド：
Jīntiān wǒ dài gèwèi qù "Gǔgēnqiān" dìqū.　　"Gǔgēnqiān" shì Gǔzhōng、Gēnjīn、Qiāntuómù zhōubiān
今天我带各位去"谷根千"地区。"谷根千"是谷中、根津、千驮木周边
dìqū de tǒngchēng.
地区的统称。

観光客：
Zhèli yǒu hǎoduō yěmāo!
这里有好多**野猫**！

ガイド：
Yǔqí shuōshì yěmāo bùrú shuōshì dāngdì rén yìqǐ yǎng de māo. Rìběnrén shì fēicháng xǐhuan māo de.
与其说是野猫**不如说**是当地人一起养的猫。日本人是非常喜欢猫的。
Jíxiángwù de huà yǒu zhāocáimāo, kǎtōng xíngxiàng de huà yǒu Kǎidìmāo, dònghuà yǒu DuōlāAmèng ...
吉祥物的话有招财猫，**卡通形象**的话有**凯蒂猫**，动画有哆啦 A 梦…。

観光客：
Kào māo zhuànqián!
靠猫赚钱！

ガイド：
Lìng yī fāngmiàn māo zài rìwén de yànyǔ zhōng yě yǒu hěnduō rú "tóu bì yǔ māo" jí tóu zhū yǔ shǐ, duì
另一方面猫在日文的谚语中也有很多如"投币与猫"即**投珠与豕**，对
niú tánqín děng yìyì, biǎnyì cí jiào duō.
牛弹琴等意义，贬义词较多。

観光客：
Hěn yǒu yìsi,　　háiyǒu qítā de ma?
很有意思，还有其他的吗？

ガイド：
Háiyǒu "yù jiè māozhuǎ" jí rénshǒu bùzú, "bùguǎn māo hé sháozi" jí búlùn zhāngsān lǐsì,
还有"欲借猫爪"即**人手不足**，"不管猫和勺子"即**不论张三李四**，
"pī māopí" jí jiǎzhuāng lǎoshi děngděng.
"披猫皮"即**假装老实**等等。

観光客：
Tài yǒuqù le.　　Gǔgēnqiān háiyǒu shénme tuījiàn de dìfang ma?
太有趣了。谷根千还有什么推荐的地方吗？

ガイド：
Gǔzhōng língyuán rúhé ne?　　Kěyǐ liǎojiědào Rìběnrén de shēngsǐguān.
谷中陵园如何呢？ 可以了解到日本人的生死观。

観光客：
Ǎ, mùdì ma!!　　　Yǒuxiē shèn rén ... Rìběnrén rènwéi rén sǐhòu huì qù tiāntáng huòzhě dìyù ma?
啊，墓地吗 !! 有些瘆人…日本人认为人死后会去天堂或者地狱吗？

ガイド：
Yìbān huì rènwéi rén sǐhòu qí línghún zài jiǔquán zhīxià bǎoyòu zǐsūn,　　zài yúlánpénjié hé chūnfēn
一般会认为人死后其**灵魂**在**九泉之下**保佑子孙，在盂兰盆节和春分
qiūfēn, yuándàn děng shíhou huídào jiāzhōng kànkan.
秋分，元旦等时候回到家中看看。

観光客：
Yuánlái rúcǐ.　　Suǒyǐ cái yào sǎomù.
原来如此。所以才要**扫墓**。

ガイド：
Shìde. Mùbēishang kèyǒu fǎhào. Běnlái fójiào shì jiǎng tóutāi zhuǎnshì de, dàn gòngfèng zǔxiān de
是的。墓碑上刻有**法号**。本来佛教是讲**投胎转世**的，但供奉祖先的
sīxiǎng yǐjīng gēnshēn dìgù le.
思想已经**根深蒂固**了。

□ 野猫（野良猫）　　□ 与其说 A，不如说 B（A というより B）　　□ 卡通形象（イメージキャラクター）　　□ 凯蒂猫（ハローキティ）　　□ 投珠与豕（猫に小判）　　□ 对牛弹琴（馬の耳に念仏）　　□ 人手不足（人手不足）　　□ 不论张三李四（猫も杓子も）　　□ 假装老实（猫をかぶる）　　□ 灵魂（魂）　　□ 九泉之下《成》あの世）　　□ 扫墓（墓参りする）　　□ 法号（戒名）　　□ 投胎转世（輪廻転生）　　□ 根深蒂固《成》根付いている）

【日本語訳】

ガイド： 今日は皆さんを谷根千エリアにご案内します。「谷根千」とは，谷中，根津，千駄木周辺地区を指す総称です。

観光客： ここは野良猫がたくさんいますね！

ガイド： 野良猫というより，この地域の人々が共同で世話をしている猫なんです。日本人は猫が好きですから。縁起物なら招き猫，イメージキャラクターならハロー・キティ，アニメならドラえもんとか……。

観光客： 猫のおかげで儲かってるんですね！

ガイド： 一方，日本語の諺では，猫は「猫に小判」，つまり，豚に真珠，馬の耳に念仏などの意味で，けなし言葉が割と多いです。

観光客： おもしろいですね。ほかにどんなのがありますか？

ガイド：「猫の手も借りたい」「猫も杓子も」「猫をかぶる」などです。

観光客： とてもおもしろいです。ここ谷根千ではほかにどこがおすすめですか？

ガイド： 谷中霊園などはどうでしょう？　日本人の死生観がわかりますよ。

観光客： え，お墓ですか!?　ちょっと不気味なんですが…でも日本人は死後は天国か地獄に行くと思っているのですか？

ガイド： 一般的には魂となってあの世から家族を見守り，お盆や彼岸，正月などに家に戻ってくると思っているのではないでしょうか。

観光客： なるほど。だからお墓参りをするんですね。

ガイド： ええ。墓石には戒名が彫ってあります。本来，仏教は輪廻転生を説いていますが，先祖供養の考えが根付いているのです。

【コラム】　猫と墓に対する認識の違い

自分のペットでもない猫をかわいがるという発想は，中国では稀です。その地域の人がお金と時間を出し合って避妊手術をし，餌をやる「地域猫」はなおさらなじみがないことでしょう。また，中国人が日本で不気味がるもののひとつが，住宅街に隣接する墓地です。中国では墓地は山などの人気のいないところにあるのが一般的だからです。

Rank 3

Míngzhì wéixīn yǔ gémìng bùtóng ma?

明治维新与革命不同吗？

（明治維新は革命とは異なるのですか）

Shǒuxiān suǒwèi "gémìng" shì "biàngé tiānmìng", yě jiùshì yào dǎdǎo xiànzài de wángquán, ér "wéixīn" de "wéi"
首先所谓 "革命" 是 "**变革天命**"，也就是要打倒现在的王权，**而** "维新" 的 "维"

shì shuō yào mò shǒu chéng guī, "xīn" zéshì yào yǐnrù xīn shìwù, zhè shì yí ge fùhécí. Yě jiùshì shuō "wéixīn"
是说要**墨守成规**，"新" 则是要引入新事物，这是一个**复合词**。也就是说 "维新"

shì zài yào huīfù yǐ tiānhuáng wéi zhōngxīn de guójiā de tóngshí, jìnxíng Rìběn bǎn de Yángwù yùndòng, yǔ "gémìng" shì
是在要恢复以天皇为中心的国家的同时，进行日本版的**洋务运动**，**与** "革命" 是

bùtóng de.
不同的。

（まず，「革命」とは「天命を変革する」，つまり今の王政を倒すことですが，「維新」の「維」とは昔からの事物を守ること，「新」とは新しいものを取り入れることの複合語です。つまり「維新」とは天皇中心の国家に戻すと同時に，近代化を推し進めた日本版の「洋務運動」なので，「革命」とは異なります。）

表現力 UP!

□ 变革天命（天命を変革する）　　□ 而～则…（～であるがしかし…）　　□ 墨守成规（《成》従来のしきたりをかたく守る，昔からのものを守る）　　□ 复合词（複合語）　　□ 洋务运动（清朝末期に洋務派が中国近代化のために行なった種々の活動）　　□ 与（《「～と比較して…である」と言う場合》～と）

訪日客に必ず聞かれる Question ベスト5はこれだ！

Rank 4

Shénme shì yúlánpén jié?

什么是盂兰盆节？

（お盆とは何ですか）

Shì zhǐ bā yuè zhōngxún gùrén de línghún huídào fánshìjiān bìng yǔ jiārén gòngdù shùrì de qījiān. Yúlánpénjié qījiān,
是指八月中旬**故人的灵魂回到凡世间**并与家人**共度**数日的期间。盂兰盆节期间，

rénmen báitiān sǎomù, yèjiān huì chuānshang yùyì bànsuízhe dāngdì de xiǎodiào tiào yúlánpén wǔ lái yíngjiē zǔxiān de dàolái.
人们白天**扫墓**，夜间会穿上**浴衣**伴随着当地的**小调**跳**盂兰盆舞**来迎接祖先的到访。

Yīnwèi zhège shíqī hěnduō rén dōu huí gùlǐ, suǒyǐ xīngànxiàn hé gāosù gōnglù děng jiāotōng jīguān hé dàolù dūhuì fēicháng
因为这个时期很多人都回故里，所以新干线和高速公路等交通机关和道路都会非常

yōngjǐ. Zhè jiùshì Rìběn bǎn de "qiūyùn".
拥挤。这就是日本版的 "**秋运**"。

（8 月中旬に故人の魂がこの世に帰り，数日間を家族と過ごすと考えられる時期のことです。お盆には日中は墓参りをし，夜は広場で浴衣を着て，地元の音頭に合わせ盆踊りをすることで先祖の訪れを歓迎します。この時期は多くの人が故郷に帰るので，新幹線や高速道路などの交通機関や道路はみな非常に混雑します。言わば，日本版の中秋節休みの混雑のようなものです。）

表現力 UP!

□ 故人的灵魂回到凡世间（故人の魂がこの世に帰る）　　□ 共度（ともに過ごす）
□ 浴衣 / 夏季穿的单衣（浴衣）　　□ 小调（民謡）　　□ 盂兰盆舞（盆踊り）
□ 秋运（中秋節・国慶節前後の交通渋滞）

訪日客に必ず聞かれる Question ベスト 5 はこれだ！

Rank 5

Rìběn zuì gǔlǎo de sùxiàng shì shénme?
日本最古老的塑像是什么？
（日本最古の像は何ですか）

Shì dàyuē yíwàn duō nián qián de míng wéi "tǔ'ǒu" de yǒngrén. Xiāngbǐ Bīngmǎyǒng de xǔxǔ rúshēng, tǔ'ǒu de xíngtài
是大约一万多年前的名为"土偶"的**俑人**。相比兵马俑的**栩栩如生**，土偶的形态
kànqilai gèng xiàng shì lìtǐhuà le de Bìjiāsuǒ de huà yíyàng qiánwèi. Dàduōshù dōu shì nǚxìngyǒngrén, shì yīnwèi gǔdài
看起来更像是立体化了的**毕加索**的画一样前卫。大多数都是女性俑人，是因为古代
rén xiāngxìn kěyǐ shēng háizi de nǚxìng yǒuzhe shénmì de lìliàng, bìngqiě qídǎo duōzǐ duōfú.
人相信可以生孩子的女性有着神秘的力量，并且祈祷**多子多福**。

（「土偶」という約 1 万数千年前の土人形です。まるで生きているかのように真に迫っている兵馬俑と比べると，土偶の姿かたちは立体化させたピカソの絵のように前衛的に見えます。女性の土偶が大部分ですが，それは古代人は子どもを産める女性には神秘的な力があると信じ，子が多ければ福多しと多産を願ったからです。）

表現力 UP!

□ 俑人（土人形）　□ 栩栩如生（《成》まるで生きているかのように真に迫っている）
□ 毕加索（ピカソ）　□ 多子多福（《諺》子が多ければ福多し，子は宝）

上野をガイドするための必須例文をマスター！

東京国立博物館に着きました。左の洋館は「表慶館」です。	Wǒmen dào Dōngjīng guólì bówùguǎn le. Zuǒbian de yánglóu jiào "Biǎoqìngguǎn". 我们到东京国立博物馆了。左边的洋楼叫"表庆馆"。
あちらは本館（日本ギャラリー）です。鉄筋コンクリート建築の上に黒い瓦屋根，そしてペルシア風の唐草文様の装飾で覆われています。	Nàbiān shì zhǔlóu (Rìběn zhǎnqū). Gāngjīn hùnníngtǔ jiànzhù pèi jiā hēisè 那边是主楼（日本展区）。钢筋混凝土建筑配加黑色 wǎwūdǐng, ránhòu zài pèishang Bōsī fēnggé de màncǎo tú' àn de zhuāngshì. 瓦屋顶，然后再配上波斯风格的蔓草图案的装饰。
ここ本館には錦絵のコレクションがあります。江戸時代の町人の姿を生き生きと描いており，18世紀末に広まりました。	Zài zhèige zhǔlóu zhōng shōucángle xǔduō cǎisè fēngsú mùbǎnhuà. Zhèxiē 在这个主楼中收藏了许多彩色风俗木版画。这些 bǎnhuà wéimiào wéixiào de miáohuìle Jiānghù shídài chéngshì jūmín de zītài, 版画惟妙惟肖地描绘了江户时代城市居民的姿态， shèngxíng yú shíbā shìjì mò. 盛行于十八世纪末。
錦絵は，絵師，彫師，刷師の一貫した流れ作業で大量生産されました。題材は富士山などの風景画や，歌舞伎役者，美人等，身近なものです。	Mùbǎnhuà shì yóu huàjiā、diāogōng hé yìnshuāgōng de liúshuǐ zuòyè pīliàng 木版画是由画家、雕工和印刷工的流水作业批量 shēngchǎn de. Tícái yǒu Fùshìshān děng fēngjǐnghuà hé gēwǔjì yǎnyuán、 生产的。题材有富士山等风景画和歌舞伎演员、 měirén děng dōu shì tiējìn shēnghuó de nèiróng. 美人等都是贴近生活的内容。
透き通るように白い景徳鎮の磁器とは異なり，左右非対称でひずんだ陶器がかえって自然で素朴な美しさがあるというのが，日本的な美意識です。	Búguò yǔ jīngyíng tòubái de Jǐngdézhèn cíqì bùtóng，Rìběn de shěnměiguān 不过与晶莹透白的景德镇瓷器不同，日本的审美 rènwéi zuǒyòu bú duìchèn qiě biànxíng de táoqì gèng jùyǒu zìrán chúnpǔ 观认为左右不对称且变形的陶器更具有自然淳朴 zhī měi. 之美。
日本美術中心の本館の裏庭は回遊式庭園で，「わびさび（侘寂）」，つまり簡素さ，清らかさ，静けさ，渋さに美を見出した日本人の美意識が感じられると思います。	Yǐ Rìběn měishù wéi zhōngxīn de zhǔlóu hòumian yǒu huányóushì tíngyuàn, zài 以日本美术为中心的主楼后面有环游式庭院，在 nàlǐ kěyǐ tǐhuìdào "xiánjì gǔyǎ", yě jiùshì Rìběnrén jiǎnpǔ、 那里可以体会到"闲寂古雅"，也就是日本人简朴、 chúnjìng、jìjìng、sùyǎ de shěnměiguān. 纯净、寂静、素雅的审美观。
法隆寺は聖徳太子が7世紀に奈良に建てた寺です。その価値ある仏像の多くは，ここで一般公開されています。	Fǎlóngsì shì Shèngdé tàizǐ yú qī shìjì shí zài Nàiliáng jiànzào de. Hěnduō 法隆寺是圣德太子于七世纪时在奈良建造的。很多 yǒu jiàzhí de fóxiàng dōu zài zhèlǐ duì yóukè gōngkāi zhǎnchū. 有价值的佛像都在这里对游客公开展出。

上野〜興味やニーズを把握し，下見は実際に歩いてみよう

　上野には公園内だけでも東京国立博物館，国立西洋美術館，西郷隆盛像，上野東照宮，清水堂，上野動物園，不忍池などがあり，公園外ではアメ横なども人気スポットです。限られた時間でこれらをご案内するには，お客様の興味やニーズを把握することが必要です。美術に興味があるなら国立博物館や西洋美術館など，歴史文化に興味があるなら西郷隆盛像，上野東照宮，清水堂など，お子様連れなら動物園，そしてオールラウンドなのが不忍池といえるでしょう。

　これらのニーズを的確に把握し，移動の際のコースは必ず実地を歩いて下見をする必要があります。その際はコースをそのまま歩き，時間配分や名所が最もきれいに見えるポイントなどだけでなく，段差など歩きにくい道などにも注意することが不可欠です。

「上野」案内の必須表現リスト

本章のダイアローグやQ&A,「上野をガイドするための必須例文をマスター!」で
使用した「上野」を案内するための最重要表現やその他の関連表現をまとめました。
これらを駆使して,上野についてうまく発信できるように復習しましょう!

▶美意識

□ わびさび .... 闲寂古雅 xiánjì gǔyǎ

□ 簡素さ,清らかさ,静けさ,渋さ... 简朴、纯净、寂静、素雅 jiǎnpǔ、chúnjìng、jìjìng、sùyǎ

□ パッと咲いてパッと散る .... 瞬开瞬落 shùnkāi shùnluò

□ 刹那の美しさ,はかなさ .... 刹那之美 chànà zhī měi

▶美術

□ 錦絵 .... 彩色风俗木版画 cǎisè fēngsú mù bǎnhuà

□ 絵師,彫師,刷師の流れ作業 .... 由画家、雕工和印刷工的流水作业 yóu huàjiā、diāogōng
hé yìnshuāgōng de liúshuǐ zuòyè

□ モネ .... 莫奈 Mònài

□ フィンセント・ファン・ゴッホ .... 梵高 Fàngāo

□ ピカソ .... 毕加索 Bìjiāsuǒ

□ 《成》絶賛する .... 赞不绝口 zàn bù jué kǒu

□ 《成》真に迫っている .... 惟妙惟肖 wéimiào wéixiào

□ 土人形 .... 俑人 yǒngrén

□ 埴輪 .... 土俑 tǔyǒng

□ 左右非対称 .... 左右不对称 zuǒyòu bú duìchèn

□ 古風で飾りけがない .... 古朴 gǔpǔ

□ 《成》まるで生きているかのように真に迫っている... 栩栩如生 xǔxǔ rúshēng

□ 陶磁 .... 陶瓷 táocí

□ 透き通るように白い .... 晶莹透白 jīngyíng tòubái

▶故事成語

□ 《成》仁者は仁を見,智者は智を見る→同じ事物でも人によってそれぞれ見方が
違うこと .... 仁者见仁，智者见智 rénzhě jiàn rén, zhìzhě jiàn zhì

□ 《成》顔に微笑をたたえている... 面带笑容 miàndài-xiàoróng

□ 《成》カラスやスズメの声さえしない→ひっそり静まり返っている..... 鸦雀无声
　　　yāquè wú shēng

□ 《成》一触即発 .... 一触即发 yī chù jí fā

□ 《成》漁夫の利を得る .... 渔翁得利 yúwēng-délì

□ 《成》戦うことなく敵に勝つ .... 兵不血刃 bīngbúxuèrèn

□ 《成》敵同士の利害が一致する，共通の敵に対して手を組むこと ... 吴越同舟 wú yuè tóngzhōu

▶ことわざ

□ 猫に小判 .... 投珠与豕 tóu zhū yǔ shǐ

□ 猫も杓子も .... 不论张三李四 búlùn zhāngsān lǐsì

□ 猫をかぶる .... 假装老实 jiǎzhuāng lǎoshi

□ 子が多ければ福多し，子は宝..... 多子多福 duōzǐ duōfú

▶死生観・お盆

□ 魂 .... 灵魂 línghún

□ 魂が宿る .... 有灵魂 yǒu línghún

□ 《成》あの世 .... 九泉之下 jiǔquán zhīxià

□ 故人の魂がこの世に帰る .... 故人的灵魂回到凡世间 gùrén de línghún huídào fánshìjiān

□ 墓 .... 坟墓 fénmù

□ 墓参りする .... 扫墓 sǎomù

□ 戒名 .... 法号 fǎhào

□ 輪廻転生 .... 投胎转世 tóutāi zhuǎnshì

□ 成仏できない，浮かばれない .... 难得超度 nándé chāodù

□ 盆踊り .... 盂兰盆舞 yúlánpén wǔ

□ 浴衣 .... 浴衣 / 夏季穿的单衣 yùyī/xiàjì chuān de dānyī

□ 民謡 .... 小调 xiǎodiào

▶建築

□ 鉄筋コンクリート .... 钢筋混凝土 Gāngjīn hùnníngtǔ

□ 瓦屋根 .... 瓦屋顶 wǎwūdǐng

□ ペルシア風の唐草文様 .... 波斯风格的蔓草图案 Bōsī fēnggé de màncǎo tú'àn

観光客：
Nèige hǎibào shì Běizhāi zhùmíng de《Fùyuè sānshíliù jǐng》ba.
那个海报是北斋著名的《富岳三十六景》吧。

ガイド：
Zhège nǐ dōu zhīdao.　Fúshìhuì zài Zhōngguó yě hěn yǒumíng ma?
这个你都知道。浮世绘在中国也很有名吗？

观光客：
Dāngrán. Búguò,　"fúshìhuì" dàodǐ shì shénme yìsi ne?
当然。不过，"浮世绘"到底是什么意思呢？

ガイド：
Suǒwèi "fúshìhuì" gùmíng sīyì jiùshì "fúshì de huà",　　yě jiùshì fēngsúhuà.　Miáohuì de
所谓"浮世绘"顾名思义就是"浮世的画"，也就是风俗画。描绘的
bú shì dāngquánzhě hé shānshuǐ、fóxiàng, érshì yǐ fēngjǐng hé bǎixìng de rìcháng shēnghuó, měirén
不是当权者和山水、佛像，而是以风景和百姓的日常生活，美人
háiyǒu yǎnyuán wéi zhǔyào miáohuì duìxiàng de dàzhòng yìshù.
还有演员为主要描绘对象的大众艺术。

观光客：
Yuánlái rúcǐ.　Nà fēngsúhuà jiù xiàng "qīngmíngshànghétú" huò shuōdào "dàzhòng yìshù" jiù xiàng
原来如此。那风俗画就像"清明上河图"，或说到"大众艺术"就像
Qíbáishí yíyàng de la?
齐白石一样的啦？

ガイド：
Yào bǐ tāmen gèng dàzhònghuà. Zǎoqī de fúshìhuì shì shǒuhuì de,　　hòulái yóu Jiānghù shídài de
要比他们更大众化。早期的浮世绘是手绘的，后来由江户时代的
shǒuyì rén jìnxíng fēngōng hézuò ér biànchéngle kěyǐ pīliàng shēngchǎn de mùbǎnhuà.
手艺人进行分工合作而变成了可以批量生产的木版画。

观光客：
Nàyàng jiàgé jiù jiàngxialai la!
那样价格就降下来啦！

ガイド：
Shìde. Yì wǎn qiáomàimiàn de jiàgé jiù néng mǎi yì zhāng fúshìhuì, kě xiǎng dāngnián jíshǐ shì pǔtōng bǎixìng
是的。一碗荞麦面的价格就能买一张浮世绘，可想当年即使是普通百姓
jiāzhōng yě huì yòng tā lái zhuāngshì. Yīncǐ hái bǎ fúshì huìhuà zuòwéi lǐpǐn de bāozhuāng zhǐ yě chūkǒu dàole
家中也会用它来装饰。因此还把浮世绘画作为礼品的包装纸也出口到了
Ōuzhōu gèguó.
欧洲各国。

观光客：
Shuōqilai fúshìhuì hǎoxiàng hái duì Mònài hé Fàngāo děng Ōuzhōu de yìnxiàngpài hé hòu yìnxiàngpài huàjiā
说起来浮世绘好像还对莫奈和梵高等欧洲的印象派和后印象派画家
chǎnshēngle jùdà de yǐngxiǎng.
产生了巨大的影响。

ガイド：
Shìde.　Ōuzhōu chēng tā wéi "Rìběn zhǔyì", yǔ Zhōngshì àihào de "Zhōngguófēng" yìqǐ chǎnshēngle
是的。欧洲称它为"日本主义"，与爱好中式的"中国风"一起产生了
hěndà de yǐngxiǎng.
很大的影响。

□ 顧名思義（文字どおり）	□ 清明上河図（清明上河図）	□ 齐白石（斉白石）
□ 手绘（肉筆画，手描き）	□ 手艺人（職人）	□ 进行分工合作（分業を推し進める）
□ 批量生产（大量生産〔する〕）	□ 中国风（シノワズリ：chinoiserie《仏》，中国風）	

【日本語訳】

観光客：あのポスターは，有名な北斎の『富嶽三十六景』ですよね。

ガイド：よくご存じですね。浮世絵は，中国でも知られているんですか？

観光客：もちろん。ところで，「浮世絵」ってどういう意味ですか？

ガイド：そうですね。「浮世絵」とは，文字どおりには，「浮世の絵」，つまり風俗画です。権力者や山水，仏画などではなく，浮世絵は風景や，庶民の日常生活，美人や俳優を描いた大衆芸術なのです。

観光客：なるほど。風俗画といえば『清明上河図』，または大衆芸術といえば斉白石のような感じですか？

ガイド：もっと大衆的です。初期の浮世絵は肉筆画でしたが，江戸時代の職人たちが分業を導入して大量生産する木版画になったからです。

観光客：それなら安く買えたんでしょうね！

ガイド：ええ。そば1杯の値段で浮世絵が1枚買えたそうですから，庶民の家にも絵画が飾られていたそうです。だから贈り物の包装紙として欧州各国へも送られたのです。

観光客：そういえば浮世絵は，モネやゴッホなどのヨーロッパの印象派やポスト印象派の画家に絶大な影響を与えたそうですね。

ガイド：はい。欧州ではそれを「ジャポニスム」といい，中国趣味の「シノワズリ」とともに大きな影響を与えたのです。

Licensed under Public Domain via Wikimedia Commons
神奈川沖浪裏（かながわおきなみうら）

第 4 章

「下町」を案内しよう！

　江戸時代に山の手に居住していた武士が，参勤交代で隔年ごとに移動していた「転勤族」だったのに対し，下町に住む町人たちこそ江戸の地元民でした。浮世絵，歌舞伎，大相撲，祭りなどを，日本を代表する文化として発展させた江戸っ子の裏庭，義理人情の下町を案内しましょう！

場面 1　神田明神と「粋」
場面 2　湯島聖堂と「儒教」
場面 3　秋葉原と「かわいい」
場面 4　柴又帝釈天と「匠の技」
場面 5　寅さん記念館と「義理人情」

【観光編】 …… 神田明神と「粋」
江戸っ子の反骨精神の起源

 File# 20

観光客： Ā, shì shénjiào yóuxíng!　Zhè jiùshì shéntiánjì a!　Hǎo shuài a!
啊，是**神轿游行**！ 这就是神田祭啊！ 好**帅**啊！

ガイド： Xiàng wǒmen zhèyàng de lǎo Jiānghù yì tīng tái shénjiào shǒu jiù yǎng.
像我们这样的**老江户**一听抬神轿手就**痒**。

観光客： Lǎo Jiānghù shì zěnyàng de yì qún rén ne?
老江户是怎样的一群人呢？

ガイド： Lǎo Jiānghù jiùshì dìdao de Dōngjīng rén. Wǒmen ài dǎ bàobùpíng. Kànzhòng rénqíng-shìgù.
老江户就是**地道**的东京人。我们**爱打抱不平**。**看重人情世故**。

Zhíshuǎng yòu wángù. Háiyǒu jiùshì dòngbudòng xǐhuan zài yìxìng miànqián chēngqiáng.
直爽又**顽固**。还有就是**动不动**喜欢在异性面前**逞强**。

観光客： Yǒudiǎn xiàng Zhōngguó Dōngběi de nánrén!　Dàn wèi shénme hào dǎ bàobùpíng ne?
有点像中国东北的男人！ 但为什么好打抱不平呢？

ガイド： Qízhōng yí ge yuányīn kěnéng shì yīnwèi bǎixìng bèi wǔshì tǒngzhìzhe. Suǒyǐ Jiānghù shídài de wǔshì
其中一个原因可能是因为百姓被武士统治着。所以江户时代的武士
dōu bǎi jiàzi kànbuqǐ lǎo bǎixìng.
都**摆架子**看不起老百姓。

観光客： Zhēnshi yí ge děngjí fēnmíng de shèhuì a.
真是一个等级**分明**的社会啊。

ガイド： Shì a. Háiyǒu yí ge yuányīn kěnéng shì yīnwèi yuánlái bèi Shéntián shénshè gòngfèng wéi shén de Píng Jiàngmén,
是啊。还有一个原因可能是因为原来被神田神社供奉为神的平将门，
céng zài shí shìjì shí xiǎng jiāng Rìběn guāndōng dìqū cóng Jīngdū de cháotíng nàli tuōlíchulai.
曾在十世纪时想将日本关东地区从京都的朝廷那里脱离出来。

観光客： Tā wèi shénme rúcǐ shòu tuīchóng ne?
他为什么如此受推崇呢？

ガイド： Suǒwèi "mín yǐ shí wéi tiān" ba, dāngshí guāndōng dìqū de rénmen yīnwèi cháotíng de zhòngsuì, chīle
所谓"**民以食为天**"吧，当时关东地区的人们因为朝廷的重税，**吃了**
shàngdùn méi xiàdùn, tiāntiān zài āishēng tànqì zhōng dùrì ba.
上顿没下顿，天天在**唉声叹气**中度日吧。

観光客： Yuánlái rúcǐ. Nà kěshì Zhōngguó gǎicháo huàndài de lǎotàolù.
原来如此。那可是中国**改朝换代**的**老套路**。

ガイド： Suǒyǐ lǎo Jiānghù cái qīngxīn yú zàofǎn yīngxióng de Píng Jiàngmén.
所以老江户才倾心于**造反**英雄的平将门。

□ 神轿游行（神輿の練り歩き）　　□ 帅（〔姿態・動作などが〕粋である，かっこいい）
□ 老江戸（江戸っ子）　　□ 痒（〔…がしたくて，欲しくてもどかしく〕うずうずする）
□ 地道（生粋の，正真正銘の，本物の）　　□ 爱打抱不平（弱いものの味方をする）
□ 看重（重視する，重んじる）　　□ 人情世故（《成》義理人情）　　□ 頑固（頑固な）
□ 动不动（何かというと，よく～する）　　□ 逞强（強がる）　　□ 摆架子（威張る）
□ 分明（〔事物の境界が〕はっきり分かれている）　　□ 民以食为天（，食以安为先）（人にとって食は何よりも重要なことであり〔，食は安心が先である〕）　　□ 吃了上顿没下顿（《慣》食うや食わず）　　□ 唉声叹气（《成》ため息ばかりつく）　　□ 改朝换代（《成》旧王朝が滅び新王朝に変わる）　　□ 老套路（お約束〔決まり／いつも〕のパターン）　　□ 造反（反旗を翻す）

【日本語訳】

観光客：あっ，神輿の練り歩きだ！　これが神田祭ですか！　粋ですね！

ガイド：私たちのような江戸っ子は，神輿の担ぎ手と聞くだけでうずうずします。

観光客：江戸っ子とは，どんな人たちなのですか？

ガイド：江戸っ子とは，生粋の東京っ子のことです。弱いものの味方をすること。義理人情に厚いこと。率直で頑固なこと。そして異性の前ではついつい強がってしまうんです。

観光客：中国なら東北の男性みたい！　でもなぜ弱い者の味方なんですか？

ガイド：ひとつの理由としては，ここの町人たちは武士に支配されていたからかもしれません。江戸時代の武士は威張っていて，町人たちを下に見ていましたから。

観光客：ほんとに身分社会だったんですね。

ガイド：ええ。もうひとつの理由は，神田明神の本来の祭神・平将門が，10世紀に京都の朝廷から関東地方を独立させようとしたからかもしれません。

観光客：彼はなぜそんなに崇拝されていたのですか？

ガイド：「民は食を以て天と為す（庶民にとっての一番の関心事は食）」と言いますが，当時の関東の住民は朝廷のひどい徴税のため，食うや食わずで，ため息ばかりの毎日だったからでしょう。

観光客：なるほど。それは中国の王朝が倒れるときのお決まりのパターンです。

ガイド：だから江戸っ子は，朝廷に反旗を翻した英雄，平将門に惹かれるのです。

【コラム】　江戸っ子≒“东北的男人”？

ここでは判官びいきで義理堅く，率直で頑固，そして異性の前で強がる江戸っ子を，中国の東北の男性のようだとしています。中国でも地方によって，県民性ならぬ「省民性」があり，さらに民族によってもステレオタイプな民族性があります。これらを時にはうまく利用すべきでしょうが，型にはめすぎて相手を不快にしないように注意しましょう。

「儒教」とは血のつながりを重んじる教え

 File# 21

ガイド： Zhèli jiùshì Tāngdǎo shèngtáng. Tā yóu dìwǔ dài jiāngjūn Déchuān Gāngjí suǒ jiàn, jìshì kǒngmiào yě shì shūyuàn.
这里就是汤岛圣堂。它由第五代将军德川纲吉所建，既是**孔庙**也是**书院**。

観光客： Zài Rìběn shì zěnme lǐjiě rújiào de ne?
在日本是怎么理解儒教的呢？

ガイド： Shì yì zhǒng zài fù chuán zǐ, zǐ chuán sūn de xuèyuán chéngchuán zhōng zhǎodào guīshǔ gǎn. Suǒyǐ
是一种在**父传子，子传孙**的血缘承传中找到**归属感**。所以
jìnxíng jìsì zǔxiān hé guò Qīwǔsān értóngjié lái gǎnxiè shēngmìng de yánxù.
进行祭祀祖先和过**七五三儿童节**来感谢生命的延续。

観光客： Yě jiùshì shǒuhù jiāzú hé shèhuì zhìxù de dàodé guīfàn la. Nà Rìběn yě yǒuguo kējǔ ma?
也就是守护家族和社会秩序的道德规范啦。那日本也有过科举吗？

ガイド： Méiyou. Dàn zài Jiānghù shídài zuòwéi tǒngzhìzhě de mùfǔ zhìlì yú tuīguǎng "zhǎngzhě ài yòu, yòuzhě cóng
没有。但在江户时代作为统治者的幕府致力于推广"长者爱幼，幼者**从**
zhǎng zé guótài-mín'ān" de "zhūzǐxué".
长则**国泰民安**"的"朱子学"。

観光客： Zhè yǒulì yú shàngcéng de rén wéihù tǐzhì ò.
这有利于上层的人维护体制哦。

ガイド： Yīncǐ cái huì wù rènwéi rújiào shì kànzhòng niánlíng chāyì hé nánnǚ yǒu bié de fēngjiàn sīxiǎng.
因此才会误认为儒教是**看重**年龄差异和男女有别的封建思想。

観光客： Zài Zhōngguó jìndàihuà de lìchéng zhōng Lǔ Xùn hé Máo Zédōng děng rén dōu wèi xiāochú fēngjiànxìng rúxué de wùqū ér
在中国近代化的历程中鲁迅和毛泽东等人都为**消除**封建性儒学的**误区**而
zuòle dòuzhēng. Yīncǐ cái cóng rènwéi "bú xiào yǒu sān, wú hòu wéi dà" de shídài fāzhǎndàole
做了斗争。因此才从认为**"不孝有三，无后为大"**的时代发展到了
nǚzǐ dǐngqǐ bànbiāntiān de shèhuì.
女子顶起**半边天**的社会。

ガイド： Dàn lìng yì fāngmiàn rènwéi héjiā huānlè cái shì tiānlún zhī lè de jiāzú zhǔyì yīrán cúnzài.
但另一方面认为**合家欢乐**才是**天伦之乐**的家族主义依然存在。

□孔庙（儒学の聖堂）　　□书院（学問所）　　□父传子，子传孙（父から子，子から孫へ）
□归属感（居場所，絆）　　□七五三儿童节（七五三）　　□从（聞き従う，言うことをき
く）　　□国泰民安（《成》国家が安泰で人民の暮らしも平穏である）　　□看重（重視す
る，重く見る）　　□消除（〔気懸かり・心配・誤解・不和・危険・禍根・わだかまりなどを〕
取り除く，消し去る）　　□误区（誤解，思い違い）　　□不孝有三，无后为大（三つの親
不孝の中でも，子がなく家系が途絶えるのが最大の不孝だ）　　□半边天（天の半分を支える
人，女性の役割の大きさをたとえる；〈比喩〉（新中国の）女性）　　□合家欢乐（家族円満，
家族の幸福）　　□天伦之乐（一家団らんの楽しみ）

【日本語訳】

ガイド：こちらが湯島聖堂です。五代将軍徳川
綱吉が建てた儒学の聖堂であり，学問
所でもあります。

観光客：日本では儒学はどう理解されているの
ですか？

ガイド：父親から自分，子から孫へと血縁が続
いていくことに絆を感じることでしょ
う。だから法事や七五三をして，命が続いていくことに感謝するんです。

観光客：つまり，家族や社会の秩序を守る道徳規範ですね。ところで，日本でも科挙
（官吏の登用試験）があったのですか？

ガイド：いいえ。ただ江戸時代に統治者だった幕府は，「上は下を可愛がり，下は上の
言うことを聞けば天下泰平につながる」という「朱子学」を普及させることに
尽力しました。

観光客：それは上の人の体制維持に有利ですね。

ガイド：それで儒学は，年齢差や男女の違いを重く見る封建思想と誤解されるのです。

観光客：中国の場合は，近代化の過程でその封建的な誤った儒学をなくすため，魯迅や
毛沢東たちも戦ってきたんです。そして「子どもがいないのは最大の親不孝」
と考えられた時代から，女性が天の半分を支える世の中になったのでしょう。

ガイド：一方で，家族の幸福は一家団らんを楽しむことだと考える家族主義は，今も健
在ですね。

【コラム】 日中の儒教に対する温度差

中国では隋から清朝末期まで，1200年以上も儒学を学び，科挙に受かった官僚が
国を動かしました。近代に入ると，儒教は近代化を阻害すると考えるようになり，
文革の頃は攻撃の対象となりましたが，21世紀に入ると党が孔子廟を再建しはじめ
ました。江戸時代から湯島聖堂を守り続ける日本と比べると，国に与えた影響の大
きさが違うのでしょう。

【観光編】...... 秋葉原と「かわいい」

「かわいい」を説明しよう！

観光客：
Zhèli jiùshì wùměi jià lián de diànqìchéng hé dòngmànmí shèngdì de Qiūyèyuán a.
这里就是**物美价廉**的**电器城**和**动漫迷**圣地的秋叶原啊。

ガイド：
Shìde. Yóuxìtīng, dàtóutiē, móxíng wánjù diàn, yǒu jǐ qiān cè mànhuà de mànhuà kāfēitīng,
是的。**游戏厅**、**大头贴**、**模型玩具**店、有几千册漫画的**漫画咖啡厅**、
nǚpú kāfēitīng hé niǔdànjī děng shǔbúshèngshǔ.
女仆咖啡厅和**扭蛋机**等**数不胜数**。

観光客：
Rújīn "zháinán zháinǚ" zài Zhōngguó yě bèi rènzhī. "Zhái wénhuà" yě bèi rènwéi shì hěn kù de.
如今"**宅男宅女**"在中国也被认知。"**宅文化**"也被认为是很酷的。

ガイド：
Dànshì yǐqián kě bèi rènwéi shì hěn tǔ de. Céngjīng bèi rènwéi shì yuǎnlí yìbān shèhuì zhǐ huì bǎ
但是以前可被认为是很**土**的。曾经被认为是远离一般社会只会**把**
zìjǐ guān zài duī mǎn mànhuà de fángjiānli.
自己关在堆满漫画的**房间里**。

観光客：
Yuánlái shì zhèyàng a. Nà zhèli jiùshì zháinán zháinǚmen "wùyǐ-lèijù" de dìfang la!
原来是这样啊。那这里就是宅男宅女们"**物以类聚**"的地方啦！

ガイド：
Zhèngshì rúcǐ. Rújīn zhèli yǐjīng chéngwéi rèzhōng Rìběn cìwénhuà de hǎiwài zháinán zháinǚ de shèngdì le.
正是如此。如今这里已经成为热衷日本**次文化**的海外宅男宅女们的**圣地**了。

観光客：
Qí zuìdà de mèilì zài nǎr ne?
其最大的魅力在哪儿呢？

ガイド：
Zuì guānjiàn de yàosù jiùshì "kǎwāyī", yě jiùshì "xiǎoxiǎo de", "yuányuán de", "wèichéngshú de"
最关键的要素就是"**卡哇伊**"，也就是"**小小的**"，"**圆圆的**"，"**未成熟的**"
hé "xīnlíng wèijí" héwéi yìtǐ de gàiniàn.
和"**心灵慰藉**"合为一体的概念。

観光客：
Wèihé huì rènwéi "kǎwāyī" de dōngxi hěn méng ne?
为何会认为"**卡哇伊**"的东西很**萌**呢？

ガイド：
Wèi bùchéngshú de shìwù jiāyóu bìng yìtóng tǐyàn qí chéngzhǎng de xǐyuè, nà jiùshì qí mèilì suǒzài ba.
为不成熟的事物加油并一同体验其成长的喜悦，**那就是其魅力所在**吧。

□ 物美价廉（《成》物がよく値段が安い）　□ 电器城（電気街）　□ 动漫迷（アニメオタク）
□ 游戏厅（ゲームセンター）　□ 大头贴（プリクラ）　□ 模拟玩具 / 手办（フィギュア）
□ 漫画咖啡厅（漫画喫茶）　□ 女仆咖啡厅（メイドカフェ）　□ 扭蛋机（ガチャガチャ
／ガチャポン）　□ 数不胜数（数えられないほどだ）　□ 宅男宅女（オタク）　□ 酷（か
っこいい。英語の cool の音訳）　□ 土（ダサい）　□ 把自己关在房间里（ひきこもる）
＊关「閉じ込める」。　□ 物以类聚（《成》類は友を呼ぶ）　□ 次文化 / 非主流文化（サ
ブカルチャー）　□ 圣地（メッカ）　□ 卡哇伊（かわいい）　□ "小小的"，"圆圆的"，
"未成熟的"，和"心灵慰藉"合为一体（「小さく」「丸く」「未熟で」「癒される」がひとつになる）
□ 萌（萌える《日本語の「萌え」から》）　□ 那就是其魅力所在（そこが魅力的なところです）

【日本語訳】

観光客：ここがよい品が安く買える電気街でもあり，アニメオタクの街でもある秋葉原ですね。

ガイド：ええ。ゲームセンターにプリクラ，フィギュアのショップ，数千冊の漫画のある漫画喫茶，メイドカフェ，ガチャガチャなど，数えられないほどあります。

観光客：今は「オタク」も中国で知られるようになっていますね。「オタク文化」はとてもかっこいいと思われています。

ガイド：でも昔はダサいと思われていました。かつては世間から離れて漫画だらけの個室に引きこもっていると思われていたころがありました。

観光客：そうだったんですか。そんなオタクたちの「類は友を呼ぶ」場所がここだったんですね！

ガイド：そのとおりです。そして今や日本のサブカルチャーに夢中になった海外のオタクたちのメッカにもなっています。

観光客：その一番の魅力はどこにあるのですか？

ガイド：鍵になるのは「かわいい」，つまり「小さく」「丸く」「未熟で」「癒される」がひとつになったコンセプトです。

観光客：なぜ「かわいい」ものに萌えるのですか？

ガイド：未熟なものを応援して，成長する喜びを一緒に体験する，そこがまたいいんですよ。

Photo by © Mitsuhiro Ishikawa

【コラム】 カワイイのルーツは『枕草子』？

清少納言がかわいいと思ったものを列挙した文「うつくきもの」（『枕草子』）曰く，「瓜に描いた幼児の顔」「幼児がハイハイしているときに，ほこりを見つけて，小さな指で「見て～」とか言う仕草」「人形遊びの道具」「ヒヨコがぴよぴよ鳴きながら歩く様」など，「要するに小さければかわいい」。唐の詩人が国や人生を憂いたころ，日本ではかわいさに萌えていたんです。

「メイドカフェ」でのガイディングのポイントはこれだ！

メイドカフェは日本文化の縮図です。限られた時間を，おもてなし上手なメイドさんたちの持ってきてくれたドリンクを飲んで過ごすのは「飲食店版茶の湯」とも言えます。また，『源氏物語』『枕草子』以来続く未成熟なものを愛でる「おかし」という価値観や，「おいしくなあれ！（"变好吃！ Biàn hǎochī!"）」とおまじないを唱えると出された飲食物が本当においしく思えるという言霊（"语言内在的神灵 yǔyán nèizài de shénlíng"）なども見られます。そんな精神風土が形を変えて生きているのが，メイドカフェなのです。

Rank 1

"Jì" shì shénme?
"祭"是什么？

（祭りとは何ですか）

Rìběn de jì yǒu yǔ jiànglín de shénlíng yìqǐ dùguò de zōngjiàoxìng de hé fēi zōngjiàoxìng de. Qiánzhěli yǒu shénshè zhǔjì yǐ
日本的祭有与降临的神灵一起度过的宗教性的和非宗教性的。前者里有**神社主祭**以

qídǎo hé gǎnxiè shénlíng wéi zhōngxīn de "jìsì" huódòng; miàohuì shí diànpù líncìzhìbǐ, kángzhe shénlíng yīfù de
祈祷和感谢神灵为中心的**"祭祀"**活动；**庙会**时店铺**鳞次栉比**，扛着**神灵依附的**

shénjiào yóuxíng de "shénjiào yóuxíng" děngděng, hòuzhěli yǒu yānhuǒ dàhuì, lìchūn qián yìtiān de sā dòu qūxié yíshì,
神轿游行的"神轿游行"等等，后者里有烟火大会，立春前一天的**撒豆驱邪**仪式，

Qīxī jié děng "jìjiéxìng de chuántǒng huódòng".
七夕节等"季节性的传统活动"。

（日本の祭りには，降臨してきた神とともに過ごす宗教的なものと，非宗教的なものがあります。前者は，神主が神に祈ったり感謝を捧げたりする神事中心の「祭祀」や，縁日の店が並ぶ中，神様が乗り移った神輿が練り歩く「神輿行列」などで，後者は，花火大会，節分の豆まき，七夕祭りなど「季節の伝統行事」などを指します。）

表現力 UP!

□ 神灵（《総称的に》神） □ 神社主祭（神主） □ 祭祀（祭り，祭祀） □ 庙会（縁日）
□ 鳞次栉比（《成》〔建物がうろこやくしの歯のように〕ずらりと並んでいる，軒を連ねる）
□ 神灵依附的神轿（神が乗り移った神輿） □ 撒豆驱邪（豆まき）

Rank 2

Shénme shì "qīwǔsān jié"?
什么是"七五三节"？

（七五三とは何ですか）

Shì zhǐ zài shíyīyuè jiāng mǎn sān suì, wǔ suì hé qī suì de háizi dài dào dāngdì shénshè cānbài de yíshì. Yīnwèi Rìběn yǒu
是指在十一月将满三岁、五岁和七岁的孩子带到当地神社参拜的仪式。因为日本有

qíqiú dāngdì shǒuhùshén bǎoyòu de xísú, suǒyǐ fùmǔ huì gěi háizi chuānshàng héfú huò xīzhuāng děng zhèngzhuāng, bìng dài tāmen
祈求**当地守护神保佑**的习俗，所以父母会给孩子穿上和服或**西装**等**正装**，并带他们

qù shénshè qídǎo háizi kěyǐ jiànkāng chéngzhǎng, fēihuáng téngdá. Zhèshí huì ràng háizi shǒu ná xiàngzhēng chángshēng bùlǎo de
去神社祈祷孩子可以健康成长，**飞黄腾达**。这时会让孩子手拿象征**长生不老**的

xìcháng de hóngbáisè "qiānsuìtáng" pāizhào liúniàn.
细长的红白色"千岁糖"拍照**留念**。

（11月に満3歳，5歳，7歳の子どもを氏神の神社に連れて行く儀式です。日本では生まれた土地の氏神の加護を受けるよう願う習慣があるので，両親は子供に着物や背広で正装させ，神社に連れて行き健やかな成長や将来の出世を祈るのです。この時不老長寿を願って紅白の細長い「千歳飴」を手に，記念写真を撮ります。）

表現力 UP!

□ 当地守护神保佑（生まれた土地の氏神の加護）　　□ 西装（背広）　　□ 正装（正装）
□ 飞黄腾达（将来の出世）　　□ 长生不老（不老長寿）　　□ 留念（記念として〔〜する〕）

訪日客に必ず聞かれる Question ベスト5はこれだ！

Rank 3

Zài rìběn wèi shénme lián dàrén yě kàn mànhuà?
在日本为什么连大人也看漫画？
（日本ではなぜ大人まで漫画を読むのですか）

Nàshì yīnwèi Rìběn de mànhuà yǒu hěnduō gǎoxiào hé kǒngbù děng yǒuqù de tícái de, tóngshí yě tuòzhǎndàole
那是因为日本的漫画有很多**搞笑**和**恐怖**等有趣的题材的，同时也**拓展**到了

wénxué hé zhéxué、shèhuì wèntí děng miànxiàng chéngrén de zhǔtí. Cǐwài zài xuéxí xīn zhīshi shí yě huì yòng mànhuà
文学和哲学、社会问题等**面向成人**的主题。此外在学习新知识时也会用漫画

lái dàitì rùmén shūjí, suǒyǐ jīngcháng huì yǒu mǎn shūguì dōu shì mànhuà de qíngkuàng. Yīncǐ kěyǐ shuōshì shūtú-tóngguī.
来**代替入门书籍**，所以经常会有满**书柜**都是漫画的情况。因此可以说是**殊途同归**。

（日本の漫画はギャグやホラーなど，おもしろいテーマが多い一方，文学や哲学，社会問題等，大人向けのテーマまで幅広いからです。また新たな知識を身につけるとき，入門書代わりに漫画を読むこともあり，漫画が本棚にぎっしりということもよくあります。やり方は違っても結果は同じというわけです。）

表現力 UP!

□ 搞笑（ギャグ，お笑い）　　□ 恐怖（ホラー）　　□ 拓展（拡張する，広げる）
□ 面向成人（大人向け）　　□ 代替入门书籍（入門書代わりに）　　□ 书柜（書棚）
□ 殊途同归《成》道は違っても着くところは同じ，やり方は違っても結果は同じ）

File" **23**

ガイド： Cháiyòu dìshìtiān jí Tìjīngsì zhèli yǒu sān ge kàndiǎn. Shǒuxiān shì diànyǐng《Yíncìláng de gùshi》de
柴又帝释天即题经寺这里有三个**看点**。首先是电影《寅次郎的故事》的
wàijǐngdì, qícì shì chíquán huányóushì tíngyuàn, zuìhòu shì diāokè zǒuláng.
外景地，其次是池泉环游式庭院，最后是**雕刻走廊**。

観光客： Shì fóxiàng de diāokè ma?
是佛像的雕刻吗？

ガイド： Bù, shì diāokèshīmen yǐ fójiào wéi zhǔtí suǒ zhìzuò de tòudiāo jīngpǐn.
不，是**雕刻师**们以佛教为主题所制作的**透雕精品**。

観光客： Jiùshì yǒu gōngjiàng shǒuyì de shīfumen la.
就是有工匠手艺的师傅们啦。

ガイド： Shìde. Jiānghù shídài shēnfèn děngjí zhìdù sēnyán, gōngjiàng shì zuòbuliǎo guān de.
是的。江户时代身份等级制度森严，工匠是**做**不了**官**的。
Yīncǐ kěyǐ zhuānzhù gōngyì cóngér chéngwéi yīliú de gōngjiàng.
因此可以**专注工艺**从而成为一流的工匠。

観光客： Jiējí shèhuì yě yǒu lìbì a.   Nàme yào zěnyàng cái néng xuéxídào gōngjiàng shǒuyì ne?
阶级社会也有**利弊**啊。那么要怎样才能学习到工匠手艺呢？

ガイド： Xūyào yǒu bùqū bùnáo、wánměi zhǔyì、zhíjué hé jízhōnglì.
需要有不屈不挠、完美主义、**直觉**和集中力。

観光客： Gōngjiàng zhī lù zhēnshi bù píngtǎn a.
工匠之路真是不平坦啊。

ガイド： Zhèngshì rúcǐ. Gōngjiàng yìshù yóu zǔzǔ bèibèi chéngchuánxiàlai, jíshǐ shì xiànzài gōngjiàng jīngshén
正是如此。工匠艺术由**祖祖辈辈承传下来**，即使是现在**工匠精神**
yījiù shì suíchù kě jiàn.
依旧是**随处可见**。

観光客： Zài Zhōngguó rúguǒ gōngjiàng yǒu yí ge chūlèi bácuì de érzi, tā yídìng búhuì ràng tā jìchéng zìjǐ de
在中国如果工匠有一个出类拔萃的儿子，他一定不会让他继承自己的
shǒuyì ér shì huì bùxī yíqiède ràng tā kǎoxué dāng guān. Ér Rìběn zéshì bùtóng de a.
手艺而是会不惜一切地让他考学当官。而日本则是不同的啊。

ガイド： Yīnwèi jìshù hé xuéwèn yíyàng shòu zūnzhòng, cái chéngjiùle jìshù dàguó de Rìběn. Zhēn kěwèi
因为技术和学问一样受尊重，才成就了技术大国的日本。真可谓
shì Sài wēng shī mǎ yānzhī fēi fú a.
是**塞翁失马焉知非福**啊。

□ 看点（見どころ）   □ 寅次郎的故事（男はつらいよ）   □ 雕塑走廊（彫刻ギャラリー）   □ 雕刻师（彫刻家）   □ 透雕（透かし彫り）   □ 精品（傑作）   □ 做官（官僚になる）   □ 专注工艺（技に徹する）   □ 利弊（一長一短）   □ 直觉（勘）   □ 祖祖辈辈承传下来（代々受け継ぐ）   □ 工匠精神（職人気質）   □ 随处可见（あちこちで見られる）   □ 塞翁失马焉知非福（世の中後にならないとよかったかどうかわからない）

【日本語訳】

ガイド： ここ，柴又帝釈天すなわち題経寺（だいきょうじ）では３つの見どころがあります。まずは映画『男はつらいよ』のロケ地，次が池泉回遊式（ちせんかいゆうしき）の庭園，そして彫刻ギャラリーです。

観光客： 彫刻というと仏像ですか？

ガイド： いいえ，仏教をテーマにした透かし彫りで，匠たちによる傑作が見られます。

観光客： 匠の技をもった職人なんですね。

ガイド： はい。江戸時代には厳しい身分制度があり，職人は官僚にはなれませんでした。そこで技に徹することで本物の匠を目指すようになったのです。

観光客： 階級社会にも一長一短があったんですね。ところで，匠の技を身につけるためには何が必要ですか？

ガイド： 粘り強さ，完璧主義，勘，そして集中力でしょう。

観光客： 職人の道は本当に大変なんですね。

ガイド： そのとおりです。こうして匠の技が代々受け継がれ，その職人気質は今もあちこちで見られるのです。

観光客： 中国なら職人に有能な息子がいれば，きっと自分の技能を息子に伝えず，何事も惜しまず受験，学問をさせ，官僚にさせるでしょう。日本はそうではなかったんですね。

ガイド： 学問と同じくらい技術を尊ぶ思いがあったので，技術大国日本ができたのでしょう。世の中後にならないとよかったかどうかわからないものですね。

【コラム】 「匠」の字のもつ重みのギャップ

中国では，職人の息子が「父ちゃん，俺，後を継ぐよ。」というと，父親は「こんな仕事やめて官僚にでもなれるように勉強させてきたのに，この親不孝者！」と怒鳴る。一方，「お前なんぞに匠の技が身につくか！ 仕事をなめるな！」と怒鳴るふりをしながら，実は継いでほしかったのでほくそ笑むのが日本の頑固な職人。「匠」という響きの重みが日中両国で違うのです。

File# 24

観光客：
Xìliè xǐjù diànyǐng《Yíncìláng de gùshi》yígòng yǒu sìshíbā bù, nà tā chénggōng de mìjué shì
系列喜剧电影《寅次郎的故事》一共有四十八部，那它成功的秘诀是

shénme ne? Zài bāshí niándài de Zhōngguó tā de rénqì hěn gāo, dànshì jiǔlínghòu de wǒ què méi kànguo.
什么呢？ 在八十年代的中国它的人气很高，但是**九零后**的我却没看过。

ガイド：
Shǒuxiān zhǔréngōng Yíncìláng shì yí ge tǔshēng tǔzhǎng de lǎo Jiānghù.
首先主人公寅次郎是一个**土生土长**的老江户。

観光客：
Jiùshì zhè wèi dàshū a. Tǔshēng tǔzhǎng de lǎo Jiānghù shì zěnyàng de ne?
就是这位大叔啊。 土生土长的老江户是怎样的呢？

ガイド：
Píngyì jìnrén, dǎnzi dà, yǒu rénqíngwèi. Èr líng yī fāngmiàn shì xuéshí qiǎnlòu, yì fāhuǒ jiù gǎode
平易近人，胆子大，有人情味。而另一方面是**学识浅陋**，**一发火**就搞得

suǒyǒu shìqíng yìtuánzāo. Háiyǒu hěn yàoqiáng hàoshèng ...
所有事情**一团糟**。还有很**要强好胜**…

観光客：
Jiùshì wàigāng nèiróu ma. Nà tā shì kào shénme wéishēng?
就是**外刚内柔**嘛。那他是靠什么**为生**？

ガイド：
Méiyou gùdìng de gōngzuò, yí ge rén sìchù liúlàng bǎitān mài dōngxi. Yòng tāotāo bùjué de shuōcí bǎ
没有固定的工作，一个人**四处流浪摆摊卖东西**。用**滔滔不绝**的说词把

piányihuò màichuqu.
便宜货卖出去。

観光客：
Hǎoxiàng shì ge hěn yǒuqù de rén. Nà zhàopiànshang de nǚzǐ shì tā qīzi ma?
好像是个很有趣的人。那照片上的女子是他妻子吗？

ガイド：
Bù, tā shì ge dānshēnhàn. Nèige shì mèimei, shūfù shūmǔ zài Cháiyòu děngzhe zhèige
不，他是个单身汉。那个是他妹妹，叔父叔母在柴又等着这个

làngzǐ huíjiā. Dànshì tā měicì fēngchén-púpúde huílái dōu huì gǎochū xiē nào xiàohua lái.
浪子回家。但是他每次**风尘仆仆**地回来都会搞出些**笑话**来。

Guānzhòng jiùshì wèicǐ ér pěngfù dàxiào.
观众就是为此而**捧腹大笑**。

観光客：
Nà tā mèimei qǐbúshì hěn méi miànzi.
那他妹妹岂不是很**没面子**。

ガイド：
Zhèngshì zhèyàng. Dànshì kàndào yòu juédé nánkān yòu dānxīn xiōngzhǎng de mèimei hé shēnshěn,
正是这样。但是看到又觉得难堪又担心兄长的妹妹和**婶婶**，

háishì huì ràng guānzhòngmen shēnshēnde gǎndào jiārén de zhòngyàoxìng.
还是会让观众们深深地感到家人的重要性。

□ 九零后（90 年代生まれ）　　□ 土生土长（《成》その土地で生まれ育った（〜），生え抜きの，ちゃきちゃきの）　　□ 平易近人／平易可亲（親しみやすい）　　□ 胆子大（度胸がある）　　□ 有人情味（人情家）　　□ 学识浅陋（学がない）　　□ 发火（カッとなる）　　□ 一团糟（《慣》やることなすこと滅茶苦茶で手に負えない）　　□ 要强好胜（すごい負けず嫌い）　　□ 外刚内柔（強面でも優しい）　　□ 为生（生計を立てる）　　□ 四处流浪（あちこち放浪する）　　□ 摆摊卖东西（テキ屋をする）　　□ 滔滔不绝的说词（よどみない口調で）　　□ 风尘仆仆（《成》長い旅に疲れ果てたさま）　　□ 笑话（笑いものにする）　　□ 捧腹大笑（腹を抱えて笑う）　　□ 没面子／丢面子（立場がない）□ 婶婶（父の兄嫁）

【日本語訳】

観光客：喜劇映画シリーズ『男はつらいよ』は全 48 作だそうですが，成功の秘密は何ですか？　中国で 80 年代に人気だったそうですが，90 年代生まれの私は見たことがないんです。

ガイド：まず主人公寅さんがちゃきちゃきの江戸っ子なのです。

観光客：このおじさんのことですね。ちゃきちゃきの江戸っ子というのは？

ガイド：親しみやすく，度胸もあり，人情家。一方で学はなく，カッとなるとやることなすこと滅茶苦茶なんです。それにすごい負けず嫌いで…

観光客：つまり，強面（こわもて）だけど優しいのですね。では，彼はどうやって生計を立てているのですか？

ガイド：定職にはついておらず，一人であちこちを旅してはテキ屋をしています。よどみない口調で安物を売りさばいたりするんです。

観光客：楽しそうな人ですね。あのパネルの女性は奥さんですか？

ガイド：いえ，寅さんは独身です。あれは妹で，叔父夫婦がこの放蕩息子の帰りを柴又で待っているのです。でも旅からよれよれになって戻るたびに笑いものになるんです。それをみて観客も大笑いです。

観光客：それじゃ，妹さんの立場がないですね。

ガイド：そうなんです。でもつらくても兄のことを心配する妹や叔母（父の兄嫁）さんを見ていると，観客は家族の大切さをしみじみと感じるんです。

【コラム】　昭和のスターたちが中国で果たした役割

文革が終わり，改革開放政策の一環として，外国映画が中国に押し寄せました。その頃中国に上陸したのが，可憐な "山口百惠 Shānkǒu Bǎihuì"，寡黙で男らしい "高仓健 Gāocāng Jiàn"，義理人情に厚い "寅次郎 Yíncìláng" ら昭和のスターたちでした。彼らは日本人＝侵略者という中国人の見方を変えると同時に，文革中に閉ざされた外の世界への好奇心を満たしてくれたのです。

Rank 4

Shénme shì "yìlǐ rénqíng"?

什么是"义理人情"？

（「義理人情」とは何ですか）

"Yìlǐ" shì dàirénjiēwù de chǔshì jīngyàn,　　"rénqíng" shì zhǐ duì zìjǐrén de qíngyì.　　Zài shíxià de Zhōngguó

"义理"是**待人接物**的处世经验，"人情"是指对**自己人**的情义。在时下的中国

dàduōshù rén kěnéng huì háo bù yóuyùde xuǎnzé "rénqíng", dàn zài Jiānghù shídài yǐhòu de Rìběn jiā zài shìgù hé

大多数人可能会**毫不犹豫地**选择"人情"，但在江户时代以后的日本**夹在世故和**

rénqíng zhījiān jìntuì liǎngnán de qíngkuàng yǒu hěnduō.　Yǐ zhèyàng de jiūgé wéi tícái de wénxué zuòpǐn hé mù'ǒuxì、

人情之间进退两难的情况有很多。以这样的**纠葛**为题材的文学作品和**木偶戏**、

gēwǔjì zuòpǐn yě búzài shǎoshù.

歌舞伎作品也不在少数。

（「義理」とは人と接するときの身のこなし方のこと，「人情」とは親しい間柄の人に対する思いのことです。今の中国では迷わず「人情」を選ぶ人が多いでしょうが，江戸時代以降の日本ではこの義理と人情の板挟みにあい，ジレンマに陥ることが多かったようです。こうした葛藤をテーマにした文学作品や人形浄瑠璃，歌舞伎作品も少なくありません。）

表現力 UP!

☐ 待人接物（《成》人に接するときの態度，人と交わる場合の物腰）

☐ 自己人（親しい間柄の人，身内）

☐ 毫不犹豫地（迷わず，ためらうことなく）

☐ 夹在世故和人情之间（義理と人情の板挟みにあう）

☐ 进退两难（《成》ジレンマに陥る）

☐ 纠葛（葛藤）

☐ 木偶戏（人形浄瑠璃）

Rank 5

"Zhírén"" shì zěnyàng de yí lèi rén?

"职人"是怎样的一类人？

（「職人」とはどんな種類の人々ですか）

Suǒwèi "zhírén" jiùshì yōngyǒu jìshù bìng cóngshì zhìzàoyè de rén, lìrú mùgōng、táogōng、chúshī děng. Cǐwài, zài

所谓"职人"就是拥有技术并从事制造业的人，例如**木工**、**陶工**、**厨师**等。此外，在

"jūnzǐ láo xīn, xiǎorén láo lì" de rújiào jiàzhíguān xià zhírén wǎngwǎng bèi shìwéi xiàděngrén, dàn zài Rìběn duìyú

"君子劳心，小人劳力"的儒教价值观下职人往往被视为下等人，但在日本对于

jiānchí zǔzǔ bèibèi chuánchéngxialai de jìshù de gōngjiàng jīngshén de píngjià shì hěn gāo de.

坚持**祖祖辈辈**传承下来的技术的**工匠精神**的评价是很高的。

（「職人」とは技術を持ってものづくりをする人で，例えば，大工，陶工，板前，などです。なお，「立派な人間は知的労働につき，つまらない人間は肉体労働につく」という儒教的価値観では職人は往々にして下に見られがちでしたが，日本では代々受け継がれてきた技にこだわりを持つ職人気質が高く評価されます。）

表現力 UP!

□ 木工（大工）　　□ 陶工（陶工）　　□ 厨师（板前）

□ 君子劳心，小人劳力（立派な人間は知的労働につき，つまらない人間は肉体労働につく）

□ 祖祖辈辈（先祖代々）

□ 工匠精神（職人気質，匠の心，職人かたぎ，職人魂）

下町をガイドするための必須例文をマスター！

江戸っ子とは，生粋の東京っ子のことです。弱いものの味方をすること。義理人情に厚いこと。率直で頑固なこと。そして異性の前ではついつい強がってしまうんです。	Lǎo Jiānghù jiùshì dìdao de dōngjīng rén. Wǒmen ài dǎ bàobùpíng. 老江户就是地道的东京人。我们爱打抱不平。 Kànzhòng rénqíng-shìgù. Zhíshuǎng yòu wángù. Háiyǒu jiùshì dòngbudòng 看重人情世故。直爽又顽固。还有就是动不动 xǐhuan zài yìxìng miànqián chěngqiáng. 喜欢在异性面前逞强。
こちらが湯島聖堂です。五代将軍徳川綱吉が建てた儒学の聖堂であり，学問所でもあります。	Zhèli jiùshì Tāngdǎo shèngtáng. Tā yóu dìwǔ dài jiāngjūn Déchuān Gāngjí suǒ 这里就是汤岛圣堂。它由第五代将军德川纲吉所 jiàn, jìshì kǒngmiào yě shì shūyuàn. 建，既是孔庙也是书院。
ゲームセンターにプリクラ，フィギュアのショップ，数千冊の漫画のある漫画喫茶，メイドカフェ，ガチャガチャなど，数えられないほどあります。	Yóuxìtīng, dàtóutiē, móxíng wánjù diàn, yǒu jǐ qiān cè mànhuà de 游戏厅、大头贴、模型玩具店、有几千册漫画的 mànhuà kāfēitīng, nǚpú kāfēitīng hé niúdànjī děng shǔbúshèngshù. 漫画咖啡厅、女仆咖啡厅和扭蛋机等数不胜数。
鍵になるのは「かわいい」，つまり「小さく」「丸く」「未熟で」「癒される」がひとつになったコンセプトです。	Zuì guānjiàn de yàosù jiùshì "kǎwāyī", yě jiùshì "xiǎoxiǎo de", "yuányuán 最关键的要素就是"卡哇伊"，也就是"小小的"，"圆圆 de", "wèichéngshú de" hé "xīnlíng wèijí" héwéi yìtǐ de gàiniàn. 的"，"未成熟的"和"心灵慰藉"合为一体的概念。
ここ，柴又帝釈天すなわち題経寺では3つの見どころがあります。まずは映画『男はつらいよ』のロケ地，次が池泉回遊式の庭園，そして彫刻ギャラリーです。	Cháiyòu dìshìtiān jí Tíjīngsì zhèli yǒu sān ge kàndiǎn. Shǒuxiān shì 柴又帝释天即题经寺这里有三个看点。首先是 diànyǐng《Yíncìláng de gùshì》de wàijǐngdì, qícì shì chíquán 电影《寅次郎的故事》的外景地，其次是池泉 huányóushì tíngyuàn, zuìhòu shì diāokè zǒuláng. 环游式庭院，最后是雕刻走廊。
江戸時代には厳しい身分制度があり，職人は官僚にはなれませんでした。そこで技に徹することで本物の匠を目指すようになったのです。	Jiānghù shídài shēnfèn děngjí zhìdù sēnyán, gōngjiàng shì zuòbuliǎo guān de. 江户时代身份等级制度森严，工匠是做不了官的。 Yīncǐ kěyǐ zhuānzhù gōngyì cóngér chéngwéi yīliú de gōngjiàng. 因此可以专注工艺从而成为一流的工匠。

下町〜祭りの際ははぐれた場合の集合場所も知らせよう

　神田祭を見ながら説明しようとした通訳ガイド1年生のときのこと。結論から言いますと，あまりの熱気に圧倒され，ほとんど説明になりませんでした。本書に出てくるような会話は，祭りが始まる前か，練り歩きを見下ろせるようなビルの窓際などですべきかもしれません。

　また，数人のお客様なら耳元で説明もできるでしょうが，それ以上になるとまず無理です。祭りの説明で大切なのは，説明する場所とタイミングを選ぶことなのです。

　さらに，人混みのためにお客様を見失うことも前提に，はぐれた場合は何時何分にどこに集合するかをあらかじめ言っておくことでしょう。その集合場所が祭りの練り歩きのコースを離れたところであることは言うまでもありません。

「下町」案内の必須表現リスト

本章のダイアローグやQ&A,「下町をガイドするための必須例文をマスター！」で使用した「下町」を案内するための最重要表現やその他の関連表現をまとめました。これらを駆使して，下町についてうまく発信できるように復習しましょう！

▶江戸っ子

☐ 江戸っ子.................................... 老江户 lǎo Jiānghù

☐ 〔姿態・動作などが〕粋である，かっこいい... 帅 shuài

☐ かっこいい〔英語の cool の音訳〕... 酷 kù

☐ ダサい.................................... 土 tǔ

☐ 生粋の東京っ子 .... 地道的东京人 dìdao de Dōngjīng rén

☐ 弱いものの味方をする.............. 爱打抱不平 ài dǎ bàobùpíng

☐ うずうずする.......................... 痒 yǎng

☐ 義理と人情の板挟みにあう .... 夹在世故和人情之间 jiā zài shìgù hé rénqíng zhījiān

▶性格

☐ 《成》義理人情......................... 人情世故 rénqíng-shìgù

☐ 頑固な.................................... 顽固 wángù

☐ 強がる.................................... 逞强 chěngqiáng

☐ 威張る.................................... 摆架子 bǎi jiàzi

☐ 人情家.................................... 有人情味 yǒu rénqíngwèi

☐ カッとなる.............................. 发火 fāhuǒ

☐ 《慣》やることなすこと滅茶苦茶で手に負えない... 一团糟 yìtuánzāo

☐ すごい負けず嫌い..................... 要强好胜 yàoqiáng hàoshèng

☐ 強面でも優しい .... 外刚内柔 wàigāng nèiróu

☐ 度胸がある.............................. 胆子大 dǎnzi dà

▶サブカルチャー

☐ サブカルチャー .... 次文化 / 非主流文化 cì wénhuà/fēi zhǔliú wénhuà

☐ メッカ.................................... 圣地 shèngdì

☐ オタク.................................... 宅男宅女 zháinán zháinǚ

□ アニメオタク .... 动漫迷 dòngmànmí

□《成》物がよく値段が安い .... 物美价廉 wùměi jià lián

□ 電気街 .... 电器城 diànqìchéng

□ ゲームセンター .... 游戏厅 yóuxìtīng

□ プリクラ .... 大头贴 dàtóutiē

□ フィギュア .... 模拟玩具 / 手办 mónǐ wánjù/shǒubàn

□ 漫画喫茶 .... 漫画咖啡厅 mànhuà kāfēitīng

□ メイドカフェ .... 女仆咖啡厅 nǚpú kāfēitīng

□ ガチャガチャ／ガチャポン .... 扭蛋机 niǔdànjī

□《成》類は友を呼ぶ .... 物以类聚 wùyǐ-lèijù

□ 萌える .... 萌 méng

□ 「小さく」「丸く」「未熟で」「癒される」がひとつになる...“小小的”，“圆圆的”，
　　　“未成熟的”，和“心灵慰藉”合为一体 "xiǎoxiǎo de", "yuányuán de", "wèichéngshú de" hé "xīnlíng
　　　wèijí" héwéi yìtǐ

▶祭り

□《総称的に》神 .... 神灵 shénlíng

□ 祭り，祭祀 .... 祭祀 jìsì

□ 縁日 .... 庙会 miàohuì

□ 豆まき .... 撒豆驱邪 sā dòu qūxié

□ 神が乗り移った神輿 .... 神灵依附的神轿 shénlíng yīfù de shénjiào

□ 神輿の練り歩き .... 神轿游行 shénjiào yóuxíng

▶職人

□ 職人気質，匠の心，職人かたぎ，職人魂...工匠精神 gōngjiàng jīngshén

□ 代々受け継ぐ .... 祖祖辈辈承传下来 zǔzǔ bèibèi chéngchuánxialai

□ 勘 .... 直觉 zhíjué

□ 大工 .... 木工 mùgōng

□ 陶工 .... 陶工 táogōng

□ 板前 .... 厨师 chúshī

「両国」を案内しよう！

　神代のころから伝わる相撲は日本の国技。そしてその檜舞台が両
国国技館です。また江戸時代から今までの生活文化を体験的に学
べる江戸東京博物館もこの地にあり，いずれも訪日客でにぎわい
ます。相撲と江戸文化の花咲く両国を案内しましょう！

場面 1　両国国技館と「相撲の起源」
場面 2　両国国技館と「相撲観戦」
場面 3　江戸東京博物館と「歌舞伎」
場面 4　江戸東京博物館と「文明開化」
場面 5　江戸東京博物館と「戦争と平和」

File# 25

ガイド：
Zhèli jiùshì Liǎngguó Guójìguǎn. Zài rùkǒuchù kěyǐ kàndào miáohuìle xiāngpū cóng tiāndì kāipì yǐlái
这里就是两国国技馆。在入口处可以看到描绘了相扑从**天地开辟以来**
yìzhí yánxù zhìjīn de lìshǐ de bìhuà.
一直延续至今的历史的壁画。

观光客：
Shénxian yě huì xiānghù bǐshì ma?
神仙也会**相互比试**吗？

ガイド：
Zhèngshì rúcǐ. Gēnjù bā shìjì de lìshǐ wénxiàn《gǔshìjì》de jìzǎi, Rìběn zài yóu
正是如此。根据八世纪的历史文献《古事记》的记载，日本在由
tiānhuáng tǒngzhì zhīqián shì yóu Chūyúnguó de Dàguó zhǔmìng lái tǒngzhì de.
天皇统治之前是由出云国的大国主命来统治的。

观光客：
Zài tiānhuáng tǒngzhì zhīqián zhège dǎoshang jiù yǒule wángguó a. Jiùxiàng shì zài Qínshǐhuáng zhīqián
在天皇统治之前这个岛上就有了王国啊。就像是在秦始皇之前
yǒuguo Yīn hé Zhōu yíyàng.
有过殷和周一样。

ガイド：
Chuánshuō zhōng de shìqíng bùhǎo dìnglùn. Qíhòu, zuòwéi huángzǔ de Tiānzhào dàshén yāoqiú Dàguó zhǔmìng
传说中的事情不好定论。其后，做为皇祖的天照大神要求大国主命
shànràng, nà nǐ cāi yíxià tāmen zuìhòu shì rúhé yìjué cíxióng de ne?
禅让，那你猜一下他们最后是如何**一决雌雄**的呢？

观光客：
Bú huì shì tōngguò xiāngpū bǐsài ba?
不会是通过**相扑比赛**吧？

ガイド：
Huídá zhèngquè. Dàn Chūyún yóuyú shílì xuánshū ér bàiběi, ránhòu Tiānzhào dàshén jiù bǎ zìjǐ de sūnzi
回答正确。但出云由于**实力悬殊**而败北，然后天照大神就把自己的孙子
pàidàole Jiǔzhōu, Tā de zǐsūn jiùshì chuánshuō zhōng de dìyī dài tiānhuáng—Shénwǔ tiānhuáng.
派到了九州，他的子孙就是传说中的第一代天皇 ——神武天皇。

观光客：
Yīnwèi shénxian zhījiān de xiāngpū bǐsài, zhège guójiā de zhèngquán fāshēngle jiāotì?
因为神仙之间的相扑比赛，这个国家的政权发生了交替？

ガイド：
Duì. Suǒyǐ xiāngpū cái bèi chēngwéi guójì, yě yīnwèi shì hé shénmíng yǒuguān suǒyǐ zài bǐsài chǎngdì
对。所以相扑才被称为**国技**，也因为是和神明有关所以在**比赛场地**
jǔxíng sāyán, yòng jiǎo tàdì qūchú xié' è děng yíshì cái shùn lǐ chéng zhāng.
举行撒盐，用脚蹋地驱除邪恶等仪式才**顺理成章**。

观光客：
Zhè yàoshi huànzuò Zhōngguó lìshǐ fǎngfú jiùshì Shùn yāoqiú Yáo ràng wèizi, ránhòu liǎng ge rén
这要是换作中国历史仿佛就是**舜**要求**尧**让位子，然后两个人
shīzhǎn gōngfu yìjué shèngfù. Zhège gùshi tà yǒuqù le.
施展功夫一决胜负。这个故事太有趣了。

ガイド：
Nàme, xiànzài jiù ràng wǒ dài dàjiā qù kàn xiāngpū bǐsài ba.
那么，现在就让我带大家去看大相扑比赛吧。

□ 天地开辟以来（神代の頃から）　　□ 相互比试（取組する）　　□ 禅让（国譲り）
□ 一决雌雄（決着をつける）　　□ 相扑比赛（相撲の取組）　　□ 实力悬殊 / 小巫见大巫（レベルが違いすぎる）　　□ 国技（国技）　　□ 比赛场地（土俵）　　□ 用脚蹋地（四股を踏む）
□ 驱除邪恶（邪気を払う）　　□ 顺理成章（筋が通る）　　□ 舜（舜：尧に君主の座を譲られた伝説の聖人。）　　□ 尧（尧：自ら舜にその座を譲った伝説の聖人君主。）
□ 施展功夫一决胜负（カンフーで勝負をつける）

【日本語訳】

Photo by © Hitoshi Kawasaki

ガイド：ここが両国国技館です。ここ入口では神代の頃から続く相撲の長い歴史が描かれた壁画を見ることができます。

観光客：神々も取組をしたのですか？

ガイド：そのとおりです。『古事記』という8世紀の歴史書によると，天皇が日本を治める以前は，出雲國の大国主命（おおくにぬしのみこと）が治めていました。

観光客：天皇の統治以前に，この島にはすでに王国があったんですね。それって秦の始皇帝の前に殷や周があったような感じですね。

ガイド：神話の世界ですので何とも言えません。その後，皇祖の天照大神（あまてらすおおみかみ）が出雲に国譲りを求めたのですが，どうやって決着をつけたと思いますか？

観光客：まさか相撲の取組でじゃないですよね？

ガイド：ご名答。ただレベルが違いすぎて出雲は敗れ，その後天照大神は孫を九州に遣わせたのですが，その子孫が伝説の初代天皇，神武天皇です。

観光客：神々との間の相撲によって，この国は政権交代したのですね？

ガイド：ええ。だから相撲は国技と呼ばれ，神々に関することだから土俵に塩をまいたり，四股を踏んで土俵の邪気を祓ったりなどの儀式があるのも筋が通っているでしょう。

観光客：それにしても，中国史に置き換えると，まるで舜が尧に禅譲を迫り，カンフーで勝負をつけたような話ですね。これは興味深い！

ガイド：それでは，これから（皆さんを）大相撲観戦にご案内いたしましょう。

【コラム】　相似点→相違点

中国では善政（ぜんせい）を敷いた尧（ぎょう）が，舜（しゅん）に自ら国権を譲った（禅让 shànràng）と『史記』にあります。一方，日本の『古事記』では国権が出雲から高天原（たかまがはら）に譲られた（国譲り）とあります。ただ相違点は，尧は舜に自ら国権を譲ったのに対し，出雲は高天原に相撲で負けて譲ったということ。日中比較する際は相似点→相違点の順に言及する，「求大同，存小异 qiú dà tóng, cún xiǎo yì」（大同を求めて小異を残す，原則上の一致を求めて副次的なものは保留する）という手法が有効です。

【観光編】……両国国技館と「相撲観戦」
相撲の基本ルールと横綱について説明してみよう！

ガイド：
Jīntiān wèi dàjiā zhǔnbèi de bú shì kàojìn bǐsài chǎngdì de duìhào rùzuò de chízuò, ér shì shāowēi yuǎn
今天为大家准备的不是靠近比赛场地的**对号入座**的**池座**，而是稍微远
yìxiē de zuòxí. Yīnwèi chízuò bùjǐn xiázǎi méiyou yǐzi, jiàgé hái guì hǎojǐ bèi.
一些的坐席。因为池座不仅**狭窄**没有椅子，价格还**贵好几倍**。

观光客：
Hǎode.　Nàme xiāngpū bǐsài de guīzé fùzá ma?
好的。那么相扑比赛的规则复杂吗？

ガイド：
Bú fùzá, jīběn guīzé zhǐyǒu liǎng ge.　Bèi duìfāng tuīchū bǐsài chǎngdì huòzhě xuǎnshǒu jiǎoxīn yǐwài
不复杂，基本规则只有两个。**被**对方**推出比赛场地**或者选手脚心以外
de shēntǐ chùpèngdào bǐsài chǎngdì de mǒu yī chù jiùshì shū le.
的身体触碰到比赛场地的某一处就是输了。

观光客：
Yuánlái rúcǐ, jiǎndān yìdǒng.　Nèige fàjì yě shì hěn yǒu tèdiǎn de.
原来如此，简单易懂。那个**发髻**也是很有特点的。

ガイド：
Qíshí zhǐyǒu zhíyè xiāngpū xuǎnshǒu cái néng jié fàjì.
其实只有**职业相扑选手**才能结发髻。

观光客：
Shì zhèyàng a. Rúhé fēnbiàn hénggāng hé qítā xuǎnshǒu ne?
是这样啊。如何**分辨**横纲和其他选手呢？

ガイド：
Hénggāng shì zài shàngchǎng yíshì de zuìhòu rùchǎng bìngqiě zài huálì de wéiyāoshang jìzhe báisè máshéng.
横纲是在上场仪式的最后入场并且在**华丽的围腰上系着白色麻绳**。
Lìngwài bú shì zhǐyào lìqì dà jiù néng chéngwéi hénggāng.
另外不是只要力气大就能成为横纲。

观光客：
Xiǎng chéngwéi hénggāng hái xūyào jùbèi shénme ne?
想成为横纲还需要具备什么呢？

ガイド：
Ňg, yàoyǒu zhèngrénjūnzǐ bān de pǐndé. Hénggāng jíshǐ shì qǔshèngle yě yào gùjì bàizhě de xīnqíng,
嗯，要有**正人君子**般的**品德**。横纲即使是取胜了也要顾及败者的心情，
bùkě yǒngyuè huānhū. Fǒuzé huì bèi rènwéi yīn xǐ shàng méishāo ér gěi duìfāng chéngxì fǎnjī de jīhuì.
不可踊跃欢呼。否则会被认为因**喜上眉梢**而给**对方乘隙反击**的机会。

观光客：
Sàihòu wúlùn shèngfù dōu miàn bù gǎisè zhè yìdiǎn zhēn de shì hěn fúhé Rìběn de fēngfàn.
赛后无论胜负都**面不改色**这一点真的是很符合日本的风范。

ガイド：
Shìde. Wèicǐ hénggāng bèi qīwàng wéi rénmín de bǎngyàng.
是的。为此横纲被期望为人民的**榜样**。

□ 対号入座（指定席）　　□ 池座（升席）　　□ 狭窄（窮屈だ）　　□ 貴几倍（何倍も値が張る）
□ 被〜推出比賽场地（〜に土俵から押し出される）　　□ 发髻（髷）　　□ 職業相扑选手（関取）
□ 分辨（見分ける）　　□ 华丽的围腰上系着白色麻绳（化粧まわしに白い麻の注連縄をはる）
□ 正人君子（聖人君子）　　□ 品德（品格）　　□ 顾及（気を配る，配慮する）　　□ 踊跃欢呼
（跳び上がって歓呼する）　　□ 否则（もしそうでなければ，さもないと）　　□ 喜上眉梢（《成》
喜んで眉尻を上げる→大変うれしそうである）　　□ 给对方乘隙反击的机会（敵に隙を見せる）
□ 面不改色（《成》顔色一つ変えない）　　□ 榜样（お手本，模範）

【日本語訳】

ガイド：実は，今日は土俵に近い指定席の升席ではなく，少し離れた椅子席を準備しておきました。升席は椅子がなく窮屈で，しかも椅子席の何倍も値が張りますから。

観光客：わかりました。ところで，相撲の取組のルールは複雑なのですか？

ガイド：いえ，基本ルールは二つだけです。相手に土俵から押し出されたり，力士の足の裏以外の身体のどこかが土俵についたりしたら負けです。

観光客：なるほど，単純ですね。あの髷も特徴的ですね。

ガイド：実は，あれが結えるのは関取だけです。

観光客：そうなんですか。横綱は他の力士とどうやって見分けるのですか？

ガイド：横綱は土俵入りの最後に入場して，化粧まわしに白い麻の注連縄を張っています。ちなみに，横綱というのは力だけではなれません。

観光客：他に何があれば横綱として認められるのですか？

ガイド：そうですねえ，聖人君子らしい品格でしょうか。横綱は，例えば，取組で勝っても敗者の気持ちを察して，大喜びしてはならないのです。でなければ，喜びを表すことで敵に隙を見せたと思われるでしょう。

観光客：力士が勝っても負けても顔色一つ変えないのも，実に日本的ですね。

ガイド：そうですね。こうして横綱は，国民のお手本であることが期待されるのです。

【コラム】　横綱はおかしい？

実は中国人の多くは相撲に興味を持たないようです。肌の露出はせず，学問を積み君子になることをよしとするお国柄の上，裸体の巨体がまわし（"兜裆布 dōudāngbù"）から半分おしりを出して取り組み合う（"格斗 gédòu"）というのは，滑稽だそうです。逆に，相撲に関心のある中国人は開かれた人物でしょうから，相撲の起源から横綱についてまでは説明できるようにしましょう。

Rank 1 Shénme shì "fúxì"?

什么是"祓禊"？

（「禊祓」とはどういう意味ですか）

Shì shéndào zhōng qùchú wūhuì de yì zhǒng huódòng. Lìrú, jìndào shénshè wǒmen yào xiān xǐshǒu shùkǒu, qǐng shénshè

是神道中**去除污秽**的一种活动。例如，进到神社我们要先洗手**漱口**，请神社

zhǔjì qūxié. Cǐwài háiyǒu zànglǐ zhīhòu de jiéshēnyán, zài jiǔguǎn yòng shījīn yě shì wèile jiéshēn. Yě yǒu yòng huǒ hé

主祭**驱邪**。此外还有葬礼之后的**洁身盐**，在酒馆用**湿巾**也是为了洁身。也有用火和

yán de shíhou, dànshì yòng shuǐ shì shuǐ zīyuán fēngfù de Rìběn tèyǒu de qùchú wūhuì de fāngfǎ.

盐的时候，但是用水是水资源丰富的日本特有的去除污秽的方法。

（神道において穢れを流すことです。例えば，神社に入ったら我々は手を洗い，口をすすいだり，神主にお祓いしてもらったりします。他にも葬儀の後の清めの塩や，飲み屋でおしぼりを使うのも清めるためです。火や塩を用いることもありますが，水が豊富な日本ならではの清め方でしょう。）

表現力 UP!

□ 去除污秽（穢れを流す）　　□ 漱口（口をすすぐ）　　□ 驱邪（祓う）
□ 洁身盐（清めの塩）　　□ 湿巾（おしぼり）

Rank 2

Zài Liǎngguó Guójìguǎn suíshí dōu néng kàndào bǐsài ma?

在两国国技馆随时都能看到比赛吗？

（両国国技館ではいつも取組が見られますか）

Bùnéng. Yīnwèi Rìběn shì jīshù wéi jílì shùzì, suǒyǐ xiāngpū yě shì zài jīshù yuè jǔxíng.　　Qízhōng yī、wǔ、jiǔyuè

不能。因为日本视**奇数**为**吉利**数字，所以**相扑**也是在奇数月举行。其中一、五、九月

kěyǐ zài Guójìguǎn kàndào bǐsài. Suīrán měicì dōu huì jǔxíng shíwǔ tiān, dànshì měi yì chǎng dàsài de zuìhòu yì tiān

可以在国技馆看到**比赛**。虽然每次都会举行十五天，但是**每一场大赛的最后一天**

dōu huì kèmǎn. Zuòwèi yǒu kàojìn bǐsài chǎngdì de chízuò hé shāowēi yuǎn yìxiē de yǐzi zuòxí, yào zhùyì de shì

都会**客满**。座位有**靠近比赛场地的池座**和稍微远一些的椅子坐席，要注意的是

chízuò shì méiyou yǐzi de.

池座是没有椅子的。

（いいえ。日本では奇数が縁起のいい数とされるので，大相撲も奇数月に行われます。そのうち国技館では１月，５月，９月に取組が見られます。それぞれ 15 日間開かれますが，千秋楽には満員御礼となります。座席は土俵近くの升席と，少し離れた椅子席がありますが，升席には椅子がないのでご注意を。）

表現力 UP!

□ 奇数（奇数）　　□ 吉利（縁起がいい）　　□ 相扑（相撲）　　□ 比赛（取組）
□ 每一场大赛中最后一天（千秋楽）　　□ 客满（満員御礼）
□ 靠近比赛场地的池座（土俵近くの升席）

第５章　「両国」を案内しよう！

【観光編】……江戸東京博物館と「歌舞伎」
歌舞伎の名場面は江戸東京博物館で

観光客 ： Ā,　nèige jiùshì gēwǔjì ba.　　Gēwǔjì hé jīngjù lèisì ma?
啊，那个就是歌舞伎吧。歌舞伎和京剧类似吗？

ガイド ： Jiù gòngtōng zhī chù ér yán, dìyī ge shì "nǚxíng" yě jiùshì yóu nán yǎnyuán lái yǎn nǚ juésè.
就共通之处而言，第一个是"**女形**"也就是由男演员来演女角色。

Dì'èr ge shì yǎnyuán zài gāocháo shí de "liàngxiàng dòngzuò".
第二个是演员在**高潮**时的"**亮相动作**"。

観光客 ： Nèige yǎnyuán de liǎnpǔ zhēn bàng.
那个演员的**脸谱**真棒。

ガイド ： Shìde,　nà jiùshì dìsān ge tèzhēng.
是的，那就是第三个特征。

観光客 ： Yuánlái rúcǐ!　　Hé jīngjù quèshí hěn xiàng.
原来如此！ 和京剧确实很像。

ガイド ： Jīngjù hé gēwǔjì kěyǐ shuō shì dōngfāng liǎng dà xìqù le. Ránhòu zhèige shì zhùmíng jùmù de
京剧和歌舞伎可以说是东方两大戏曲了。然后这个是著名剧目的

dàibiǎoxìng chǎngmiàn. Zā tóudài de huāhuā gōngzǐ Zhùliù shǒu ná yǔsǎn, zhèngzài zuò liàngxiàng dòngzuò.
代表性场面。**扎头带**的**花花公子**助六手拿雨伞，正在做亮相动作。

Zhèige zuòpǐn de zhǔréngōng shì yí ge bùshòu fǎlǜ yuēshù de xiákè.
这个作品的主人公是一个**不受法律约束的侠客**。

観光客 ： Zhēnshi tài shuài le!　Nà zhōngjiān de rén shì yìjì ma?
真是太帅了！ 那中间的人是**艺妓**吗？

ガイド ： Bù. Nàshì yí ge míng jiào Yángjuàn de qīnglóu tóupái. Zài píngmínqū shēnghuó de lǎo Jiānghùmen
不。那是一个名叫扬卷的**青楼头牌**。在平民区生活的老江户们

wèi tóng zài shèhuì dǐcéng zhēngzhá de liǎngrén zhījiān kànbudào xīwàng de liànqíng ér
为同在社会底层**挣扎**的两人之间**看不到希望的恋情**而

gǔzhǎng hècǎi búduàn.
鼓掌喝彩不断。

観光客 ： Ò.　Lǎo Jiānghù dōu xǐhuan shénmeyàng de juésè ne?
哦。老江户都喜欢什么样的**角色**呢？

ガイド ： Hàoqiáng gùzhí, chūshǒu dàfang, jīnzhāo yǒu jiǔ jīnzhāo zuì, ránhòu jiùshì xǐhuan dǎ bàobùpíng le.
好强固执，**出手大方**，今朝有酒今朝醉，然后就是喜欢**打抱不平**了。

観光客 ： Wǒ tīngshuō gēwǔjì zài wǔtáishang yě yǒu tèdiǎn.
我听说歌舞伎在舞台上也有特点。

ガイド ： Zhèngrú nín suǒshuō. Liánjiēzhe wǔtái hé guānzhòngxí de tōngdào hé jiāohuàn chǎngmiàn de huízhuàn
正如您所说。连接着舞台和观众席的通道和交换场面的回转

wǔtái děng dōu kěyǐ zài zhèli jiàndào.　Shuōqilai gēwǔjì jiè bèi chēng zhī wéi "líyuán",
舞台等都可以在这里见到。说起来歌舞伎界被称之为"**梨园**"，

zhè kǒngpà yě shì láiyuán yú jīngjù.
这恐怕也是来源于京剧。

□ 女形 / 旦角 dànjué（女形，おやま）　　　　□ 高潮（クライマックス）　　　□ 亮相（見得を切る）

□ 脸谱（隈取り）　　　□ 扎头带（ハチマキを巻く）　　　□ 花花公子（遊び人）

□ 不受法律约束的侠客（無法者の伊達男［侠客］）　　　□ 帅（〔姿態・動作などが〕粋である，かっこいい）　　　□ 艺妓（芸者）　　　□ 青楼（遊郭）　　　□ 头牌（稼ぎ頭，看板）

□ 挣扎（〔苦境から逃れようと〕あがく，もがく）　　　□ 看不到希望的恋情（報われない恋心）

□ 鼓掌喝彩（《成》拍手喝采する）　　　□ 角色（登場人物，役柄）　　　□ 好强（負けず嫌い）

□ 固执（意地っ張り）　　　□ 出手大方（太っ腹の，気前よく金を使う）　　　□ 今朝有酒今朝醉（宵越しの銭は持たない）　　　□ 打抱不平（弱きを助け強きをくじく→義侠心）　　　□ 梨园（注：日本語の「梨園」は歌舞伎界，中国語の「梨园」は京劇の劇団の別称）

【日本語訳】

観光客：あ，あれは歌舞伎ですね。歌舞伎は京劇のようなものですか？

ガイド：共通点から言うと，1つ目は「女形」，つまり男性が女性の役も演じることです。2つ目は役者がクライマックスで「見得を切る動作」です。

観光客：あの役者の隈取りはすごいですね。

ガイド：はい，それが3つ目の特徴です。

観光客：なるほど！　京劇とそっくりだ。

ガイド：京劇と歌舞伎は東洋の二大演劇といえるでしょうね。そしてこれは有名な芝居の名場面です。頭にハチマキをした遊び人の助六が傘をさして，大見得を切っている場面です。この作品の主役は無法者の伊達男です。

観光客：なかなか粋ですね！　そして真ん中の人は芸者ですか？

ガイド：いいえ。遊郭の看板で名前は揚巻といいます。社会の下層で必死にあがいている二人の報われぬ色恋に，下町に暮らす江戸っ子は拍手喝采を惜しみません。

観光客：ほう。江戸っ子はどんな役柄に惹かれるんですか？

ガイド：負けず嫌いな意地っ張りと，宵越しの銭は持たないきっぷの良さ，そして義侠心でしょうか。

観光客：歌舞伎は舞台上でも特徴があると聞きましたが。

ガイド：おっしゃるとおり。舞台と客席の間の花道や場面替えの回り舞台などもここで見られますよ。そういえば，歌舞伎界のことを「梨園」というのですが，これも京劇からきたものでしょう。

【コラム】　歌舞伎 vs 京劇

ここでは歌舞伎を京劇と対照させています。今後は中国語圏の人たちも経済力向上に伴う趣味の多様化が促進されるでしょうから，能や歌舞伎といった舞台芸術用語も覚えておきましょう。

File# 28

観光客： Zhèli shì míngzhì shídài de zhǎnlǎnshì.
这里是明治时代的展览室。

ガイド： Shìde. Míngzhì shídài de Rìběn zài hěnduō fāngmiàn dōu luòhòu yú xīfāng zhū guó. Yīncǐ jíxū kāizhǎn
是的。明治时代的日本在很多方面都**落后于**西方诸国。因此急需开展
"wénmíng kāihuà".
"文明开化"。

観光客： Nèige lìtǐ móxíng de xīfāng jiànzhù yě shì yǐnrù xīfāng wénhuà shí suǒ jiàn de ma?
那个**立体模型**的西方建筑也是引入西方文化时所建的吗？

ガイド： Shìde. Zhèige shì zhèngyào yǔ xīfāng rén kāi wǔhuì yòng de Lùmíngguǎn.
是的。这个是**政要**与西方人开**舞会**用的鹿鸣馆。

観光客： Fúzhuāng hé jiājù yě shì yǐqián de xīfāng fēnggé a. Dànshì, wèihé yào yǔ xīfāng rén kāi wǔhuì ne?
服装和家具也是以前的西方风格啊。但是，为何要与西方人开舞会呢？

ガイド： Shì yīnwèi dāngshí de wàijiāo zhǔquán yóuyú bù píngděng tiáoyuē bèi lièqiáng suǒ zhǎngkòng,
是因为当时的外交主权由于不平等条约被列强所掌控，
kāi wǔhuì shì wèile zhèngmíng zìjǐ yǐjīng "tuō yà rù ōu" bìng xīwàng gǎishàn guānxi.
开舞会是为了证明自己已经 **"脱亚入欧"** 并希望改善关系。

観光客： Yuánlái dāngshí rènwéi de xiàndàihuà jiù děngyú xīfāng huà. Nà mùdì dáchéng le ma?
原来当时认为的现代化就等于西方化。那目的达成了吗？

ガイド： Yìdiǎn yě méiyou. Fǎndào shì bèi cháoxiào wéi "Hándān xué bù". Zuòwéi wénmíng kāihuà de yī lì
一点也没有。反倒是被嘲笑为 **"邯郸学步"**。做为文明开化的一例
jiùshì nàbian de hóngzhuān dàlóu, tā míng wéi Qiǎncǎo Língyúngé, céngjīng shì Qiǎncǎo de dìbiāoxìng
就是那边的**红砖**大楼，它名为浅草凌云阁，曾经是浅草的**地标**性
jiànzhù.
建筑。

観光客： Zhèng suǒwèi "Shànghǎi yǒu Dàshìjiè, Dōngjīng yǒu Língyúngé" a. Dāngshí yídìng shì
正所谓 **"上海有大世界**，东京有凌云阁" 啊。当时一定是
hóngnán lǜnǚ de huāhuā shìjiè. Nèige jiànzhù xiànzài hái yǒu ma?
红男绿女的花花世界。那个建筑现在还有吗？

ガイド： Hěn kěxī de shì yījiǔèrsān nián fāshēngle guāndōng dà dìzhèn, yǒu shíwàn duō rén yùnàn, Língyúngé
很可惜的是一九二三年发生了关东大地震，有十万多人**遇难**，凌云阁
de yíbùfèn yě dǎotā le. Kàn, jiùshì nà zhāng zhàopiàn.
的一部分也倒塌了。看，就是那张照片。

観光客： Hǎo tòngxīn a.
好痛心啊。

□ **落后于~**（~に後れを取る）　□ **文明开化**（文明開化）　□ **立体模型**（ジオラマ）　□ **政要**（政府の要人）　□ **舞会**（舞踏会）　□ **脱亚入欧**（アジア諸国との関係を弱め、欧米との関係を強めること）　□ **邯郸学步**《成》邯鄲の歩み→他人のまねをして自分本来のものまで失うこと　□ **红砖**（レンガ）　□ **地标**（ラウンドマーク）　□ **大世界**（上海の娯楽施設、《上海語で》ダスカ）　□ **红男绿女**《成》おしゃれな男女　□ **花花世界**（華やかな町）　□ **遇难**（殺害される、死ぬ）

【日本語訳】

観光客：ここは明治時代のコーナーですね。

ガイド：はい。日本は明治時代にはさまざまな面で西洋諸国に後れを取っていました。そのため、急速な文明開化を打ち立てようとしました。

観光客：そのジオラマの洋館も、西洋文化を導入した際に建てたものですか？

ガイド：はい。これは政府の要人たちが西洋人と舞踏会を開くために使用した鹿鳴館です。

観光客：服装や調度品も昔の西洋風ですね。ところで、なぜ西洋人と舞踏会をしたのですか？

ガイド：当時は不平等条約により列強が外交的主導権を握っていましたが、「脱亜入欧」を証明し関係を改善したいために、舞踏会をしたのです。

観光客：当時は近代化＝西洋化だったんですね。それでうまくいったのですか？

ガイド：いえ、全然。むしろまねをして自分らしさまで失ったと笑われただけでした。文明開化の一例があちらに見えるレンガ造りのビルで、浅草凌雲閣といって、浅草のランドマークとなる建物でした。

観光客：「上海に大世界あり、東京に凌雲閣あり」ですね。おしゃれな男女が歩く華やかな町だったのしょう。あの建物は今もあるのですか？

ガイド：いいえ、1923年に関東大震災が起こり、10万人以上の人が亡くなるとともに、凌雲閣の一部も倒壊しました。ほら、あの写真です。

観光客：胸が痛いですね。

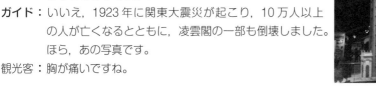

【コラム】　成語は使ってなんぼ

「他人のまねをして自分本来のものまで失う」ことを "**邯郸学步** Hándān xué bù" と言います。邯鄲の都ではパリコレ並み（？）の歩き方をすると聞いた田舎者が憧れて上京したところ、カッコいい歩き方も身につかず、自分本来の歩き方さえ忘れて這って帰ったという故事から来ています。「成語は使ってなんぼ。」ある状況に出会ったら反射的に出てくるまで練習してください。

【観光編】 …… 江戸東京博物館と「戦争と平和」
小型車に詰まった庶民の夢

ガイド： Zhèli shì èrzhàn shíqī de Dōngjīng zhǎnlǎnqū. Yìjiǔsìwǔ nián Měijūn kōngxíle Dōngjīng yìbǎi duō cì
这里是**二战**时期的东京展览区。一九四五年美军空袭了东京一百多次，
yǒushí yìtiān huì yǒu shíwàn rén sàngmìng.
有时一天会有十万人丧命。

观光客： Kōngxí. Zhè ràng wǒ xiǎngqǐ Chóngqìng dà hōngzhà le. Suǒrán bùxiǎng shuō, dàn nà yě shì qīnhuá
空袭。这让我想起**重庆大轰炸**了。虽然不想说，但那也是**侵华**
zhànzhēng de jiéguǒ ba.
战争的结果吧。

ガイド： Méicuòr. Dànshì zhè wānwān qūqū de tiěqiáo huì ràng rén huíxiǎng qǐ zhànzhēng de bēicǎn hé tòngkǔ.
没错儿。但是这**弯弯曲曲**的铁桥会让人回想起战争的悲惨和痛苦。

观光客： Lìshǐ wèntí wǎngwǎng hěn nán huàjiě. Dàn "qiánshì bù wàng, hòushì zhī shī", wúlùn zěnyàng xīwàng
历史问题往往很难**化解**。但"**前事不忘，后事之师**"，**无论怎样**希望
zài yě búyào yǒu zhànzhēng le.
再也不要有战争了。

ガイド： Zhèbiān shì Rìběn cóng zhànhòu fèixūzhōng dōngshān zàiqǐ de zhǎnlǎnqū. Qǐng kàn shàngshìjì liùshí niándài
这边是日本从战后废墟中**东山再起**的展览区。请看上世纪六十年代
wènshì de xiǎoxíng qìchē "Sībālǔ".
问世的小型汽车"**斯巴鲁**"。

观光客： Zhēn de shì hǎo xiǎo a. Zhèyàng xiǎo de chē kěyǐ zuò sì ge rén ma?
真的是好小啊。这样小的车可以坐四个人吗？

ガイド： Kěyǐ. Zài zhànhòu jiàshǐ sījiāchē yìjiā rén wàichū dōufēng shì xìngfú de xiàngzhēng.
可以。在战后驾驶私家车一家人外出兜风是幸福的象征。
Yóucǐ jīngguò gèng jìnyíbù de gǎijìn hòu ér bèi pīliàng shēngchǎn de jiùshì zhè zhǒng xiǎoxíng chē.
由此经过**更进一步地改进**后而被**批量生产**的就是这种小型车。

观光客： Duìyú jīngguò zhànzhēng de rén láishuō, chē shì yí ge shǎoyǒu de yǔ qīnpéng hǎoyǒu zài yìqǐ de kōngjiān a.
对于经历过战争的人来说，车是一个少有的与亲朋好友在一起的空间啊。

ガイド： Zhèngshì rúcǐ. Qǐng kàn dāngnián gōngyù de fángjiān. Jiā jìshì yìjiā tuányuán de dìfang yě shì zuì
正是如此。请看当年公寓的房间。家既是一家**团圆**的地方也是最
ānxīn de dìfang. Xiǎoqiǎo línglóng fēicháng shūshì.
安心的地方。**小巧玲珑**非常**舒适**。

□ 二战（第二次世界大戦） □ 重庆大轰炸（重慶爆撃） □ 侵华战争 / 八年抗战（日中
戦争） □ 弯弯曲曲（ぐにゃぐにゃになる） □ 化解（溶解する, 心のわだかまりがなくなる）
□ 前事不忘, 后事之师（《諺》過去のことを忘れず, 後々の戒めとする） □ 无论怎样（何が
何でも, どんな事があっても） □ 再也不要（二度とごめんだ） □ 东山再起（廃墟から
立ち直る） □ 问世（世に送り出す） □ 斯巴鲁（すばる） □ 更进一步地改进（改
善に改善を重ねる） □ 批量生产（大量生産する） □ 团圆（家族団らん） □ 小巧
玲珑（小さくて精巧である, 小作りで精巧だ） □ 舒适（心地よい, 快い, 快適である）

【日本語訳】

ガイド：ここは戦時中の東京のコーナーです。1945年にアメリカ空軍は東京を100回以上空襲し，一日で10万人が亡くなったこともありました。

観光客：空襲ですか。重慶爆撃を思い出しますね。ただ言いにくいことですが，それも日中戦争の結果ですよね。

ガイド：そのとおりです。ただ，このぐにゃぐにゃになった鉄橋は，戦争の悲惨さを痛切に思い出させてくれるものなのです。

観光客：歴史問題を水に流すのは難しいですね。過ぎたことを教訓として忘れないにしても，戦争は二度とごめんです。

ガイド：ここは日本が敗戦の廃墟から立ち上がった戦後のコーナーです。1960年代に世に送り出した軽自動車の「すばる」をご覧ください。

観光客：本当に小さいですね。こんなに小さくて4人も乗れるんですか？

ガイド：はい。戦後はマイカーで家族とドライブすることが幸せの象徴でした。そこで改善に改善を重ね大量生産したのが，この軽自動車です。

観光客：戦争を経験してきた人たちにとって，車は家族や仲間と過ごす貴重な空間だったのですね。

ガイド：そのとおりです。その当時の集合住宅の部屋をご覧ください。家は家族団らんの場所であり，いちばん心安らぐ場所なんです。小ぢんまりなくらいがいいんですよ。

【コラム】　戦争に対する認識の差

空襲に限らず，広島，長崎，沖縄など，平和を祈る慰霊施設は，中国人にとってかなり複雑です。根底にあるのは「これも中国侵略の結果だ。」という考えですが，空襲で炭化した死体の写真を見て，中国人としての民族主義と，「戦争は悲惨だ」という人間としての思いのギャップに揺らぐからです。これを理解するのも中国語を学ぶ意味ではないでしょうか。

Rank 3

"Gēwǔjì" de qǐyuán shì shénme?

"歌舞伎"的起源是什么？

（「歌舞伎」の起源は何ですか）

Jùshuō shì qǐyuán yú shíqī shìjì chū chūyún dàshè wūnǚ Āguó zhège rén nǚ bàn nánzhuāng suǒ tiào de wǔ.

据说是起源于十七世纪初出云大社**巫女**阿国这个人**女扮男装**所跳的舞。

Suīrán "gēwǔjì" zhèige míngchēng de qǐyuán láizì yú biǎoshì "bú zhèngcháng" yìsi de "xié", dàn zài nánnǚ

虽然"歌舞伎"这个名称的起源来自于表示"不正常"意思的"斜"，但在男女

yǒu bié de nèige shídài què chéngwéi gǎnyú fǎnkàng shídài de qiánwèixìng wǔdǎo.

有别的那个时代却成为敢于反抗时代的**前卫性舞蹈**。

（出雲大社の巫女（みこ）の阿国（おくに）が 17 世紀初めに男装をして踊ったことに始まるとされます。「歌舞伎」の語源は「正常でない」という意味の「傾（かぶ）き」ですが，男は男らしく，女は女らしくすべきとされていた時代にあえて反抗した前衛的な踊りとなりました。）

表現力 UP!

□ **巫女**（巫女）　　□ **女扮男装**（男装する）

□ **前卫性**（前衛的な）　　□ **舞蹈**（舞踊，踊り）

訪日客に必ず聞かれる Question ベスト5はこれだ！

Rank 4

Qǐng jiǎngjiě yíxià yǒuguān míngzhì shídài Rìběn de wénmíng kāihuà.
请讲解一下有关明治时代日本的文明开化。
（明治時代の日本の文明開化についてご説明ください）

Zài shíjiǔ shìjì hòubànqī wèile néng yíngtóu gǎnshàng xīfāng, dǎorù le "fùguó qiángbīng" hé "zhíchǎn xīngyè" děng
在十九世纪后半期为了能**迎头赶上**西方，**导入**了"富国强兵"和"殖产兴业"等

xīfāng wénmíng de yīliánchuàn guócè. Tóngyī shíqī Qīngcháo yě kāizhǎn le yǐ "zhōngtǐ xīyòng" wéi kǒuhào de yángwù yùndòng,
西方文明的**一连串**国策。同一时期清朝也开展了以**"中体西用"**为口号的**洋务运动**，

dàn zuìzhōng shì bàntú ér fèi, ér zài zhèngzhì tǐzhìshang yě yǐnrùle yìhuì mínzhǔzhì děng de Rìběn zé gèng zǎode wánchéngle
但最终是**半途而废**，而在政治体制上也引入了**议会民主制**等的日本则更早地完成了

jìndàihuà.
近代化。

（19世紀後半には，西洋に追いつくために，「富国強兵」や「殖産興業」などの一連の国家政策が導入されました。同じ頃，清朝も「中体西用」をスローガンとした洋務運動を展開しましたが，中途半端に終わり，政治体制上でも議会制民主主義などを導入した日本が，より早く近代化を達成しました。）

表現力 UP!

□ **迎头赶上**（《成》追いつき追い越す）　　□ **导入**（導入する）　　□ **一连串**（一連の）
□ **中体西用**（中体西用：中国の精神文化をもとに，西洋の物質文明や技術を導入すること）
□ **洋务运动**（洋務運動：19世紀後半の清朝の西洋文明導入運動）
□ **半途而废**（《成》やりかけて途中で投げ出す）
□ **议会民主制**（議会制民主主義）

両国をガイドするための必須例文をマスター！

ここが両国国技館です。ここ入口では神代の頃から続く相撲の長い歴史が描かれた壁画を見ることができます。	Zhèli jiùshì Liǎngguó Guójìguǎn. Zài rùkǒuchù kěyǐ kàndào miáohuìle 这里就是两国国技馆。在入口处可以看到描绘了 xiāngpū cóng tiāndì kāipì yǐlái yìzhí yánxù zhìjīn de lìshǐ de bìhuà. 相扑从天地开辟以来一直延续至今的历史的壁画。
基本ルールは二つだけです。相手に土俵から押し出されたり，力士の足の裏以外の身体のどこかが土俵についたりしたら負けです。	Jīběn guīzé zhǐyǒu liǎng ge. Bèi duìfāng tuīchū bǐsài chǎngdì huòzhě xuǎnshǒu 基本规则只有两个。被对方推出比赛场地或者选手 jiǎoxīn yǐwài de shēntǐ chùpèngdào bǐsài chǎngdì de mǒu yī chù jiùshì shū le. 脚心以外的身体触碰到比赛场地的某一处就是输了。
遊郭の看板で名前は揚巻といいます。社会の下層で必死にあがいている二人の報われぬ色恋に，下町に暮らす江戸っ子は拍手喝采を惜しみません。	Nàshì yí ge míng jiào Yángjuàn de qīnglóu tóupái. Zài píngmínqū shēnghuó de 那是一个名叫扬卷的青楼头牌。在平民区生活的 lǎo Jiānghùmen wèi tóng zài shèhuì dǐcéng zhēngzhá de liǎngrén zhījiān kànbudào 老江户们为同在社会底层挣扎的两人之间看不到 xīwàng de liànqíng ér gǔzhǎng hècǎi búduàn. 希望的恋情而鼓掌喝彩不断。
文明開化の一例があちらに見えるレンガ造りのビルで，浅草凌雲閣といって，浅草のランドマークとなる建物でした。	Zuòwéi wénmíng kāihuà de yī lì jiùshì nàbian de hóngzhuān dàlóu, tā míng wéi 做为文明开化的一例就是那边的红砖大楼，它名为 Qiǎncǎo Língyúngé, céngjīng shì Qiǎncǎo de dìbiāoxìng jiànzhù. 浅草凌云阁，曾经是浅草的地标性建筑。
1923 年に関東大震災が起こり，10 万人以上の人が亡くなるとともに，凌雲閣の一部も倒壊しました。ほら，あの写真です。	Yìjiǔèrsān nián fāshēngle guāndōng dà dìzhèn, yǒu shíwàn duō rén yùnàn, 一九二三年发生了关东大地震，有十万多人遇难， Língyúngé de yíbùfèn yě dǎotā le. Kàn, jiùshì nà zhāng zhàopiàn. 凌云阁的一部分也倒塌了。看，就是那张照片。
ここは戦時中の東京のコーナーです。1945 年にアメリカ空軍は東京を 100 回以上空襲し，一日で 10 万人が亡くなったこともありました。	Zhèli shì èrzhàn shíqī de Dōngjīng zhǎnlǎnqū. Yìjiǔsìwǔ nián Měijūn 这里是二战时期的东京展览区。一九四五年美军 kōngxíle Dōngjīng yìbǎi duō cì yǒushí yìtiān huì yǒu shíwàn rén sàngmìng. 空袭了东京一百多次，有时一天会有十万人丧命。
その当時の集合住宅の部屋をご覧ください。家は家族団らんの場所であり，いちばん心安らぐ場所なんです。	Qǐng kàn dāngnián gōngyù de fángjiān. Jiā jìshì yìjiā tuányuán de dìfang yě 请看当年公寓的房间。家既是一家团圆的地方也 shì zuì ānxīn de dìfang. 是最安心的地方。

両国～NHKワールドで相撲を見よう

　相撲をご覧になったことはありますか？　中華圏の訪日客も，最近は相撲や歌舞伎を見たがる傾向があります。しかし，いつ，どこに行けば大相撲が見られるのか（1月場所〔東京〕，3月場所〔大阪〕，5月場所〔東京〕，7月場所〔名古屋〕，9月場所〔東京〕，11月場所〔福岡〕）をガイドが知らなければ，また相撲を見たことがないのでは，相撲の魅力を伝えられません。ですから，なにも国技館などの会場で観戦しなくても，テレビでもかまいません。その時間もない方は，とりあえずスポーツニュースで1～2分間でもその日の取組を見るだけでもよいでしょう。

「両国」案内の必須表現リスト

本章のダイアローグやQ&A,「両国をガイドするための必須例文をマスター！」で
使用した「両国」を案内するための最重要表現やその他の関連表現をまとめました。
これらを駆使して，両国についてうまく発信できるように復習しましょう！

▶相撲

- □ 相撲 .... 相扑 xiàngpū
- □ 満員御礼 .... 客满 kèmǎn
- □ 土俵 .... 比赛场地 bǐsài chǎngdì
- □ 指定席 .... 对号入座 duìhào rùzuò
- □ 升席 .... 池座 chízuò
- □ 関取 .... 职业相扑选手 zhíyè xiàngpū xuǎnshǒu
- □ 取組 .... 比赛 bǐsài
- □ 四股を踏む .... 用脚踹地 yòng jiǎo tàdì
- □ 邪気を払う .... 驱除邪恶 qūchú xié'è
- □ ～に土俵から押し出される .... 被～推出比赛场地 Bèi～tuīchū bǐsài chǎngdì
- □ 髷 .... 发髻 fàjì
- □ お手本，模範 .... 榜样 bǎngyàng
- □ 品格 .... 品德 pǐndé
- □ 敵に隙を見せる .... 给对方乘隙反击的机会 gěi duìfāng chéngxì fǎnjī de jīhuì
- □《成》顔色一つ変えない .... 面不改色 miàn bù gǎisè
- □ 千秋楽 .... 每一场大赛中最后一天 měi yì chǎng dàsài de zuìhòu yì tiān

▶禊祓 (みそぎはらえ)

- □ 穢れを流す .... 去除污秽 qùchú wūhuì
- □ 手を洗う .... 洗手 xǐshǒu
- □ 口をすすぐ .... 漱口 shùkǒu
- □ 清めの塩 .... 洁身盐 jiéshēnyán
- □ おしぼり .... 湿巾 shījīn

▶歌舞伎

□ 女形，おやま .... 女形 / 旦角 nǚxíng/dànjué

□ 見得を切る .... 亮相 liàngxiàng

□ 隈取り .... 脸谱 liǎnpǔ

□ ハチマキを巻く .... 扎头带 zā tóudài

□ 遊び人 .... 花花公子 huāhuā gōngzǐ

□ 無法者の伊達男［侠客］ .... 不受法律约束的侠客 búshòu fǎlù yuēshù de xiákè

□ 芸者 .... 艺妓 yìjì

□ 遊郭 .... 青楼 qīnglóu

□ 稼ぎ頭，看板 .... 头牌 tóupái

□ 《成》拍手喝采する .... 鼓掌喝彩 gǔzhǎng hècǎi

□ 報われない恋心 .... 看不到希望的恋情 kànbudào xīwàng de liànqíng

□ 登場人物，役柄 .... 角色 juésè

□ 負けず嫌い .... 好强 hàoqiáng

□ 意地っ張り .... 固执 gùzhí

□ 太っ腹の，気前よく金を使う .... 出手大方 chūshǒu dàfāng

□ 宵越しの銭は持たない .... 今朝有酒今朝醉 jīnzhāo yǒu jiǔ jīnzhāo zuì

□ 弱きを助け強きをくじく→義侠心 ... 打抱不平 dǎ bàobùpíng

ガイド： Tīngshuō Zhōngguó yóukè rènwéi xiāngpū zhǐshì luǒshēn de pàng nánrén lòuzhe bàn ge pìgu xiānghù pèngzhuàng zài yìqǐ
听说中国游客认为相扑只是裸身的胖男人露着半个屁股相互碰撞在一起
juédé hěn hǎowánr, shì ma?
觉得很**好玩儿**，是吗？

观光客： Yǒuxiē rén huì nàyàng xiǎng. Duì wǒ láishuō mòmíng-qímiào de xísú bǐjiào duō. Bǐrú shuō, wèi shénme
有些人会那样想。对我来说莫名其妙的习俗比较多。比如说，为什么
yào zài bǐsài chǎngdì sǎ yán ne?
要在比赛场地撒盐呢？

ガイド： Gǎnjué yǒudiǎnr guài, shì bu shì?　Sǎ yán shì bǐsài qián jìnxíng de shénshèng yíshì zhīyī. Wèideshì
感觉有点儿**怪**，是不是？　撒盐是比赛前进行的神圣仪式之一。为的是
jìnghuà bǐsài chǎngdì, qūchú xié'è.
净化比赛场地，驱除邪恶。

观光客： Zhèyàng de yíshì shì cóng héshí qǐ kāishǐ yǒu de ne?
这样的仪式是从何时起开始有的呢？

ガイド： Shuōbudìng, dàn xiāngpū qǐyuán yú shéndàojiào qídǎo wǔgǔ fēngdēng de yíshì, suǒyǐ bāohánle hěn duō
说不定，但相扑起源于神道教祈祷**五谷丰登**的仪式，所以包含了很多
yíshì xìng de yào sù. Yǒu Rìběn "Shǐjì" zhī chēng de《Gǔshìjì》zhōng jiù yǒu yǒuguān xiāngpū de jìzǎi.
仪式性的要素。有日本"**史记**"之称的《古事记》中就有有关相扑的记载。

观光客： Méi xiǎngdào xiāngpū huì yǒu rúcǐ cháng de lìshǐ.
没想到相扑会有如此长的历史。

ガイド： Qítā de dòngzuò yě shì yǒu tèbié yìyì de. Bǐrú bǐsài qián pāishǒu shì wèile yǐnqǐ shénlíng de zhùyì,
其他的动作也是有特别意义的。比如比赛前拍手是为了**引起神灵的注意**，
míng wéi sìgǔ de cǎi dì yùndòng zài wēihè duìshǒu tóngshí hái kěyǐ qūchú bǐsài chǎngdì zhōng de xiéqì.
名为四股的**踩地运动**在威吓对手同时还可以驱除比赛场地中的邪气。

观光客： Bǐsài zhīhòu zài cáipànyuán miànqián diǎnqǐ jiǎojiān ránhòu shēnshēn xiàdūn shì wèile shénme ne?
比赛之后在裁判员面前**踮起脚尖**然后深深下蹲是为了什么呢？

ガイド： Shì xiāng pū lìshì huòshèng hòu jiēshòu jiǎngjīn shí de yì zhǒng lǐfǎ, duì xiāngpū de sān wèi shénxiān biǎoshì jìngyì.
是相扑力士获胜后接受奖金时的一种礼法，对相扑的三位神仙表示敬意。

Xiāngpū lìshì zài jiēshòu jiǎngjīn shí yào shù qǐ shǒuzhǎng, zuòchū mófǎng zuǒ、yòu、zhōng sān qiē de dòngzuò.
相扑力士在接受奖金时要竖起手掌，作出模仿左、右、中三切的动作。

观光客： Tài yǒu yìsi le. Hǎoxiàng jìnlái wàijí xiāngpū xuǎnshǒumen zài dàxiǎn shēnshǒu a.
太有意思了。好像近来**外籍相扑选手**们在**大显身手**啊。

ガイド： Zhèngshì rúcǐ. Chéngwéi dìwèi zuìgāo de hénggāng de rén yě búzài shǎoshù, Rìběn xuǎnshǒu zhēn de shì
正是如此。成为地位最高的横纲的人也不在少数，日本选手真的是
zuò lì bù ān a. Dàn yōngyǒu kěyǐ chéngwéi guómín diǎnfàn de dàodéxìng bǐ jìshù hé chéngjì gèng zhòngyào.
坐立不安啊。但拥有可以成为国民典范的道德性比技术和成绩更重要。

观光客： Xiāngpū shì zhēn shēn'ào a.
相扑是真**深奥**啊。

□ 好玩儿（面白半分に）　　□ 怪（変である，不思議である）　　□ 浄化比赛场地（土俵を清める）　　□ 驱除邪恶（邪気を払う）　　□ 五谷丰登（五穀豊穣）　　□ 史记（史記）　　□ 没想到（思いもよらなかった，考えてもいなかった）　　□ 引起神灵的注意（神の注意を引く）　　□ 踩地运动（足踏み）　　□ 裁判员（行司）　　□ 跐起脚尖然后深深下蹲（蹲踞する）　　□ 外籍相扑选手（外国人力士）　　□ 大显身手（《成》大活躍する）　　□ 坐立不安（《成》居ても立ってもいられない，気が気でない）　　□ 深奥（奥が深い）

【日本語訳】

ガイド：中国のお客様は，相撲とはただ太った裸の男たちがおしりを半分出してぶつかるだけだとおもしろがっているそうですが，本当でしょうか？

観光客：そんな人もいるかもしれませんが，個人的には不思議なしきたりだらけです。例えば，どうして土俵に塩をまくのですか？

ガイド：不思議に思われるんですね？　塩をまくのは，取組前に行う神聖な儀式のひとつで，土俵を清め，邪気を払うためなんです。

観光客：このような儀式は，いつから始まったのですか？

ガイド：なんとも言えませんが，相撲は，もともと五穀豊穣を祈願する神道の儀式として始まったので，たくさんの儀式的な要素が多く含まれています。日本版「史記」ともいえる『古事記』の中に相撲についての記述があります。

観光客：相撲にそれほど長い歴史があるとは思いもしませんでした。

ガイド：他の動作も特別な意味があるんですよ。例えば，試合前に手をたたく行為は神様の注意を引くものですし，「四股」という足踏みは，相手を威嚇したり土俵の邪気を追い払うためでもあるんです。

観光客：取組のあと，行司の前でしゃがんでいる［蹲踞をしている］のはどうしてですか？

ガイド：力士が勝利を収めたあと懸賞金を受け取る際の礼儀作法で，相撲の三神に敬意を表しています。力士は賞金を受け取る際，手のひらを垂直にして左，右，中央と３つに切る真似をするんです。

観光客：おもしろいですね。最近，外国人力士が大活躍しているようですねえ。

ガイド：そのとおりです。最高位の横綱になる人も少なくなく，日本人力士も真っ青です。しかし大切なのは，技や成績よりも国民の模範となる道徳性なんですが。

観光客：相撲って奥が深いですね。

第6章

「鎌倉・江ノ島」を案内しよう！

12世紀末まで日本の政治の中心はずっと奈良・京都でした。それを東国・鎌倉に移した初めての人物が将軍源頼朝です。日本史上初の東国武家政権が花開いた古都であるだけでなく，大仏や長谷観音，中国僧が建てた禅寺を誇る仏都でもある鎌倉を案内しましょう！

Photos in this chapter: Photos by ©Naoshi Takata (p.109, p.110, p.113, p.117, p.118, p.123, p.125)
Licensed under Public Domain via Wikimedia Commons (p.131)

【観光編】…… 鶴岡八幡宮と「鎌倉幕府」

サムライの都へようこそ！

ガイド： Lái, zhèle jiùshì Liáncāng shǒu qū yìzhǐ de shénshè-Hègāngbāfāngōng.
来，这里就是镰仓首屈一指的神社——鹤冈八幡宫。

観光客： Zhè shì mǒuchù gōngdiàn ma?
这是某处宫殿吗？

ガイド： Bù, zhèli shì jìsì Bāfān zhànshén de shénshè.
不，这里是祭祀八幡战神的神社。

観光客： Yuánlái rúcǐ, jiùxiàng jìsì wǔshèng Guānyǔ de wǔmiào yíyàng.
原来如此，就像祭祀武圣关羽的**武庙**一样。

ガイド： Nà, zhèli yǒu yí ge wèntí shì, nǐmen néng fēnqīng nǎbiān shì běi, nǎbiān shì nán ma?
那，这里有一个问题是，你们能**分清**哪边是北，哪边是南吗？

観光客： Dàgài zài qiūlíngshang de lóumén nàli shì běi ba? Àn fēngshuǐ lái jiǎng, tiānzǐ yīnggāi shì zuò běi cháo nán de.
大概在丘陵上的楼门那里是北吧？ 按风水来讲，天子应该是坐北朝南的。

ガイド： Zhēn búcuò. Zhèli bùzhǐ shì fēngshuǐ hǎo, jiēdào zhěngtǐ nánmian shì shātān, sān miàn huán shān, shì yí ge yìshǒu nángōng de dìxíng. Shísān shìjì qiánhòu de Liáncāng shì jiāngjūn hé wǔshì de shǒudū, yǔ tiānhuáng hé guìzú suǒzài de shǒudū Jīngdū xiāng duìkàng.
真不错。这里不止是风水好，街道整体南面是沙滩，三面环山，是一个**易守难攻**的地形。十三世纪前后的镰仓是将军和武士的首都，与天皇和贵族所在的首都京都相对抗。

観光客： Yǒu liǎng ge shǒudū ma?
有两个首都吗？

ガイド： Bú shì de, yōngyǒu quánwēi de tiānhuáng jūsuǒ suǒzàidì Jīngdū suīrán shì shǒudū, dànshì Rìběn dōngbù dìqū shíjìshang shì zhǎngwò zài shǒuwò bīngquán de jiāngjūn hé jiāngjūn fǔzhèngguān de shǒuzhōng.
不是的，拥有权威的天皇居所所在地京都虽然是首都，但是日本东部地区实际上是掌握在**手握兵权**的将军和将军辅政官的手中。

観光客： Zài Zhōngguó, jiāngjūn shì chénshǔ yú huángdì, kànlai zài Rìběn bìng bú shì zhèyàng.
在中国，将军是臣属于皇帝，**看来**在日本并不是这样。

ガイド： Jiāngjūn zài xíngshìshang shì yóu tiānhuáng lái rènmìng, dàn shìshíshang què cāozòngzhe guózhèng. Zhèige shénshè shì míng wéi Yuán Làicháo de dìyī dài jiāngjūn zài shí'èr shìjì wèile jìsì Yuánshì yīzú hé wǔshì de shǒuhùshén ér jiàn de.
将军在形式上是由天皇来任命，但事实上却操纵着国政。这个神社是名为源赖朝的第一代将军在十二世纪为了祭祀源氏一族和武士的守护神而建的。

観光客： Hǎoxiàng tīngshuō zài zhèli kěyǐ jiàndào chuānzhe wǔshì fúzhuāng de rén.
好像听说在这里可以见到穿着武士服装的人。

ガイド： Měinián sì yuè hé jiǔ yuè shēnchuān wǔshì fúzhuāng de rén huì zài zhèli jǔxíng qímǎ shèjiàn de qíshè bǐwǔ. Zhèige shì zhèli rénqì zuìgāo de chuántǒng huódòng.
每年四月和九月身穿武士服装的人会在这里举行骑马**射箭**的骑射**比武**。这个是这里人气最高的传统活动。

観光客： Zhēn xiǎng kànyikàn a.
真想看一看啊。

□ 武庙（武廟：武神関羽を祀る関帝廟）　　□ 分清（はっきり区別する［見分ける］）
□ 易守难攻（守りやすく攻めがたい）　　□ 手握兵权（軍事力を握る）　　□ 看来（どうやら
～のようだ）　　□ 射箭（弓を射る）　　□ 騎射比武（流鏑馬）

【日本語訳】

ガイド：さあ，ここが鎌倉第一の神社，鶴岡八幡宮です。

観光客：なにかの宮殿ですか？

ガイド：いいえ，八幡神（やはたのかみ／はちまんしん）という戦いの神様を祀った神社なのです。

観光客：なるほど。武神関羽を祀る武廟みたいですね。

ガイド：さて，ここで問題です。どちらが北で，どちらが南かわかりますか？

観光客：おそらく，あの丘の上の楼門があるところが北ではないですか？　風水では，
君主は北に座って南を見るものですから。

ガイド：さすがですね。ここは風水上よいだけでなく，町全体が南は砂浜，三方が山
に囲まれていて，守りやすく攻めがたい地形なのです。13世紀前後の鎌倉は，
天皇や貴族の都，京都に対抗した将軍や武士の都でした。

観光客：首都がふたつあったのですか？

ガイド：そうではないのですが，京都は権威ある天皇が居住する首都でしたが，東日本
は軍事力を握る将軍や執権が実効支配していたのです。

観光客：中国では，将軍というのは皇帝の下にあるのですが，日本ではそうではなかったのですね。

ガイド：将軍は形式上，天皇から任命されますが，事実上，国政をも動かしていたのです。この神社は源頼朝という初代将軍が12世紀に，源氏一族と武士の守護神
を祀るために建てたものです。

観光客：そういえば，ここで侍装束（さむらいしょうぞく）の人が見られると聞いたのですが。

ガイド：毎年4月と9月に，侍装束の人たちが馬上から弓を射る流鏑馬（やぶさめ）がここで行われ
ます。ここで一番人気のある伝統行事です。

観光客：それは見てみたいですね。

【コラム】　八幡神と関羽 —— 多芸多才な両国の神々

八幡神とは，大陸系の渡来神でもあり，皇室および東大寺の守護神でもあるのですが，
後に戦の神とされるようになる，多芸多才な神です。面白いことに戦に強かったた
め「武神」とされる関羽も複数の顔をもち，信義に厚かった彼の性格にあやかって，「商
売は信頼第一だ」という商売人からは「商売の神」としてあがめられています。

【観光編】...... 円覚寺と「供養」
敵味方なく死者を弔う寺

 File# 32

観光客：
Dào Běiliáncāng zhàn le a. Yuánjuésì lí zhèli jìn ma?
到北镰仓站了啊。圆觉寺离这里近吗？

ガイド：
Yǎnqián jiùshì. Kěnéng nǐmen huì juéde gǔlǎo de chánzōng sìmiào zài chēzhàn qián hěn qíguài, dàn
眼前就是。可能你们会觉得古老的禅宗寺庙在车站前很奇怪，但
yǐqián zhèige huǒchē zhàn hé tiědào kě dōu shì zài sìmiào de yuànnèi.
以前这个**火车站**和**铁道**可都是在寺庙的院内。

观光客：
Zài sìmiàoli jiànle chēzhàn ma?
在寺庙里建了车站吗？

ガイド：
Zhèngshì rúcǐ. Rìběn céngjīng shì shén fó tiáohé de, zài Jiānghù shídài sìyuàn dàitì gè fān de zhèngfǔ
正是如此。日本曾经是**神佛调和**的，在江户时代寺院代替各藩的政府
guǎnlǐ hùjí,　　suǒyǐ bèi rènwéi shì gè fān de mǎqiánzú.　　Ér zhīhòu, míngzhì zhèngfǔ jiāng yǐ
管理户籍，所以被认为是各藩的**马前卒**。而之后，明治政府将以
huángshì wéi zhōngxīn de shéndàojiào zuòwéi guójiào, jìnér páichì fójiào.
皇室为中心的神道教作为国教，进而排斥佛教。

观光客：
Suǒyǐ cái huì zài yuánjuésì de yuànnèi pū tiělù.
所以才会在圆觉寺的院内铺铁路。

ガイド：
Zhèngshì zhèyàng. Bùjǐn rúcǐ, háiyǒu xǔduō sìyuàn hé fóxiàng zāodào pòhuài.
正是这样。不仅如此，还有许多寺院和佛像遭到破坏。

观光客：
Zhè jiùshì suǒwèi de wùjí-bìfǎn ba.　　Jiù xiàng wéngé de pòsìjiù yíyàng.　　Nà zhèige sìmiào shì
这就是所谓的**物极必反**吧。就像文革的**破四旧**一样。那这个寺庙是
shénme shíhou jiànchéng de ne?
什么时候建成的呢？

ガイド：
Shísān shìjì hòubàn shíqī. Yuánjūn láifàn zhīhòu, dāngshí zhízhèng de Běitiáo Shízōng wèile jìdiàn Rì
十三世纪后半时期。**元军**来犯之后，当时执政的北条时宗为了**祭奠**日
Měng liǎng guó sǐzhě de wánglíng ér jiànlìle cǐ sì.
蒙两国死者的亡灵而建立了此寺。

观光客：
Duì zhènwáng de dírén yě zuò jìdiàn?
对阵亡的敌人也做祭奠？

ガイド：
Shìde.　　Yīnwèi Rìběnrén de shēngsǐguān shì láishēng wú díwǒ.
是的。因为日本人的**生死观**是**来生**无敌我。

观光客：
Yuánlái rúcǐ. Nà nǐ zài zhèli dǎguozuò ma?
原来如此。那你在这里打过坐吗？

ガイド：
Dǎguozuò.　　Tiáozhěng hūxī dǎzuò, xiǎngyào xīn wú zániàn, jiéguǒ quèshì tuǐjiǎo mámù, sīxīn zániàn
打过坐。调整呼吸打坐，想要**心无杂念**，结果却是**腿脚麻木，私心杂念**
péngpài yǒngchū, gēnběn zuòbudào dùnwù.
澎湃涌出，根本做不到顿悟。

□ 火车站（駅，駅舎）　　□ 铁道（鉄道，線路，軌道）　　□ 神佛调和（神仏習合）
□ 马前卒（手先）　　□ 物极必反（《成》〔物事は頂点に達すると〕揺り戻し［リバウンド］
がある）　　□ 破四旧（〔文化大革命〕1966年の旧思想，旧文化，旧風俗，旧習慣を弾圧する運動：
文革時のスローガン）　　□ 元军（元寇）　　□ 祭奠（弔う，供養する）
□ 生死观（死生観）　　□ 来生（来世）　　□ 心无杂念（無心になる）
□ 腿脚麻木（足がしびれる）　　□ 私心杂念澎湃涌出（雑念がわく）

【日本語訳】

観光客：北鎌倉駅に着きましたね。円覚寺（えんがくじ）はここから近い
　　　　のですか？

ガイド：ええ。目の前です。古い禅寺が駅前にあるのを不
　　　　思議に思うかもしれませんが，以前はこの駅と線路も境内（けいだい）の中にあったのです。

観光客：境内に駅を建てたのですか？

ガイド：そのとおりです。神仏習合だった日本ですが，江戸時代には寺院が各藩の役所
　　　　がわりに戸籍管理をしており，藩の手先とみられたのです。やがて明治政府は，
　　　　皇室中心の神道を国教とし，仏教を排斥しました。

観光客：それで円覚寺も境内に鉄道を敷いたんですね。

ガイド：そうなんです。それだけでなく，多くの寺院や仏像も壊されたんです。

観光客：これは「何事も行き過ぎると揺り戻しがある」ということでしょうね。まるで
　　　　古いものを排斥した文化大革命ですね。ところで，この寺が建てられたのはい
　　　　つですか？

ガイド：13世紀後半です。元寇（げんこう）の後，執権・北条時宗は，日本人・モンゴル人を問わ
　　　　ず死者の霊を弔うために，この寺を建立したのです。

観光客：敵でも死後に慰霊をするのですか？

ガイド：はい。来世では，敵味方の区別はないのが日本人の死生観ですから。

観光客：なるほど。ところで，座禅をしたことはありますか？

ガイド：あります。呼吸を整えて座禅をし，無心になろうとしましたが，足がしびれて，
　　　　雑念もわき上がり，悟りを開くどころではありませんでした。

【コラム】「怨親」と「死生観」に対する日中の相違

日本では敵味方という関係は生きているときの一時的なもので，戦が終われば敵味
方の隔（へだ）てなく祀るという「怨親（おんしん）平等」という考えが根付いています。一方中国では，
例えば，漢民族の宋王朝を女真族の金に売り渡したとされ，"汉奸 hànjiān"（売国奴）
の代名詞になった"秦桧 Qínhuì"（秦檜）夫婦の像は，杭州の西湖畔にひざまずかさ
れ，今なお観光客に大声で罵（ののし）られ続けています。彼我の「怨親」と「死生観（"生死
观 shēngsǐ guān"」に対する相違を実感させられます。

Rank 1

Zài Liáncāng shídài Rìběn de shǒudū shì liáncāng ma?
在镰仓时代日本的首都是镰仓吗？

（鎌倉時代の日本の首都は鎌倉ですか）

Bú shì. Zài Rìběn shǒudū shì "huánggōng" suǒzài zhīchù. Dāngshí de liáncāng shì jūnshì zhèngquán de mùfǔ de zhōngxīndì,
不是。在日本首都是“**皇宫**”所在之处。当时的镰仓是军事政权的幕府的中心地，

suīrán zhèli yǒu jiāngjūn hé fǔzuǒ jiāngjūn de zhízhèngguān, dàn yóuyú huánggōng háishì zài Jīngdū, suǒyǐ Jīngdū cái suànshì
虽然这里有将军和辅佐将军的执政官，但由于皇宫还是在京都，所以京都才**算是**

shǒudū. Shǒudū yǔ zhèngzhì zhōngxīn shì liǎng ge bù tóng de gàiniàn, zhè yìdiǎn shì Rìběn zhèngzhì shǐ de yí dà tèzhēng.
首都。首都与政治中心是**两个不同的概念**，这一点是日本政治史的一大特征。

（いいえ。日本で首都とは皇居［御所］がある場所です。当時の鎌倉は幕府という軍事政権の中心地であり，将軍や執権はいたのですが，御所は京都にあったため，首都は京都ということになります。首都と政治の中心は異なる概念であることが，日本の政治史の大きな特徴です。）

表現力 UP!

□ 皇宫（御所）　　□ 算是（ということになる）
□ A 与 B 是两个不同的概念（A と B は異なる概念だ）

 Rank 2

Qǐng jiāo wǒmen dǎzuò de fāngfǎ.
请教我们打坐的方法。

（座禅のやり方を教えてください）

Shǒuxiān zài zuòdiànshang jiāng yòu jiǎo fàngdào zuǒ dàtuǐshang. Zuǒ jiǎo zé fàngzài yòu dàtuǐshang. Qícì
首先在坐垫上将右**脚**放到左**大腿**上。左脚则放在右大腿上。其次

jiāng yòu shǒuxīn xiàngshàng fàngzài dùqí xiàfāng, ránhòu zuǒ shǒuxīn xiàngshàng fàngzài yòushǒushang. Yòng liǎngshǒu de dàmǔzhǐ
将右**手心**向上放在**肚脐**下方，然后左手心向上放在右手上。用两手的**大拇指**

zuò yíge yuan, dàn zhǐjiān yào bù jí bù lí. Zuìhòu yào tǐngxiōng shōu'è yǎnjīng wēi zhēng, fànghuǎn hūxī.
做一个圆，但指尖要**不即不离**。最后要**挺胸收颈眼睛微睁**，放缓呼吸。

（まず，座布団の上で，右足を左のももの上にあげ，左足も右のももの上にあげてください。次にへその下に右の手のひらを上にしておき，その上に左の手のひらを上にしておきます。両方の親指で円を作りますが，親指の先はつかず離れずです。最後に背筋を伸ばし，あごをひき，半眼でゆっくりと呼吸をします。）

表現力 UP!

□ 大腿（もも）　　□ 手心（手のひら）　　□ 肚脐（へそ）
□ 拇指（親指）　　□ 不即不离（つかず離れず）　　□ 挺胸（背筋を伸ばす）
□ 收颚（あごを引く）　　□ 眼睛微睁（半眼）

訪日客に必ず聞かれる Question ベスト 5 はこれだ！

Rank 3

Wèi shénme jìngtǔ jiào nénggòu hěn kuàide zài mínjiān chuánbōkāi?
为什么净土教能够很快地在民间传播开？

（なぜ浄土教は瞬く間に庶民に広がっていったのですか）

Yīnwèi zhǐyào fǎnfù niànsòng "nāmó Ēmítuófó" jiù kěyǐ qùwǎng xīfāng jílè jìngtǔ de jiàoyì tōngsú yìdǒng.
因为只要**反复念诵**"南无阿弥陀佛"就可以**去往西方极乐净土**的教义**通俗易懂**。

Xiāngduì tòngkǔ què nányǐ dùnwù de dǎzuò éryán, néng gèng róngyì de xiāochú rénmen xīnzhōng duì sǐhòu de bù'ān.
相对痛苦却难以**顿悟**的打坐而言，能更容易地**消除**人们心中对死后的**不安**。

Tèbié shì shísān shìjì de Qīnluán suǒ jiǎng de "kě zìlì gēngshēng zhě pái hòu, yōuxiān chāodù nánjiù zhī rén" gèng shì
特别是十三世纪的亲鸾所讲的"可**自力更生**者排后，优先超度难救之人"更是

dédào zhòngduō de zhīchí.
得到众多的支持。

（「南無阿弥陀仏」という念仏を繰り返し唱えるだけで浄土に往生できるという単純明快な教えだからです。苦痛の割に悟りが開けない座禅に比べると易しく，死後への不安をなくしてくれました。特に 13 世紀に親鸞は「自分で解決できる人は後回し。救い難い人から優先的に救われる。」と論じ，信者を集めました。）

表現力 UP!

□ 反复念诵（繰り返し唱える）　　□ 去往西方极乐净土（浄土に往生する）
□ 通俗易懂（単純明快）　　□ 顿悟（悟る）　　□ 消除不安（不安をなくす）
□ 自力更生（自分で解決する）

【観光編】…… 建長寺と「禅」
宋の禅宗と「公案」とは？

File" 33

観光客：
Zhèige sìmiào yǒu yì zhǒng yōuxián bìngqiě zhuāngzhòng de gǎnjué.
这个寺庙有一种**悠闲**并且**庄重**的感觉。

ガイド：
Qíshí zhèige Jiànchángsì de kāishān bízǔ shì cóng Sòngcháo lái de, suǒyǐ dāngshí zhè yídài xiǎngchèzhe
其实这个建长寺的开山鼻祖是从宋朝来的，所以当时这一带响彻着
láizì Zhōngguó gèdì de nánqiāng běidiào.
来自中国各地的**南腔北调**。

观光客：
Sìyuàn jiànzhù yě shòu Zhōngguó de yǐngxiǎng ma?
寺院建筑也受中国的影响吗？

ガイド：
Mén hé dàxióngbǎodiàn、jiǎngtáng、zhǔchí de jūsuǒ jīběn zài tóng yí gè zhōngzhóuxiànshang shì Zhōngguó
门和**大雄宝殿**、**讲堂**、**主持的居所**基本在同一个中轴线上是中国
chánzōng sìmiào de tèzhēng, zài Rìběn bìng bù duō jiàn. Ā, xiǎoxīn táijiē.
禅宗寺庙的特征，在日本并不多见。啊，小心台阶。

观光客：
Zhèige jiànzhù de ménkǎn zhēn gāo a.
这个建筑的**门槛真高**啊。

ガイド：
Zhèngshì rúcǐ. Xiāngduì jìngtǔzōng qùchú ménkǎn, duì zhòngshēng guǎngkāi dàmén, Línjìzōng zhèli
正是如此。相对净土宗去除门槛，对众生广开大门，临济宗这里
zéshì jiāgāo ménkǎn biǎoshì yǔ shìsú huàqīng jièxiàn.
则是加高门槛表示**与世俗划清界限**。

观光客：
Nà Línjìzōng dǎzuò de tèdiǎn shì shénme ne?
那临济宗打坐的特点是什么呢？

ガイド：
Dǎzuò zhòng wèile néng ràng xiūxíngsēng zhíjué kěyǐ xiān yú luójí, huì chū yì zhǒng lèisì cèshì de
打坐中为了能让**修行僧**直觉可以先于**逻辑**，会出一种类似测试的
chánzōng wèndá, jiào "gōng'àn".
禅宗问答，叫"公案"。

观光客：
Dōu yǒu zěnyàng de chánzōng wèndá ne?
都有怎样的**禅宗问答**呢？

ガイド：
Yǒuguo zhèyàng de wèntí. "Dānshǒu jǐzhǎng de shíhou huì fāchu shénme shēngyīn?"
有过这样的问题。"单手击掌的时候会发出什么声音？"

观光客：
Dānshǒu jīzhǎng? Shì yào dǎ shǒubèi ma?
单手击掌？是要打**手背**吗？

ガイド：
Bùnéng àn luójì qù xiǎng, zhíjué cái shì zuì zhòngyào de. Qíshí wǒ yě xiǎngbuchūlái ...
不能按逻辑去想，直觉才是最重要的。其实我也想不出来…

□ 悠闲（のどかな）　□ 庄重（厳粛である）　□ 南腔北调《成》南北各地の方言が入り交じっている，言葉のなまりが強いこと）　□ 大雄宝殿（仏殿）　□ 讲堂（法堂）　□ 主持的居所（庫裏）　□ 门槛高（敷居が高い）　□ 与世俗界划清界限（世俗とのけじめをつける）　□ 修行僧（雲水：禅寺の修行僧のことを雲水という）　□ 逻辑（論理，ロジック）　□ 禅宗问答（公案）　□ 手背（手の甲）

【日本語訳】

観光客：この寺はのどかで，厳粛な感じがしますね。

ガイド：実はこの建長寺の開祖は宋から来ていたため，当時このあたりは，中国各地の方言が入り交じって響きわたっていたんですよ。

観光客：寺院建築にも中国の影響がありますか？

ガイド：門や仏殿，法堂，庫裏がほぼ一直線上に並んでいるのは中国の禅寺の特徴で，日本ではあまり見られません。あ，足元にご注意を。

観光客：ここは建物の敷居が高いですね。

ガイド：そうなんです。浄土宗は敷居を取り去り，衆生に門戸を開いているのですが，臨済宗のここは敷居を高くして俗世とのけじめをつけているのです。

観光客：臨済宗の座禅の特徴は何ですか？

ガイド：「公案」といって，座禅中に，雲水が論理以前の直感をつかむために出されるクイズのようなものがあることです。

観光客：例えば，どんな公案がありますか？

ガイド：例えばこういう問題があります。「片手で手を打った時の音はどんな音か？」

観光客：片手で手を打つ？　手の甲でもたたくんですか？

ガイド：論理で考えてもダメで，直感力が大切なんです。とは言っても私も思いつきませんが……

【コラム】　日本の精神史に大きな影響を与えた禅

中国伝来の文化というと，まず遣唐使による諸制度や仏教文化が挙げられますが，宋の文化も負けていません。その後の日本の精神史に大きな影響を与えた禅は，まさにこの時代に伝わっており，その中心が鎌倉だったのです。当時この町の至る所で聞こえたはずの中国語は，今でいうと広尾あたりで英語や仏語が聞こえるような文化的な感じだったのでしょう。

【観光編】……鎌倉大仏と「浄土信仰」
阿弥陀如来のいざなう極楽浄土とは？

ガイド： Zhèli jiùshì Gāodéyuàn le.
这里就是高德院了。

観光客： Ā, zhèige jiùshì Liáncāng dàfó a! Yǒu duōgāo ne?
啊，这个就是镰仓大佛啊！有多高呢？

ガイド： Hán liánhuāzuò dàyuē shì shísān mǐ, yǔ Yúngāng shíkū de dàfó chàbuduō gāo.
含**莲花座**大约是十三米，与**云冈石窟**的大佛差不多高。

観光客： Zài Zhōngguó tíqǐ dàfó, chúle Yúngāng háiyǒu Lóngmén hé Dūnhuáng děng, shíkū bǐjiào duō. Cǐwài,
在中国提起大佛，除了云冈还有**龙门**和**敦煌**等，石窟比较多。此外，
zhùmíng de Lèshān dàfó shì diāokè zài xuányá qiàobìshang de.
著名的**乐山大佛**是雕刻在**悬崖峭壁**上的。

ガイド： Zhōngguó de běifāng hé xīběi qìhòu gānzào suǒyǐ duì shífó yǐngxiǎng bú dà, dàn Rìběn de gāoshīdù
中国的北方和西北气候干燥所以对石佛影响不大，但日本的高湿度
qìhòu huì ràng shífó róngyì fēnghuà, yīncǐ duōwéi jīntóngfó. Dàfó yuánběn shì zài dàfódiàn zhōng,
气候会让石佛容易**风化**，因此多为金铜佛。大佛原本是在大佛殿中，
hòulái fódiàn bèi shísì shìjì chū fāshēng de hǎixiào chōnghuǐ le.
后来佛殿被十四世纪初发生的**海啸冲毁**了。

観光客： Yuánlái rúcǐ. Dàfó de biǎoqíng hái zhēnshi xiánghé a.
原来如此。大佛的表情还真是祥和啊。

ガイド： Shìde. Nǐ néng kàndào yòuliǎnshang cáncún de jīnbó ma?
是的。你能看到右脸上残存的金箔吗？

観光客： Zhēn de yǒu a. Yě jiùshì shuō yǐqián quánbù dōu tiēmǎnle jīnbó. Rúguǒ shì zài Zhōngguó yídìng huì
真的有啊。也就是说以前全部都贴满了金箔。如果是在中国一定会
chóngxīn tiē jīnbó de, wèi shénme shòudào rúcǐ de màndài ne?
重新贴金箔的，为什么**受到**如此的**慢待**呢？

ガイド： Juéfēi shì shòu màndài, yīnwèi nà jǐn cún de jīnbó dàibiǎozhe bā bǎi nián de suìyuè liúshì, fǎn'ér lìng rén
绝非是受慢待，因为那仅存的金箔代表着八百年的岁月流逝，反而令人
gǎndàole rénshēng de wúcháng zhī gǎn.
感到了**人生的无常之感。**

観光客： Nà Ēmítuófó hé Shìjiāfó yǒu shénme bùtóng zhī chù ne?
那阿弥陀佛和释迦佛有什么不同之处呢？

ガイド： Ēmítuórúlái shì guīyī fójiào, qīdài láishì kěyǐ shēnghuó zài jílè jìngtǔ de jìngtǔ xìnyǎngjiào
阿弥陀如来是**皈依**佛教，期待来世可以生活在极乐净土的净土教
zhèngzūn. Ér, Shìjiārúlái shì tōngguò dǎzuò lái dùnwù de chánzōng de zhèngzūn.
正尊。而，释迦如来是通过打坐来顿悟的禅宗的正尊。

観光客： Wǒ suīrán bú xìn jiào, dàn què yě néng lǐjiě fójiào wèihé huì zài duì tiāndì biàn yì, zhū xíng wúcháng
我虽然不信教，但却也能理解佛教为何会在对**天地变异，诸行无常**
de shìjiān gǎndào yànfán de rénmen zhījiān chuánbōkāilái.
的世间感到厌烦的人们之间**传播**开来。

□ 蓮花座（台座）　　□ 云冈石窟（雲崗石窟：山西省）　　□ 龙门（竜門：河南省）

□ 敦煌（敦煌：甘粛省）　　□ 乐山大佛（楽山大仏：四川省）　　□ 悬崖峭壁（断崖絶壁）

□ 风化（風化）　　□ 海啸（津波）　　□ 冲毁（破壊される）　　□ 祥和（穏やかな）

□ 受慢待（粗末な［冷淡な］扱いを受ける）　　□ 绝非（決して〜ではない）

□ 人生的无常之感（無常感）　　□ 皈依（帰依する）　　□ 天变地异（天変地異）

□ 诸行无常（諸行無常）　　□ 传播（広まる，広く伝わる）

【日本語訳】

ガイド：こちらが高徳院です。

観光客：ああ，これが鎌倉大仏ですね！　高さはどれぐらいですか？

ガイド：台座を含めて約13メートルで，雲崗石窟の大仏ぐらいです。

観光客：中国で大仏というと雲崗の他，竜門や敦煌など，石窟が多いです。また有名な楽山大仏は断崖絶壁に彫られています。

ガイド：中国の北方や西北は乾燥しているから石仏でもいいのですが，湿度の高い日本では石仏は風化しやすいので金銅仏が多いのです。当初は大仏殿の中にありましたが，14世紀に起こった津波で破壊されたのです。

観光客：なるほど。それにしても穏やかな表情ですね。

ガイド：ええ。右側の頬に金箔が残っているのが見えますか？

観光客：本当だ。昔は全部金箔がはられていたんですね。中国だったら改めて金箔をはるのに，なぜこんなに粗末に扱うのですか？

ガイド：決して粗末に扱うわけではないのですが，あの少しだけ残った金箔が800年の時の流れを感じさせ，かえって無常感をかき立てるのです。

観光客：ところで，阿弥陀様はお釈迦様とどこが異なるのですか？

ガイド：阿弥陀如来は仏に帰依し，来世には極楽浄土に住むことを願う浄土教の本尊です。また，釈迦如来は座禅で悟りを開く禅宗の本尊です。

観光客：私は無信教ですが，天変地異や諸行無常の世に嫌気がさした人々の間で，仏教が広まっていったのは理解できます。

【コラム】 比較するなら楽山大仏？　雲崗石窟？

奈良と鎌倉の両大仏は，日本を代表する仏像ですが，四川省の"乐山大佛"は高さ約71mで，その頭だけでも奈良と鎌倉の大仏くらいの長さです。そこで「大」仏というわりには小さいと思われないように，あえて同サイズの"云冈石窟"の大仏を比較対象として挙げています。プライドからではなく，訪日客を失望させないようにという配慮から，比較対象を選ぶことはよくある手です。

Rank 4

Guāndōng dìqū de méiyǔ jìjié shì shénme shíhou kāishǐ, shénme shíhou jiéshù ne?

关东地区的梅雨季节是什么时候开始，什么时候结束呢？

（関東地方で梅雨はいつ始まり，いつ終わりますか）

Yǔ Zhōngguó nánfāng xiāngtóng, méiyǔ jìjié shì liù yuè zhōngxún dào qī yuè xiàxún. Méiyǔ shíqī cháoshī mènrè kěnéng

与中国南方相同，梅雨季节是六月中旬到七月下旬。梅雨时期**潮湿**闷热可能

bìng bú shìhé lǚyóu, dàn yǔshuǐ zīrùnle cǎomù, bú xià yǔ huì yǐngxiǎng nóngzuòwù de shōuhuò. Lìngwài, zhè yī shíqī

并不适合旅游，但**雨水滋润了草木**，不下雨会影响农作物的收获。另外，这一时期

yě kěyǐ xiǎngshòu yíxià gèdì shèngkāi de zǐyánghuā.

也可以享受一下各地盛开的**紫阳花**。

（中国南方と同じく，梅雨は6月中旬から7月下旬までです。梅雨の時期はじめじめして蒸し暑く，旅行には向かないかもしれませんが，雨のおかげで草木にも潤いを与えてくれますし，雨が降らないと農作物の収穫にも影響が出ます。なお，この時期には各地でアジサイの花が咲き誇るのも楽しみのひとつです。）

表現力 UP!

□ 潮湿（じめじめする）
□ 雨水滋润了草木（雨のおかげで～を与えてくれる）
□ 紫阳花（アジサイ）

訪日客に必ず聞かれる Question ベスト5はこれだ！

Rank 5

"Xiāngnán" shì zhǐ nǎli?
"湘南"是指哪里？

（「湘南」とはどこですか）

"Xiāngnán" bú shì zhèngshì de dìfāng zhèngfǔ míngchēng. Zhǔyào shì zhǐ Shénnàichuān xiàn Tàipíngyáng yí cè.
"湘南"不是正式的地方政府名称。主要是指神奈川县太平洋一侧。

Qǔzì sòngdài chánzōng zhōngxīndì "xiāng (Húnán shěng)" de nánbù dìqū, rújīn shì xǐ' ài wēnnuǎn qìhòu hé zìyóu
取自宋代禅宗中心地**"湘**（湖南省）"**的南部地区，如今是喜爱温暖气候和自由

de shēnghuó fāngshì de nánnǚ lǎoshào suǒ xiàngwǎng de dìfang. Cǐwài yě yǐ chōnglàng shèngdì ér wénmíng.
的生活方式的**男女老少**所**向往**的地方。此外也以**冲浪**胜地而闻名。

（「湘南」というのは正式な自治体名ではなく，主に神奈川県太平洋側を指します。
宋時代に禅の中心地だった「湘（湖南省）」の南部地域から取られましたが，今
はその温暖な気候と開放的なライフスタイルを好む老若男女の憧れの地となって
います。またサーフィンの町としても知られています。）

表現力 UP!

□ 地方政府（地方自治体）
□ 取自〜（〜から〔名前・名称を〕つける）
□ 湘（湘：湖南省の略称）　　□ 男女老少（老若男女）
□ 向往（憧れ；憧れる）
□ 冲浪（サーフィン）

【観光編】…… 長谷寺と「観音信仰」

大きな観音様のましますアジサイの寺

 File# 35

ガイド： Zài Guāndōng dìqū liù, qī yuè shì méiyǔ jìjié, zhè qījiān kěyǐ zài Chánggǔsì guānshǎng piàoliang de
在关东地区六，七月是**梅雨**季节，这期间可以在长谷寺观赏漂亮的
zǐyánghuā. Dàn páiduì de rén tài duō le. Wǒmen háishi xiān qù cānbài guānyīn ba.
紫阳花。但排队的人太多了，我们还是先去参拜观音吧。

観光客： Hǎode.
好的。

ガイド： Zhōngguó hé Cháoxiǎn bàndǎo duō yǐ shífó hé jīntóngfó wéizhǔ, ér zhèli de fóxiàng zé shì tiē le jīnbó
中国和朝鲜半岛多以石佛和金铜佛为主，而这里的佛像则是贴了金箔
de mùzhìfó.
的木制佛。

観光客： Zhèige yě shì shòule rènwéi wànwù jiē yǒu líng de Fànlínglùn de yǐngxiǎng ma?
这个也是受了认为**万物皆有灵**的泛灵论的影响吗？

ガイド： Zhèngshì rúcǐ. Diāokè fóxiàng de gōngjiàngmen yídìng shì xiǎng yòu kèdāo jiāng tiāoxuǎnchulai de
正是如此。雕刻佛像的工匠们一定是想用刻刀将挑选出来的
shénshù de línghún diāokèchulai.
神树的灵魂雕刻出来。

観光客： Nà, "rúlái" hé "guānyīn" yǒu shénme bùtóng ne?
那，"如来"和"观音"有什么不同呢？

ガイド： Rúlái shì dùnwùle de fótuó. Ér guānyīn zéshì háizài xiūxíng jiēduàn de púsà, hái méiyou dùnwù.
如来是顿悟了的佛陀。而观音则是还在修行阶段的菩萨，还没有顿悟。

観光客： Méi xiǎngdào fójiào háiyǒu děngjí zhīfēn.
没想到佛教还有等级之分。

ガイド： Zhèxiē ne, kànyixià tóufa jiù yìmù liǎorán le. Xiāngduì rúlái yǒu rútóng tàngle fà yìbān de
这些呢，看一下头发就**一目了然**了。相对如来有如同**烫了发**一般的
dàibiǎo zhìhuì de "luófà", ér púsà zéshì dàizhe guān.
代表智慧的**"螺发"**，而菩萨则是戴着冠。

観光客： Yuánlái rúcǐ. Dànshì hé Zhōngguó yǐjí Táiwān de guānyīn háishì yǒu bùtóng de dìfang. Gǎnjué nàbiān
原来如此。但是和中国以及台湾的观音还是有不同的地方。感觉那边
shì gèng jùyǒu cíbēi xīnhuái wǎnjiù zhòngshēng de nǔxìng xíngxiàng, ér zhèli zéshì gǎnjué shì zài
是更具有慈悲心怀挽救众生的女性形象，而这里则是感觉是在
xiūxíngzhōng de nánxìng xíngxiàng.
修行中的男性形象。

□ **梅雨**（梅雨）　　□ **紫阳花**（アジサイ）　　□ **万物有灵**（万物に魂が宿る）　　□ **泛灵论**（ア
ニミズム）　　□ **神树**（神木）　　□ **一目了然**（《成》一目瞭然である）　　□ **烫发**（パーマ
をかける）　　□ **螺发**（螺髪）

【日本語訳】

ガイド： 関東地方では 6，7 月は梅雨ですが，その間，長谷寺（はせでら）では美しいアジサイが楽しめます。すごい行列なので，先に観音様を拝観しましょう。

観光客： そうですね。

ガイド： 中国，朝鮮半島では石仏や金銅仏が中心ですが，こちらは金箔を施した木造仏です。

観光客： それも万物に魂が宿るとしてきたアニミズムの影響ですか？

ガイド： そのとおりです。仏師たちも神木（しんぼく）を選んで彫刻刀で樹木の中の魂を彫り出そうとしたのでしょう。

観光客： じゃあ，「如来」と「観音」とはどう違うのですか？

ガイド： 如来は悟りを開いた存在（仏陀）です。一方，観音は悟りを開くための修行中の菩薩です。

観光客： 仏教にも階級があるとは思いませんでした。

ガイド： それらは頭を見れば一目瞭然です。如来にはパーマをかけているようにも見える知恵のシンボル「螺髪（らほつ）」があるのに対して，菩薩は冠をかぶっています。

観光客： なるほど。でも中国や台湾の観音様とはどこか違いますね。あっちではもっと慈悲の心で救ってくださる女性的なイメージなんですが，こっちは修行中の男性っぽいイメージなんですね。

【コラム】　観音様のイメージ

中国では観音様は女性的なイメージですが，日本では観音様は女性的なものもあれば，長谷寺のようにそうではない仏像もあります。また，鎌倉は長谷寺だけでなく，明月院（めいげついん）や東慶寺（とうけいじ）など，アジサイの名所も多々ありますが，雨でずぶぬれ（"落汤鸡 luòtāngjī"）になりそうなので，事前にお客様に確認を取りましょう。

【観光編】…… 江ノ島──東と西，北と南の出合う島
日本最北端の野外亜熱帯植物園へようこそ！

ガイド：Jiāngzhīdǎo zhèli běnlái jìsì de shì shǒuhù dàhǎi de sān wèi nǚshén, hòulái qǐyuán yú Yìndù de
江之岛这里本来祭祀的是守护大海的三位女神，后来起源于印度的
nǚshén Biàncáitiān yě yīnwèi qíqiú wǔyùn chānglóng ér bèi jìsì zài zhèli.
女神弁财天也因为祈求**武运昌隆**而被祭祀在了这里。

観光客：Hǎi zhī nǚshén, nà jiùxiàng māzǔ nàyàng de la. Dànshì tāmen hùxiāng zhījiān búhuì máodùn ma?
海之女神，那就像**妈祖**那样的啦。但是她们相互之间不会**矛盾**吗？

ガイド：Búhuì, bùzhǐ bù máodùn, gèlù shénlíng hái róngwéi yìtǐ le. Lìngwài, yīnwèi Biàncáitiān shǒuchí
不会，不只不矛盾，各路神灵还**融为一体**了。另外，因为弁财天手持
pípa, suǒyǐ zài Rìběn hái bèi zūncóng wéi yīnyuè hé yǎnyì zhī shén.
琵琶，所以在日本还被尊崇为音乐和**演艺**之神。

観光客：Xiǎngxiǎngkàn, zài Fújiàn hé Táiwān yě jīngcháng jiāng qǐyuán yú Yìndù fójiào de guānyīn púsà gòngfèng zài
想想看，在福建和台湾也经常将起源于印度佛教的观音菩萨供奉在
Zhōngguó gùyǒu de dàoguànli.
中国固有的道观里。

ガイド：Zhèngshì zhèyàng. Tōngguò bù fēn dāngdì shén hé wàilái shén, yíshì tóngrén shǐ xǔduō wàilái zōngjiào
正是这样。通过不分当地神和外来神，**一视同仁**使许多外来宗教
bèi shéndàojiào suǒ tónghuà.
被神道教所**同化**。

観光客："Sìhǎi zhīnèi jiē xiōngdì" a. Lìngwài, cóng zhèli kànguòqu de Tàipíngyáng zhēn de shì tài měi le.
"**四海之内皆兄弟**"啊。另外，从这里看过去的太平洋真是太美了。

ガイド：Yīnwèi yóu Fēilǜbīn běishàng de Tàipíngyáng nuǎnliú zài cǐ pèngzhuàng, zhège dǎoshang hái yǒu
因为由菲律宾北上的**太平洋暖流**在此碰撞，这个岛上还有
Yīngguó màoyìshāng jiàn de yàrèdài zhíwùyuán ne.
英国贸易商建的亚热带植物园呢。

観光客：Zhēn shì tài hǎo le. Zhèli jiùshì shìjiè gèguó de wénmíng jiāohuì de shízì lùkǒu.
真是太好了。这里就是世界各国的文明**交汇**的**十字路口**。

□ 武运昌隆（戦勝祈願）　　□ 妈祖（媽祖：航海の女神）　　□ 矛盾（対立〔する〕）
□ 融为一体（《成》目的を同じくする多くの者が一つにまとまること，一体になる）
□ 演艺（芸能）　　□ 一视同仁（誰に対しても平等に分け隔てなく接すること，すべての
ものを平等に扱う）　　□ 同化（同〔一〕化する）　　□ 四海之内皆兄弟（世界中がみな兄
弟）　　□ 太平洋暖流（黒潮）　　□ 交汇（合流する）　　□ 十字路口（交差点，十字路）

【日本語訳】

ガイド：ここ江ノ島には元々海を守る3人の女神が祀られていましたが，のちにインド起源の女神弁天様も，戦勝を祈願して祀られました。

観光客：海の女神というと，媽祖(まそ)みたいですね。でも互いに対立しなかったのですか？

ガイド：ええ，それどころか神々が習合したのです。そして弁天は琵琶を持っていることから，日本では音楽や芸能の神としても崇められるようになりました。

観光客：よく考えると，福建や台湾では，インドから来た仏教の観音菩薩を中国固有の道教寺院で拝むことがよくありますね。

ガイド：そうなんです。土着神(どちゃくしん)と外来神を区別せず，同一視することで外来宗教の多くが神道に同化されたのです。

観光客：「世界中がみな兄弟」ですね。ところで，ここから見る太平洋はすばらしいですね。

ガイド：フィリピンから北上する黒潮がぶつかるので，この島には英国の貿易商人が作った亜熱帯植物園もあるんですよ。

観光客：素敵ですね。ここは世界の文明が合流する交差点なんですね。

【コラム】　廃仏毀釈と文革

英語の日本紹介本には，神仏習合のような異なる宗教が同化するのは珍しいこととして紹介されがちですが，中国語圏では仏教と道教が習合するため不思議ではありません。ただ明治初期の廃仏毀釈(はいぶつきしゃく)（"弾圧佛教 tányā fójiào"）が甚だしく，中国人は神仏を迷信または妖怪（"牛鬼蛇神 niúguǐ-shéshén"《成》）として弾圧した文革期を思い起します。駅前に寺があるのも利便性からではないのです。

鎌倉・江ノ島をガイドするための必須例文をマスター！

ここは風水上よいだけでなく，町全体が南は砂浜，三方が山に囲まれていて，守りやすく攻めがたい地形なのです。	Zhèlǐ bùzhǐ shì fēngshuǐ hǎo, jiēdào zhěngtǐ nánmian shì shātān, sān miàn huán shān, shì yí ge yìshǒu nángōng de dìxíng. 这里不止是风水好，街道整体南面是沙滩，三面环山，是一个易守难攻的地形。
13世紀前後の鎌倉は，天皇や貴族の都，京都に対抗した将軍や武士の都でした。	Shísān shìjì qiánhòu de Liáncāng shì jiāngjūn hé wǔshì de shǒudū, yǔ tiānhuáng hé guìzú suǒzài de shǒudū Jīngdū xiāng duìkàng. 十三世纪前后的镰仓是将军和武士的首都，与天皇和贵族所在的首都京都相对抗。
この神社は源頼朝という初代将軍が12世紀に，源氏一族と武士の守護神を祀るために建てたものです。	Zhèige shénshè shì míng wéi Yuán Làicháo de dìyī dài jiāngjūn zài shí'èr shìjì wèile jìsì Yuánshì yīzú hé wǔshì de shǒuhùshén ér jiàn de. 这个神社是名为源赖朝的第一代将军在十二世纪为了祭祀源氏一族和武士的守护神而建的。
毎年4月と9月に，侍装束の人たちが馬上から弓を射る流鏑馬がここで行われます。	Měinián sì yuè hé jiǔ yuè shēnchuān wǔshì fúzhuāng de rén huì zài zhèlǐ jǔxíng qímǎ shèjiàn de qíshè bǐwǔ. 每年四月和九月身穿武士服装的人会在这里举行骑马射箭的骑射比武。
元寇の後，執権・北条時宗は，日本人・モンゴル人を問わず死者の霊を弔うために，この寺を建立したのです。	Yuánjūn láifàn zhīhòu, dāngshí zhízhèng de Běitiáo Shízōng wèile jìdiàn Rì Měng liǎng guó sǐzhě de wánglíng ér jiànlìle cǐ sì. 元军来犯之后，当时执政的北条时宗为了祭奠日蒙两国死者的亡灵而建立了此寺。
実はこの建長寺の開祖は宋から来ていたため，当時このあたりは，中国各地の方言が入り交じって響きわたっていたんですよ。	Qíshí zhèige Jiànchángsì de kāishān bízǔ shì cóng Sòngcháo lái de, suǒyǐ dāngshí zhè yídài xiǎngchèzhe láizì Zhōngguó gèdì de nánqiāng běidiào. 其实这个建长寺的开山鼻祖是从宋朝来的，所以当时这一带响彻着来自中国各地的南腔北调。
台座を含めて約13メートルで，雲崗石窟の大仏ぐらいです。	Hán liánhuāzuò dàyuē shì shísān mǐ, yǔ Yúngāng shíkū de dàfó chàbuduō gāo. 含莲花座大约是十三米，与云冈石窟的大佛差不多高。
中国，朝鮮半島では石仏や金銅仏が中心ですが，こちらは金箔を施した木造仏です。	Zhōngguó hé cháoxiǎn bàndǎo duō yǐ shífó hé jīntóngfó wéizhǔ, ér zhèlǐ de fóxiàng zé shì tiē le jīnbó de mùzhìfó. 中国和朝鲜半岛多以石佛和金铜佛为主，而这里的佛像则是贴了金箔的木制佛。

鎌倉～花や紅葉の季節には時間に気をつけよう

　鎌倉は花や紅葉で知られる寺社が多いのですが，シーズン時には予想以上に時間がかかることを覚悟しておきましょう。観音様で知られる長谷寺も，6月には美しいアジサイの小道で知られています。普段ならば40分ほどあれば十分なのですが，アジサイの季節ということで1時間ほどの滞在を計画していてもなかなか進まず，スケジュール変更を余儀なくさせられることも多々あり，要注意です。

　拝観券をいただくときに，平日であるにもかかわらず「75分待ち」と言われ，整理券を渡され，結局，その日はアジサイの小道を通ることができませんでした。ただ不幸中の幸いと言いましょうか，中華圏の方には4月の日本＝桜というイメージはあっても，6月の鎌倉＝アジサイという感覚はなかったらしく，事なきを得ました。その後は，花や紅葉の季節には事前に連絡して待ち時間を確認することにしています。

「鎌倉・江ノ島」案内の必須表現リスト

本章のダイアローグやQ&A,「鎌倉・江ノ島をガイドするための必須例文をマスター!」で使用した「鎌倉・江ノ島」を案内するための最重要表現やその他の関連表現をまとめました。これらを駆使して,鎌倉・江ノ島についてうまく発信できるように復習しましょう!

▶鶴岡八幡宮・円覚寺と「供養」

□ 流鏑馬 .... 骑射比武 qíshè bǐwǔ

□ 弓を射る .... 射箭 shèjiàn

□ 神仏習合 .... 神佛调和 shén fó tiáohé

□ 元寇 .... 元军 Yuánjūn

□ 弔う,供養する .... 祭奠 jìdiàn

□ 死生観 .... 生死观 shēngsǐguān

□ 来世 .... 来生 láishēng

▶座禅

□ もも .... 大腿 dàtuǐ

□ 手のひら .... 手心 shǒuxīn

□ へそ .... 肚脐 dùqí

□ 親指 .... 大拇指 dàmǔzhǐ

□ つかず離れず .... 不即不离 bù jí bù lí

□ 背筋を伸ばす .... 挺胸 tǐngxiōng

□ あごを引く .... 收颚 shōu'è

□ 半眼 .... 眼睛微睁 yǎnjīng wēi zhēng

□ 無心になる .... 心无杂念 xīn wú zániàn

□ 足がしびれる .... 腿脚麻木 tuǐjiǎo mámù

□ 雑念がわく .... 私心杂念澎湃涌出 sīxīn zániàn péngpài yǒngchū

▶浄土信仰

□ 繰り返し唱える .... 反复念诵 fǎnfù niànsòng

□ 浄土に往生する .... 去往西方极乐净土 qùwǎng xīfāng jílè jìngtǔ

☐ 悟る .... 顿悟 dùnwù

▶建長寺と「禅」

☐ のどかな .... 悠闲 yōuxián

☐ 厳粛である................................ 庄重 zhuāngzhòng

☐ 仏殿 .... 大雄宝殿 dàxióngbǎodiàn

☐ 法堂 .... 讲堂 jiǎngtáng
<small>はっとう</small>

☐ 庫裏 .... 主持的居所 zhǔchí de jūsuǒ
<small>く り</small>

☐ 敷居が高い............................. 门槛高 ménkǎn gāo

☐ 世俗とのけじめをつける .... 与世俗界划清界限 yǔ shìsú huàqīng jièxiàn

☐ 雲水 .... 修行僧 xiūxíngsēng

☐ 論理，ロジック .... 逻辑 luójì

☐ 公案 .... 禅宗问答 chánzōng wèndá

☐ 手の甲 .... 手背 shǒubèi

▶大仏

☐ 台座 .... 莲花座 liánhuāzuò

☐ 津波 .... 海啸 hǎixiào

☐ 破壊される .... 冲毁 chōnghuǐ

☐ 穏やかな .... 祥和 xiánghé

☐ 諸行無常 .... 诸行无常 zhū xíng wúcháng

☐ 広まる，広く伝わる .... 传播 chuánbō

▶長谷寺と「観音信仰」

☐ 梅雨 .... 梅雨 méiyǔ

☐ アジサイ .... 紫阳花 zǐyánghuā

☐ 万物に魂が宿る .... 万物有灵 wànwù yǒu líng

☐ 螺髪 .... 螺发 luófà
<small>らほつ</small>

▶江ノ島

☐ 戦勝祈願................................. 武运昌隆 wǔyùn chānglóng

☐ 誰に対しても平等に分け隔てなく接すること.... 一视同仁 yíshì tóngrén

☐ 世界中がみな兄弟...................... 四海之内皆兄弟 Sìhǎi zhīnèi jiē xiōngdì

【文化編】……「茶道」を案内してみよう！

ただ茶を点てて飲むだけではありません。深い精神性に注目。

観光客：Zhōngguó yǒu "cháyì", dàn Rìběn jiào "chádào", gěi rén yì zhǒng hén shēn'ào de gǎnjué.
中国有**"茶艺"**，但日本叫**"茶道"**，给人一种很深奥的感觉。

ガイド：Shìde. Suīrán hē chá de xíguàn shì yóu Sòngcháo chuánguòlai de, dàn qí lǐfǎ yǒu le dúzì de
是的。虽然喝茶的习惯是由宋朝传过来的，但其礼法在日本有了独自的
fāzhǎn. Shíliù shìjì chádào xíngchéng yǐhòu, dàidài xiāngchuán zhìjīn.
发展。十六世纪茶道形成以后，代代相传至今。

观光客：Cháyì shì shǐyú qīngdài, kànlái chádào lìshǐ bǐ wǒ xiǎng de yào cháng. Dàn jǐnjǐn shì wèile
茶艺是始于清代，看来茶道历史比我想的要长。但仅仅是为了
hē yì bēi chá éryǐ, zhèbān xiàngmó xiàngyàng de guìzuòzhe huìbuhuì tài yánsù le?
喝一杯茶而已，这般**像模像样**的跪坐着会不会太**严肃**了？

ガイド：Suīshuō shì rúcǐ, dàn chádào shì gèzhǒng gèyàng de shìwù rónghé wéi yìtǐ de zōnghéxìng yìshù,
虽说是如此，但茶道是各种各样的事物融合为一体的综合性艺术，
tōngguò chádào kěyǐ lǐnglüèdào gègè fāngmiàn de chuántǒng yìshù.
通过茶道可以**领略**到各个方面的传统艺术。

观光客：Bǐrú shuō?
比如说？

ガイド：Zhèige cháshì shì jīyú xiánjì gǔyǎ de chuántǒng jiànzhù, xiǎngyào xīnshǎng nèige guàzhóu xūyào yǒu shūfǎ
这个茶室是基于闲寂古雅的传统建筑，想要欣赏那个**挂轴**需要有书法
hé tángshī de gōngdǐ. Zài qí xiàfāng de shì yìngjì de chāhuā, wàimian de yuànzi jiùshì huóshēngshēng
和唐诗的功底。在其下方的是应季的**插花**，外面的院子就是活生生
de lìtǐ shānshuǐhuà...
的立体山水画…

观光客：Qíshí jiùshì suǒwèi "yòngzhōng zhī měi" rú nǐ suǒ chuān de héfú, yòng de zhèige cháwǎn dōu shì lái zhī
其实就是所谓**"用中之美"**如你所穿的和服，用的这个茶碗都是来之
yú shēnghuó, yuè yòng yuè yǒu qíngdiào. Nà zhèige mǒchá yào zěnme hē ne?
于生活，**越用越有情调**。那这个抹茶要怎么喝呢？

ガイド：Yòushǒu ná cháwǎn fàngzài zuǒshǒu shǒuxīnshang. Àn shùnshízhēn fāngxiàng zhuàn liǎng cì dàyuē jiǔshí dù
右手拿茶碗放在左手手心上。**按顺时针方向转**两次大约九十度
hòu yòng shuāngshǒu pěngqǐ, sān kǒu hē guāng.
后用双手捧起，三口喝光。

观光客：Wèi shénme yào zhuàn cháwǎn ne?
为什么要转茶碗呢？

ガイド：Tōngguò jiāng cháwǎn huìyǒu tú'àn de yī miàn zhǎnshì gěi duìfāng xīnshǎng ér bú shì zìjǐ, yǐcǐ lái
通过将茶碗绘有图案的一面展示给对方欣赏而不是自己，以此来
biǎoshì qiānràng zhī yì.
表示谦让之意。

| □ 茶艺（茶藝） | □ 像模像样（仰々しい） | □ 跪坐（正座する） | □ 严肃（堅苦しい） |

□ 领略（〔体験により〕感じ取る，味わい知る） □ 挂轴（掛け軸） □ 插花（生け花）
□ 用中之美（用の美：飾るのではなく使う中に美しさがあるという民芸運動家の美意識）
□ 越用越有情调（使うほどに味わいが出る） □ 按顺时针方向转（時計回りに回す）

【日本語訳】

Licensed under Public Domain via
Wikimedia Commons

観光客：中国には「茶藝」はあるのですが，日本では「茶道」というなんて，奥深そうですね。

ガイド：ええ。喫茶の習慣は宋から伝来しましたが，その作法は日本で独自の発展をしました。16世紀の茶道成立後，今なお代々受け継がれています。

観光客：茶藝は清の時代に始まったので，思ったより茶道の歴史は長いのですね。でも，たかが一杯のお茶をいただくだけなのに，仰々しく正座していただくのは堅苦しくないですか？

ガイド：とはいえ，茶道は様々な要素が一つになった総合芸術ですので，茶道を通して様々な分野の伝統芸術に触れられるのです。

観光客：例えば？

ガイド：この茶室はわび・さびに基づく伝統建築ですし，あの掛け軸を鑑賞するには書道と漢詩の素養がいります。その下の季節の花は生け花ですし，外の庭は立体的な生きた山水画そのものですし……

観光客：そもそも「用の美」といいましょうか，あなたの着ている着物もこの茶碗も暮らしの中から生まれたもので，使うほどに味わいが出てきますね。ところで，この抹茶，どうやって飲めばいいのですか？

ガイド：お茶碗を右手で持って左の手のひらの上に乗せます。時計回りに2回90度ほど回してから両手で持ち上げ，3回で飲み干します。

観光客：何のために茶碗を回すのですか？

ガイド：茶碗の絵が描かれているところは，自分ではなく相手に楽しんでもらうことで，謙譲を表しているのです。

第7章

「横浜・横須賀」を案内しよう！

　徳川250年の泰平の眠りを覚ましたのは，浦賀に来航したペリーの黒船でした。その後開港された横浜は現在に至るまで日本一の貿易港として栄えています。中華街や山手地区など，国際色あふれる町であるだけでなく，三溪園などわびさびの美が感じられる港町横浜を案内しましょう！

【観光編】…… 浦賀と「ペリー来航」

ペリー記念館にて

File# 38

ガイド：Héngxūhè zhèli shì yībāwǔsān nián Měiguó hǎijūn jiànglǐng Pèilǐ láifǎng bìng qiǎngpò Rìběn kāifàng gǎngkǒu
横须贺这里是一八五三年美国**海军将领佩里来访**并强迫日本开放港口
de dìfang. Tā shì Rìběn lìshǐshang zuì yǒumíng de Měiguórén.
的地方。他是日本历史上最有名的美国人。

观光客：Shì zhèyàng a. Nà, tā lái de mùdì shì shénme ne?
是这样啊。那，他来的目的是什么呢？

ガイド：Měiguó běn xiǎng lìyòng Rìběn de gǎngkǒu zuòwéi Zhōngměi màoyì hé bǔ jīng de jīdì, dàn duìyú mùfǔ
美国本想利用日本的港口作为中美贸易和捕鲸的基地，但对于幕府
lái jiǎng, wèntí zàiyú tāmen shì kāizhe dàiyǒu dàpào de jūnjiàn lái de.
来讲，问题在于他们是开着带有大炮的**军舰**来的。

观光客：Dāngshí zài zhèli yídìng yě kàndedào jūnjiàn.
当时在这里一定也看得到军舰。

ガイド：Shìde. Yīnwèi Rìběn miànlín bèi lièqiáng qīnlüè de wēixié, suǒyǐ kāifàng gǎngkǒu duìyú mùfǔ lái jiǎng
是的。因为日本面临被列强侵略的威胁，所以开放港口对于幕府来讲
shì wúnài zhī xuǎn.
是**无奈**之选。

观光客：Nà, kāifàng gǎngkǒu yǐhòu, zěnmeyàng le ne?
那，开放港口以后，怎么样了呢？

ガイド：Bùjǐn yǔ Ōu-Měi lièqiáng qiānshǔle bù píngděng tiáoyuē, hái yīnwèi Rìběn hé Ōu-Měi gèguó de jīnyín
不仅与欧美列强签署了不平等条约，还因为日本和欧美各国的金银
duìhuànlǜ bùtóng, dǎozhì Rìběn guónèi de huángjīn dàliàng liúshī hǎiwài.
兑换率不同，导致日本国内的黄金大量流失海外。

观光客：Nà, tōnghuò péngzhàng yídìng hěn yánzhòng le. Shùnbiàn wènyíxià, zhège Pèilǐ jìniànguǎn yě shì xiàng
那，**通货膨胀**一定很**严重**了。顺便问一下，这个佩里纪念馆也是像
Guǎngdōng de Hǔmén pàotái yíyàng, shì "àiguó zhǔyì jiàoyù mófàn jīdì" ma?
广东的**虎门炮台**一样，是"**爱国主义教育模范基地**"吗？

ガイド：Bù. Xiāngfǎn de, Héngxūhè shì zuìdà de huódòng zhīyī jiùshì "Pèilǐ jié". Yǔ àiguó zhǔyì wúguān,
不。相反的，横须贺市最大的活动之一就是"佩里节"。与爱国主义无关，
kāifàng gǎngkǒu bèi rènwéi shì cùjìn xiàndàihuà de zhuǎnzhédiǎn.
开放港口被认为是促进现代化的**转折点**。

□ 海军将领佩里（ペリー提督）　　□ 来访（来航）　　□ 军舰（黒船）　　□ 无奈（仕方な
い）　　□ 兑换率（交換比率）　　□ 通货膨胀（インフレ）　　□ 严重（深刻である, ひどい）
□ 虎门炮台（虎門砲台）　　□ 爱国主义教育示范基地（爱国主義教育模範基地）
□ 转折点（転換点，ターニングポイント）

【日本語訳】

ガイド： ここ横須賀は1853年に米国のペリー提督が来航し，日本に開港を迫ったところです。彼は日本の歴史上，最も有名なアメリカ人なんですよ。

観光客： そうなんですか。では，彼の目的は何だったのですか？

ガイド： もともとアメリカは米中貿易や捕鯨の基地として，日本の港を利用したかったのですが，幕府にとって問題だったのは，彼らが大砲を備えた黒船で来たということでした。

観光客： その時はここから黒船が見えたことでしょうね。

ガイド： ええ。日本は列強からの侵略の脅威にさらされていたので，開港は幕府にとって仕方のない選択肢でした。

観光客： 開港後はどうなりましたか？

ガイド： 欧米列強と不平等条約を結ばされたうえ，日本と欧米諸国との金銀の交換比率が異なるため，日本国内の金が大量に流出しました。

観光客： では，インフレもひどかったんでしょうね。ちなみに，このペリー記念館は広東の虎門砲台のような「愛国主義教育模範基地」なのですか？

ガイド： いえ。それどころか，横須賀市の最大のイベントの一つが「ペリー祭」なんですよ。愛国主義とは関係なく，開港は日本の近代化を早めた転機だと考えられているんです。

【コラム】 「来航」は "来访"

ペリーの浦賀来航前にアヘン戦争があった中国では，「来航」は侵入（"入侵 rùqīn"）と同義です。ここでガイドの言葉の「来航」を "来访" としたのは，文末の「開港国は近代化を早めた転機」と，前向きに評価しているから "入侵" では具合が悪いのです。中国なら外国の軍艦来航地は，アヘン戦争時に英軍に占領された虎門砲台のように屈辱の歴史を忘れまいとする愛国主義教育基地になっても不思議はありません。

ガイド：
Cóng Héngbīn dìbiāo dàshà de tiàowàngtái kěyǐ yìlǎn Héngbīn quánjǐng. Héngbīn shì yí zuò guójì gǎngkǒu
从**横滨地标大厦**的眺望台可以**一览**横滨全景。横滨是一座国际港口
chéngshì, zhèli yǒu zūjiè, tángrénjiē háiyǒu hóngzhuān cāngkù děng, zhìjīn hái bǎoliúzhe
城市，这里有租界，**唐人街**还有**红砖**仓库等，至今还保留着
dāngnián de fēnwéi.
当年的氛围。

観光客：
Bùzhǐ yǒu Ōu-Měi wénhuà, háiyǒu tángrénjiē de gǎngkǒu chéngshì, jiù xiàng Shànghǎi hé Tiānjīn yíyàng a.
不只有欧美文化，还有唐人街的港口城市，就像上海和天津一样啊。

ガイド：
Shìde. Búguò suīrán shì guójì dūshì, dàn Héngbīn yě yǒu bù wéi yóukè suǒ zhī de hǎixiān shìchǎng.
是的。不过虽然是国际都市，但横滨也有**不为游客所知**的海鲜市场。

観光客：
Zhènghǎo shì wǔfàn shíjiān, néng dài wǒmen qù ma?
正好是午饭时间，能带我们去吗？

ガイド：
Hǎode. Búguò zuì yǒumíng de jīnqiāngyú pāimài shì zài límíng qián, jīntiān suīrán kànbudào, dànshì
好的。不过最有名的**金枪鱼拍卖**是在**黎明前**，今天虽然看不到，但是
yì qiān Rìyuán zuǒyòu de shòusī tàocān háishi kěyǐ chīdedào de.
一千日元左右的寿司**套餐**还是可以吃得到的。

観光客：
Shì ma. Zhǐyǒu dāngdìrén cái zhīdào de dìfang, hǎo qīdài.
是吗。只有当地人才知道的地方，好期待。

ガイド：
Hǎo, wǒmen dào le.
好，我们到了。

観光客：
Zhè jiā diàn ma? Ā, bú shì huízhuǎn shòusī ò.
这家店吗？啊，不是回转寿司哦。

ガイド：
Bú shì. Jīntiān yǒu duìxiā、lúyú、xīngmán、jīnqiāngyú zhīfáng duō zuì wèiměi de bùfen、
不是。今天有**对虾**、**鲈鱼**、**星鳗**、金枪鱼脂肪多最味美的部分、
bǐmùyú hé mòyú yǐjí jīnqiāngyú zǐcài shòusījuǎn、huánggua zǐcài shòusījuǎn ...
比目鱼和**墨鱼**以及**金枪鱼紫菜寿司卷**、黄瓜紫菜寿司卷…

観光客：
Zhèyàng cái yì qiān Rìyuán? Hé nèige liǎng qiān Rìyuán de tàocān yǒu shénme bùtóng ne?
这样才一千日元？和那个两千日元的套餐有什么不同呢？

ガイド：
Nà lǐmian yǒu yǒujiáotou de bàoyú, ràng rén shàngyǐn de hǎidǎn hé sānwén yúzǐ.
那里面有**有嚼头的鲍鱼**、**让人上瘾的海胆和三文鱼子**。

観光客：
Gǎnjué hǎidǎn hé sānwén yúzǐ yǒu xīngwèi, nà jiù diǎn yì qiān Rìyuán de tàocān ba.
感觉海胆和三文鱼子有**腥味**，那就点一千日元的套餐吧。

□ 横浜地标大厦（横浜ランドマークタワー）　　□ 一览（一望）　　□ 唐人街（中華街）
□ 红砖（赤レンガ）　　□ 不为人知的好地方（穴場）　　□ 金枪鱼拍卖（マグロのせり）
□ 黎明前（夜明け前）　　□ 套餐（セット）　　□ 对虾（車エビ）　　□ 鲈鱼（スズキ）
□ 星鳗（アナゴ）　　□ 比目鱼（ヒラメ）　　□ 墨鱼（イカ）　　□ 金枪鱼紫菜寿司卷（鉄火巻き）　　□ 有嚼头的鲍鱼（歯ごたえのあるアワビ）　　□ 让人上瘾的海胆和三文鱼籽（やみつきになるウニやイクラ）　　□ 腥味（生臭い）

【日本語訳】

ガイド：　ここ横浜ランドマークタワーの展望台からは横浜が一望できます。横浜は国際的な港町で，外国人居留地や中華街，そして赤レンガ倉庫など，開港期の雰囲気が今なお残っています。

観光客：　欧米文化だけでなく，中華街まである港町だなんて，上海や天津みたいですね。

ガイド：　ええ。国際都市とはいっても，横浜にも訪日客があまり行かない穴場の海鮮市場がありますよ。

観光客：　ちょうどお昼時なので，案内してくださいますか？

ガイド：　はい。でも最も有名なマグロのせりは夜明け前に行いますので，今日は見られませんが，にぎり寿司のセットが1,000円程度で食べられます。

観光客：　そうですか。地元民だけが知っているところなんて楽しみですね。

....

ガイド：　さあ，着きました。

観光客：　この店ですか？　ああ，回転寿司ではないんですね。

ガイド：　ええ。今日は車エビ，スズキ，アナゴ，トロ，ヒラメにイカ，鉄火巻きにかっぱ巻きまで握ってくれて……

観光客：　それで1,000円？　あの2,000円のセットとはどう違うのですか？

ガイド：　歯応えあるアワビや，やみつきになるウニやイクラまでついているのです。

観光客：　ウニやイクラは生臭そうなので，1,000円のセットを頼みましょう。

【コラム】　日本人は「魚博士」？

この市場はあくまで市場労働者向けなので，許可を取ってから入りましょう。午後早くに締まるので，時間も確認してください。ところで，ここでは魚の名前が列挙されますが，魚の名前と味と色形が一致する数は，おそらく平均的日本人は中国人の数倍あると思われます。辞書にある魚介類の訳語では相手にピンと来ない，ということもあるのでご注意を。なお，一般的に高級とはいえ，中国人にはウニやイクラなどの生の食材は，生臭いと感じ，受け入れられにくいでしょう。

【観光編】…… 中華街にある関帝廟と「近代日中関係」
華麗な建築の裏にある華僑の苦労

 File# 40

ガイド：
Zhèli de Guāndìmiào shì huáqiáomen de jīngshén gùxiāng. Dàizhe "sān bǎ dāo" de rén zài shíjiǔ
这里的关帝庙是华侨们的**精神故乡**。带着"**三把刀**"的人在十九
shìjì liùshí niándài láidào Rìběn, nà yě zhèngshì lièqiáng kāishǐ guāfēn Zhōngguó de shíhou.
世纪六十年代来到日本，那也正是列强开始**瓜分**中国的时候。

観光客：
"Sān bǎ dāo"? À, shì ná càidāo de chúshī, ná jiǎndāo de cáiféng hé ná tìdāo de lǐfàshī ba.
"**三把刀**"？ 啊，是拿菜刀的**厨师**，拿剪刀的**裁缝**和拿剃刀的理发师吧。

ガイド：
Nǐ zhīxiǎo de hěn xiángxì. Cǐwài zài èrshí shìjì chū zhèli jùjíle nàhǎnzhe "miè Mǎn xīng Hàn"
你知晓的很详细。此外在二十世纪初这里聚集了呐喊着"**灭满兴汉**"
de rén. Tāmen de lǐngxiù jiùshì guófù Sūn zhōngshān xiānsheng, Xīnhài gémìng jiùshì dédàole zhìtóng-
的人。他们的领袖就是**国父孙中山先生**，辛亥革命就是得到了**志同**
dàohé de Rìběnrén hé huáqiáomen de zhīchí cái qǔdé chénggōng de.
道合的日本人和华侨们的支持才取得成功的。

観光客：
Yě jiùshì shuō méiyou tángrénjiē jiù méiyou Xīnhài gémìng le.
也就是说没有唐人街就没有辛亥革命了。

ガイド：
Shìde. Dànshì, yìjiǔèrsān nián Guāndōng dà dìzhèn xíjile Héngbīn, lí zhènyuán bǐjiào jìn de tángrénjiē yě yǒu
是的。但是，一九二三年关东大地震袭击了横滨，离震源比较近的唐人街也有
sān fēn zhī yī de huáqiáo búxìng yùnàn, Guāndìmiào yě bèi shāohuǐ le. Zhīhòu Zhōngrì zhànzhēng
三分之一的华侨不幸遇难，关帝庙也被烧毁了。之后中日战争
zhōng de yìjiǔsìwǔ nián, Héngbīn yě zāodào Měijūn de kōngxí, Guāndìmiào zàicì bèi shāohuǐ.
中的一九四五年，横滨也遭到美军的空袭，关帝庙再次被烧毁。

観光客：
Nà zhànhòu guòshang hépíng de shēnghuó le ma?
那战后过上和平的生活了吗？

ガイド：
Bù wánquán shì. Lěngzhàn qījiān zài Rìběn de huáqiáo fēnchéngle liǎng pài, zhīchí gòngchǎndǎng yípài de
不完全是。**冷战**期间在日本的华侨分成了两派，支持共产党一派的
hé zhīchí guómíndǎng yípài de.
和支持国民党一派的。

観光客：
Yuánlái zài zhè xiǎoxiǎo de tángrénjiē yě yǒuguo lěngzhàn. Nàme, xiànzài de Guāndìmiào shì
原来在这小小的唐人街也有过冷战。那么，现在的关帝庙是
Dàlùbāng de, háishì Táiwānbāng de?
大陆帮的，还是台湾帮的？

ガイド：
Shì shuāngfāng hézuò de. Suīrán zài yìjiǔbāliù nián de huǒzāi zhōng bèi shāohuǐ le, dàn zài lěngzhàn gào yī
是双方合作的。虽然在一九八六年的火灾中被烧毁了，但在冷战**告一**
duànluò de yìjiǔjiǔlíng nián zuòwéi kèfú fāngfāng miànmiàn de máodùn de xiàngzhēng yòu bèi chóngjiàn le.
段落的一九九〇年作为**克服方方面面的矛盾**的象征又被重建了。

観光客：
Zǒngsuàn míngbai zhèli wèi shénme bèi chēng wéi huáqiáo de jīngshén gùxiāng le.
总算明白这里为什么被称为华侨的精神故乡了。

□ 精神故郷（心の故郷）　　□ 三把刀（三把刀；料理人の持つ包丁，理容師の持つカミソリ，仕立て職人の持つ裁ちばさみのこと）　　□ 瓜分（分割）　　□ 厨師（料理人）　　□ 裁縫師（テーラー）　　□ 灭满兴汉（滅満興漢）　　□ 国父孙中山先生（国父孫文先生；孫文よりも孫中山の名称が一般的）　　□ 志同道合（《成》志や理想を同じくする，意気投合する）　　□ 震源（震源〔地〕）　　□ 冷战（冷戦）　　□ 告一段落（一段落つく）　　□ 克服方方面面的矛盾（さまざまな対立を乗り越える）　　□ 总算（〔願望の実現に長時間を要し〕ようやく，やっと）

【日本語訳】

ガイド：ここ関帝廟は華僑たちの心の故郷です。「三把刀」を持つ人が来日したのは 1860 年代，列強による中国分割が始まったころです。

観光客：「三把刀」？　ああ，包丁を持つ料理人と，裁ちばさみを持つテーラーと，カミソリを持つ理髪師ですね。

ガイド：さすがよくご存じですね。さらに 20 世紀初めには，「滅満興漢」を叫ぶ人々がここに集まりました。彼らのリーダーが国父孫文で，同志となった日本人や華僑たちの支持を得て辛亥革命を成し遂げたのです。

観光客：つまり，中華街なくして辛亥革命はなかったのですね。

ガイド：はい。しかし 1923 年に関東大震災が横浜を襲い，震源地に近かった中華街も華僑の 1/3 が亡くなり，関帝廟も焼けたのです。その後，日中戦争中の 1945 年，横浜も米軍の空襲を受け，またもや焼失しました。

観光客：戦後は平和に暮らせるようになったのでしょう？

ガイド：そうとも言えません。冷戦期は，日本に住む華僑は共産党支持者と国民党支持者のふたつに分かれてしまったんです。

観光客：こんな小さな中華街で冷戦があったんですね。それじゃあ，今のこの関帝廟は大陸側のものですか，台湾側のものですか？

ガイド：両方の合作です。1986 年に火事で焼失しましたが，冷戦が一段落した 1990 年に，さまざまな対立を乗り越えた象徴として建て替えたのです。

観光客：ここが華僑の心の故郷というわけが，ようやくわかりました。

【コラム】　横浜の華僑

中華街を案内するときには，相手のほうが中国文化について詳しいということはあり得ます。ただ，日本側の通訳案内士としては，日中双方の狭間にあり，冷戦期の分裂をも経てきた横浜の華僑を紹介すると，相手にも新鮮な情報を与えられることでしょう。そして何よりも辛亥革命において極めて重要な役割を果たした町であることもお忘れなく。

Rank 1

Wèi shénme dàduōshù de Rìběnrén duì Měiguó jūnjiàn láifǎng chí kěndìng yìjiàn ne?

为什么大多数的日本人对美国军舰来访持肯定意见呢？

（なぜ日本人の多くは黒船を肯定的に見るのですか）

Rìběnrén zhèyàng rènwéi de yuányīn yǒu liǎng ge. Shǒuxiān, yǔ Zhōngguó hé qítā Yàzhōu guójiā bùtóng de shì Měiguó

日本人这样认为的原因有两个。首先，与中国和其他亚洲国家不同的是**美国**

jūnjiàn láifǎng hòu Rìběn yě méiyou bèi xīfāng lièqiáng fēngē yǐjí lúnwéi zhímíndì. Qícì shì tōngguò xuéxí Ōu-Měi

军舰来访后日本也没有被西方列强分割以及沦为殖民地。其次是通过学习欧美

lièqiáng de zhìdù hé jìshù lái zìqiáng bìng zuìzhōng chéngwéile qízhōng yìyuán.

列强的制度和技术来**自强**并最终成为了其中一员。

（日本人がそのように考える理由は2つあると思います。まず，中国その他のアジア諸国と異なり，黒船来航後も西洋の列強により分割されたり，植民地支配を受けなかったりしたこと。次に欧米列強の制度や技術を身につけることで自ら努力して国力を高め，列強の一員になったことです。）

表現力 UP!

□ **美国军舰来访**（黒船来航）　　□ **自强**（自ら努力して向上する）

訪日客に必ず聞かれる Question ベスト 5 はこれだ！

Rank 2

Chuántǒng de shòusī diàn hé huízhuǎn shòusī yǒu shénme bùtóng?

传统的寿司店和回转寿司有什么不同？

（伝統的な寿司屋と回転寿司の違いは何ですか）

Shǒuxiān, chuántǒng shòusī diànli xīnxiān de hǎixiān cáiliào hěn duō, ér huízhuǎn shòusī chúle shòusī yǐwài, qítā zhǒnglèi yě

首先，传统寿司店里新鲜的**海鲜材料**很多，而回转寿司除了寿司以外，其他种类也

hěn fēngfù, yǒu miàn hé tiándiǎn děngděng. Qícì, huízhuǎn shòusī gēnjù pánzi de yánsè bùtóng jiàgé yě bùtóng tōngsú yìdǒng,

很丰富，有面和**甜点**等等。其次，回转寿司根据盘子的颜色不同价格也不同通俗易懂，

xiāngduì láishuō de chuántǒng shòusī diàn de jiàgé zé bù biǎoxiàn zài càipǔshang érshì gēnjù shíjià biàndòng.

相对来说传统寿司店的价格则不表现在菜谱上而是根据**时价**变动。

（まず，伝統的な寿司屋のほうが新鮮なネタが多い一方，回転寿司では麺やデザートなど，寿司以外のメニューが充実しています。次に，回転寿司の値段は皿の色によって異なるのでわかりやすく，対照的に，伝統的な寿司屋の値段は，メニューに値段は書かれておらず，時価によって決まるのです。）

表現力 UP!

□ 海鲜材料（〔寿司〕ネタ）　　□ 甜点（デザート）　　□ 时价（時価）

【観光編】...... 中華街と「日本の中華料理」

「ラーメン餃子炒飯定食」は日本だけ？

ガイド： Suīrán tángrénjiē de Zhōngcānguǎn diàn lín cì zhìbǐ, dàn zài Rìběn néng pǐnchángdào de Zhōngcān yǒu liǎng zhǒng.
虽然唐人街的中餐馆鳞次栉比，但在日本能品尝到的中餐有两种。
Yì zhǒng shì **zhèngzōng** de, lìng yì zhǒng shì Rìshì Zhōngcān.
一种是**正宗**的，另一种是日式中餐。

观光客： Zuótiān hǎoxiàng kànjiàn yí ge chī "lāmiàn jiǎozi chǎofàn **tàocān**" de rén. Zhèxiē zài Zhōngguó dōu bèi
昨天好像看见一个吃"拉面饺子炒饭**套餐**"的人。这些在中国都被
shìwéi zhǔshí, búhuì tóngshí chī.
视为主食，不会同时吃。

ガイド： Rìběnrén shì ná lāmiàn dàng tāng, jiǎozi dàng cài, ránhòu zhǐyǒu chǎofàn cái zuòwéi zhǔshí lái chī.
日本人是拿拉面当汤，饺子当菜，然后只有炒饭才作为主食来吃。

观光客： Yuánlái rúcǐ.　　Héngbīn hǎoxiàng shì Yuècài bǐjiào duō yìxiē.
原来如此。横滨好像是**粤菜**比较多一些。

ガイド： Shìde. Yīnwèi lǎo huáqiáo duōshì Guǎngdōngrén. Dànshì yīnwèi xiānghù jiān de jùlí dǎozhì wèidao
是的。因为老华侨多是广东人。但是因为相互间的距离远导致味道
shang fāshēng le biànhuà, jíshǐ shì zhèngzōng de Yuècài yě shì hé bǎi nián qián de bù yíyàng.
上发生了变化，即使是正宗的粤菜也是和百年前的不一样。

观光客： Jiùshì shuō shì zhǐyǒu Héngbīn cái yǒu de lìng yì zhǒng **càixì** la. Suīshuō shì jiǎ de zhēn bù liǎo, zhēn de jiǎ
就是说是只有横滨才有的另一种**菜系**啦。虽说是**假的真不了，真的假**
bù liǎo, dàn háishi chángyicháng Héngbīn de Yuècài ba.
不了，但还是尝一尝横滨的粤菜吧。

观光客： Nèige páizishang xiě de "èr yī bā cái" shì shénme yìsi ne?
那个牌子上写的"二一八才"是什么意思呢？

ガイド： Á?　　Zài nǎr?　　À, nèige shì yòng piànjiǎmíng xiě de "nǐhǎo".　　Rìwén chúle shǐyòng Hànzì,
啊？在哪儿？啊，那个是用**片假名**写的"你好"。日文除了使用汉字，
hái huì gēnjù qíngkuàng shǐyòng piànjiǎmíng hé píngjiǎmíng, xiàng zhèyàng Zhōngwén fāyīn de wàiláiyǔ
还会根据情况使用片假名和**平假名**，像这样中文发音的外来语
yìbān dōu huì shǐyòng piànjiǎmíng.
一般都会使用片假名。

观光客： Hěn yǒu yìsi, yuánlái piànjiǎmíng zhōng háiyǒu hé hànzì xíngzhuàng yíyàng de cúnzài. Jiù qù nà jiā diàn ba.
很有意思，原来片假名中还有和汉字形状一样的存在。就去那家店吧。

ガイド： Hěn yíhàn de shì xiànzài jìnbùqù. Nèige **juǎnqǐ de bùlián** shì biǎoshì "**zhèngzài xiūxi**" de yìsi.
很遗憾的是现在进不去。那个**卷起的布帘**是表示"**正在休息**"的意思。

□ 正宗（本場）　　□ 套餐（定食）　　□ 粤菜（広東料理）　　□ 菜系（料理体系）

□ 假的真不了，真的假不了（やはり本物に限る）　　□ 片假名（カタカナ）

□ 平假名（ひらがな）　　□ 卷起的布帘（暖簾がめくられる）　　□ 正在休息（休憩中）

【日本語訳】

ガイド：中華街は中華料理店が軒を連ねますが，日本では二種類の中華料理が食べられます。一つは本場の中華，もう一つは和風化した中華です。

観光客：そういえば昨日，「ラーメン餃子炒飯定食」を食べている人を見ました。これらは中国ではみな主食とみなされるので，同時に食べません。

ガイド：日本人はラーメンをスープに，餃子はおかずに，そして炒飯だけを主食として食べるのです。

観光客：なるほど。ちなみに，横浜は広東料理店が多いようですね。

ガイド：はい。昔からの華僑の多くは広東人でしたから。でもお互い遠く離れているので本場の味とは変わってきたでしょうし，本場の広東料理さえ100年前とは異なることでしょう。

観光客：横浜ならではのもう一つの料理体系ということですね。やはり本物に限るともいいますが，試しに横浜の広東料理を食べてみましょう。

・・・

観光客：あの看板には「２１８才」と書いてあるんですが，何の意味ですか？

ガイド：え？　どれですか？　ああ，あれはカタカナで「ニーハオ」と書いてあるんです。日本語は漢字の他にひらがなとカタカナを使いわけますが，中国語発音のような外来語にはよくカタカナを使うのです。

観光客：面白いですね，カタカナの中には漢字と同じ形のものもあったんですね。ではあの店に入りましょう。

ガイド：あいにく今は入れません。あの暖簾^{のれん}がめくられているのは「準備中」を意味するのです。

■「横浜中華街」でのガイディングのポイントはこれだ！

中華街に行くときは，爆竹を鳴らす（"放鞭炮 fàng biānpào"）なかで龍舞（"舞龙 wǔlóng"），獅子舞（"狮子舞 shīziwǔ"）が楽しめる春節（"春节 Chūnjié"）や，月餅（"月饼 yuèbing"）が店頭を飾る中秋節（"中秋节 Zhōngqiū Jié"）など，陰暦（"阴历 yīnlì"）で行われる行事が毎年いつにあたるか，調べておきましょう。

File" 42

ガイド： Zhèlǐ jiùshì yī bù yī jǐng de tíngyuàn — Sānxīyuán le.
这里就是**一步一景**的庭院 ——三溪园了。

観光客： Tíngyuàn shì tiānrán hé réngōng de héchéng, zhè yìdiǎn shì Zhōng-Rì gòngtōng de, dàn Rìběn zhèbiān de
庭院是天然和人工的合成，这一点是中日共通的，但日本这边的
tiānrán chéngfèn hǎoxiàng gèng nónghòu.
天然成份好像更浓厚。

ガイド： Shìde. Shùnbiàn yào shuō de shì Hànyǔ zhōng bǎihuā liáoluàn de jiào "huāyuán", chítáng zhōuwéi shùmù
是的。顺便要说的是汉语中**百花缭乱**的叫"**花园**"，**池塘**周围树木
cóngshēng de jiào "yuánlín", xiānglín jiànzhù de jiào "yuànzi" děng gè yǒu bùtóng de biǎodá cíhuì,
丛生的叫"**园林**"，相邻建筑的叫"**院子**"等各有不同的表达词汇，
dàn zài Rìběn zhǐyǒu "tíng" zhè yí ge cíhuì.
但在日本只有"庭"这一个词汇。

観光客： "Tíng" shì ge zōnghéxìng de cíhuì.
"庭"是个**综合性**的词汇。

ガイド： Shìde. Lìng yì fāngmiàn yǔ Zhōngshì tíngyuàn de gòngtōngdiǎn shì shítou、shuǐ、shùmù zhè sān yàosù
是的。另一方面与中式庭院的共通点是石头、水、树木这三要素
bànyǎnzhe zhǔrén, ér fēng huā xuě yuè bànyǎnzhe bīnkè de juésè.
扮演着主人，而**风花雪月**扮演着宾客的角色。

観光客： Nà, bùtóng zhī chù zài nǎlǐ ne?
那，不同之处在哪里呢？

ガイド： Shǒuxiān shì nónghòu de "xiánjì gǔyǎ (yīnyǐng zhī měi)" měi. Bǐrú yǐ nèige tíngzi wéi lì,
首先是浓厚的"闲寂古雅（阴影之美）"美。比如以那个**亭子**为例，
jiù yǔ jíjìn shēhuá de Zhōngshì jiànzhù yǒu suǒ bùtóng.
就与**极尽奢华**的中式建筑有所不同。

観光客： Yuánlái rúcǐ, suǒwèi "shàng yǒu tiāntáng, xià yǒu Sū Háng", Sūzhōu hé Hángzhōu de yuánlín yǐ
原来如此，所谓"上有天堂，下有苏杭"，苏州和杭州的园林以
měi wénmíng, rúguǒ shuō yǐ dānqīng wéi jīdiào de Zhōngshì yuánlín shì "yánggāng zhī měi", nà
美闻名，如果说以**丹青**为基调的中式园林是"**阳刚之美**"，那
Rìshì tíngyuàn jiùshì "yīnróu zhī lì" le.
日式庭院就是"**阴柔之丽**"了。

ガイド： Shìde. tèbié shì qiūtiān de huánghūn shífēn jǐng suí shí qiān, ràng rén duì zhè rénshēng huò rénshì zhī
是的。特别是秋天的黄昏时分**景随时迁**，让人对这**人生或人世之**
wúcháng bùdé bú zuò shēnsī.
无常不得不做深思。

観光客： Rúguǒ shuō Zhōngshì tíngyuàn shì "biān zǒu biān shǎng de lìtǐ měishù guǎn", nà Rìshì tíngyuàn
如果说中式庭院是"边走边赏的**立体**美术馆"，那日式庭院
jiù xiàng "biān zǒu biān pǐn de lìtǐ zhéxué shū" yíyàng la.
就像"边走边品的立体哲学书"一样啦。

ガイド：<ruby>正是这样<rt>Zhèngshì zhèyàng.</rt></ruby>。

□ 一步一景（歩むほどに景色が変わる）　□ 百花缭乱（花が咲き乱れる）　□ 花园（庭：花中心）　□ 池塘（池）　□ 园林（庭：樹木中心）　□ 院子（庭：建物に隣接する小規模なもの）　□ 综合性（包括的）　□ 风花雪月（花鳥風月）　□ 亭子（東屋）　□ 极尽奢华（贅を尽くす）　□ 丹青（丹青）　□ 阳刚之美（陽の美）　□ 阴柔之丽（陰の美）　□ 景随时迁（刻一刻と景色が変わる）　□ 人生或人世之无常（はかない人生や世の中）　□ 立体（三次元）

【日本語訳】

ガイド：こちらが歩むほどに景色が変わる庭園，三渓園（さんけいえん）です。

観光客：庭園というのは自然と人工の共作という点は，日中共通ですが，日本のほうが自然の要素が強そうですね。

ガイド：そうですね。ちなみに中国語では花が咲き乱れる「花園」，池の周りに樹木が生い茂る「園林」，建物に隣接した「院子」などを別の用語で表現しますが，日本では全て「庭」の一語です。

観光客：「庭」というのは，包括的な語彙なんですね。

ガイド：ええ。一方で中国庭園との共通点としては石・水・木の三つの要素が主人，花鳥風月が客人の役割をすることです。

観光客：では，相違点はなんですか？

ガイド：まず「わびさび（陰影の美）」という美学が濃厚なことです。例えばあの東屋を例にとると，贅を尽くした中国の建築とは異なりますよね。

観光客：なるほど，「天には極楽があり，地には蘇州（そしゅう）・杭州（こうしゅう）がある」というほど，蘇州や杭州は庭園の美しさで知られていますが，丹青を基調とした中国庭園が「陽の美」だとすると，日本庭園は「陰の美」ですね。

ガイド：ええ。特に秋の夕暮時には刻一刻と景色が変わり，はかない人生や世の中について考えさせられます。

観光客：中国庭園が「歩いて見る三次元の美術館」だとすると，日本庭園は「歩いて見る三次元の哲学書」みたいですね。

ガイド：そのとおりですね。

「庭を見に行くのは季節の花を求めてでしょうが，玄人（くろうと）（"行家 hángjiā"）はあえて花のない冬にも行きます。日本庭園の３つの本質は，普遍にして不変をあらわす石，流れゆく変化を表す水，四季で還流する木なのですが，そこに花鳥風月があると，かえって３つの本質に目がいかなくなるからです。」というような哲学談義は，花の咲かない冬によくします。

「三溪園」でのガイディングのポイントはこれだ！

物事を説明する際には，３つに分類すると相手に伝わりやすいでしょう。例えば，三溪園では「日本の庭園の三要素」として石，水，木を挙げたり，神社では「日本の神々の種類」として自然神，神格化された偉人，土地の守り神などに分類したり，小田原城などでは「日本の城」として山城，平山城，平城に分類したりします。「3」という数字は魔法の数字なのです。

訪日客に必ず聞かれる Question ベスト５はこれだ！

Rank 3

Lāmiàn shì Rìběn liàolǐ ma?
拉面是日本料理吗？

（ラーメンは日本の料理ですか）

Qǐyuán yú Zhōngguó dànshì zài Rìběn luòdì shēnggēn bìngqiě yǒule dúzì de fāzhǎn, suǒyǐ hěn nánshuō shì Zhōngguó de le.
起源于中国但是在日本**落地生根**并且有了独自的发展，所以很难说是中国的了。

Lìrú lāmiàn diàn de shùliàng, sìchù tànfǎng pǐncháng lāmiàn de rén de duōshǎo, dāngdì tèsè lāmiàn de zhǒnglèi fánduō,
例如拉面店的数量，**四处探访**品尝拉面的人的多少，当地特色拉面的种类繁多，

shàngbānzú wèile zài lāmiànshang jīng yì qiú jīng ér xiàhǎi kāidiàn de shèhuì fēngqì děng dōu kěyǐ shuōshì Rìběn dúyǒu de.
上班族为了在拉面上**精益求精**而**下海开店**的社会风气等都可以说是日本独有的。

（中国起源のものが根付き，独自の発展を遂げたため，中華料理とは言いにくいでしょう。例えばラーメン屋の数や，各地を歩いてラーメンを食べる人の多さ，その土地ならではのラーメンが豊富であること，サラリーマンがこだわりのラーメンを作り，独立開業したがる社会風土などは日本独自といえます。）

表現力 UP!

□ **落地生根**（地に根を生やす，異郷に定住する）　　□ **四处探访**（各地を訪れる）
□ **上班族**（サラリーマン）　　□ **精益求精**（《成》優れている上に更に磨きをかける；こだわる）
□ **下海**（〔元の仕事をやめて〕商売を始めること）　　□ **开店**（開店［出店］する）

訪日客に必ず聞かれる Question ベスト5はこれだ！

Rank 4

Rìběn de tíngyuàn yǒu nǎxiē zhǒnglèi?
日本的庭院有哪些种类？

（日本にはどんな種類の庭園がありますか）

Yǒu sān zhǒng. Dì yī zhǒng shì zài chítáng zhōngjiān yǒu chángshēng bùlǎo de xiāndǎo. kěyǐ sànbù de "chíquán huányóushì tíngyuàn".
有三种。第一种是在池塘中间有**长生不老**的仙岛，可以散步的"池泉环游式庭院"。

Dì èr zhǒng shì chánzōng sìmiào, bù shǐyòng shuǐ ér yòng shāzi hé yánshí lái biǎoxiàn dàhǎi hé shēnyuǎn de "kūshānshuǐ"
第二种是禅宗寺庙，不使用水而用沙子和岩石来表现大海和深远的"枯山水"

tíngyuàn. Dì sān zhǒng shì kěyǐ zài qù cháshì lùshang gǎnjué xiánjì de "lùdì". Zài Rìběn de jiātíng hé lǚguǎn、měishùguǎn、
庭院。第三种是可以在去茶室路上感觉**闲寂**的"露地"。在日本的家庭和旅馆、美术馆、

sìyuàn děng dì dōuyǒu tíngyuàn.
寺院等地都有庭院。

（3つのタイプがあります。1つ目は池の真ん中に不老不死の島があり，散策できるようにした「池泉回遊式庭園
（ちせんかいゆうしきていえん）」。2つ目は禅宗のお寺で，水を使わずに砂や岩で大海や深遠さを表す「枯山水」の庭園。3つ目は茶室に行くまでの道でわびを感じることができる「露地
（ろじ）」です。日本では家庭や旅館，美術館，寺院など，あらゆるところに庭があります。）

表現力 UP!

☐ 长生不老（不老不死）　　☐ 闲寂（わび）

Rank 5

Qǐng jièshào yíxià Rìběn sān dà míngyuán.
请介绍一下日本三大名园。

（日本三大名園について教えてください）

Zhèngrú Zhōngguó yǒu sì dà míngyuán yíyàng, Rìběn yě yǒu Sān dà míngyuán. Tāmen shì yǐ xuějǐng ér wénmíng de
正如中国有**四大名园**一样，日本也有三大名园。它们是以雪景而闻名的

Jīnzé Jiānliùyuán; yǐ běibù de zhúlín wéi yīn, nánbù de méilín wéi yáng, zhǔzhāng yīnyáng héxié de Shuǐhù Xiélèyuán;
金泽兼六园；以北部的竹林为阴，南部的梅林为阳，主张**阴阳和谐**的水户偕乐园；

yǐ chéngbǎo wéi bèijǐng, yuánnèi yǒu dàpiàn tiányuán de Gāngshān Hòulèyuán. Zhèxiē Dōu shì Jiānghù shídài zhūhóu suǒ
以城堡为背景，园内有大片田园的冈山后乐园。这些都是江户时代诸侯所

jiànzào de, zài zhànzhēng shí dǎsuàn yòngzuò bǎolěi hé liángcāng.
建造的，在战争时打算用作**堡垒**和**粮仓**。

（中国に四大名園があるように，日本にも三名園があります。それらは雪景色で
知られる金沢兼六園，北部の竹林で陰，南部の梅林で陽を表わし，陰陽の調和を
説く水戸偕楽園，城を借景とし，庭園内に田園が広がる岡山後楽園です。これら
は江戸時代の大名の造園で，戦時には砦や食料庫として利用される予定でした。）

表現力 UP!

□ **四大名园**（〔中国の〕四大名園：**颐和园** Yíhéyuán〔北京頤和園〕，**避暑山庄** Bìshǔ shānzhuāng〔承徳避暑山荘〕，**拙政园** Zhuōzhèngyuán〔蘇州拙政園〕，**留园** Liúyuán〔蘇州留園〕）

□ **阴阳和谐**（陰陽の調和）　　　□ **堡垒**（砦，堡塁）　　　□ **粮仓**（穀物倉庫，食料庫）

横浜・横須賀をガイドするための必須例文をマスター！

ここ横須賀は1853年に米国のペリー提督が来航し，日本に開港を迫ったところです。	Héngxūhè zhèli shì yībāwǔsān nián Měiguó hǎijūn jiànglǐng Pèilǐ láifǎng 横须贺这里是一八五三年美国海军将领佩里来访 bìng qiǎngpò Rìběn kāifàng gǎngkǒu de dìfang. 并强迫日本开放港口的地方。
もともとアメリカは米中貿易や捕鯨の基地として，日本の港を利用したかったのです。	Měiguó běn xiǎng lìyòng Rìběn de gǎngkǒu zuòwéi Zhōngměi màoyì hé 美国本想利用日本的港口作为中美贸易和 bǔ jīng de jīdì. 捕鲸的基地。
ここ横浜ランドマークタワーの展望台からは横浜が一望できます。	Cóng Héngbīn dìbiāo dàshà de tiàowàngtái kěyǐ yìlǎn Héngbīn quánjǐng. 从横滨地标大厦的眺望台可以一览横滨全景。
横浜は国際的な港町で，外国人居留地や中華街，そして赤レンガ倉庫など，開港期の雰囲気が今なお残っています。	Héngbīn shì yí zuò guójì gǎngkǒu chéngshì, zhèli yǒu zūjiè, tángrénjiē 横滨是一座国际港口城市，这里有租界，唐人街 háiyǒu hóngzhuān cāngkù děng, zhìjīn hái bǎoliúzhe dāngnián de fēnwéi. 还有红砖仓库等，至今还保留着当年的氛围。
ここ関帝廟は華僑たちの心の故郷です。	Zhèli de Guāndìmiào shì huáqiáomen de jīngshén gùxiāng. 这里的关帝庙是华侨们的精神故乡。
1923年に関東大震災が横浜を襲い，震源地に近かった中華街も華僑の1/3が亡くなり，関帝廟も焼けたのです。	Yījiǔèrsān nián Guāndōng dà dìzhèn xíjīle Hèngbīn, lí zhènyuán bǐjiào jìn 一九二三年关东大地震袭击了横滨，离震源比较近 de tángrénjiē yě yǒu sān fēn zhī yī de huáqiáo búxìng yùnàn, Guāndìmiào 的唐人街也有三分之一的华侨不幸遇难，关帝庙 yě bèi shāohuǐ le. 也被烧毁了。
あの暖簾がめくられているのは「準備中」を意味するのです。	Nèige juǎnqǐ de bùlián shì biǎoshì "zhèngzài xiūxí" de yìsi. 那个卷起的布帘是表示"正在休息"的意思。
ちなみに中国語では花が咲き乱れる「花園」，池の周りに樹木が生い茂る「園林」，建物に隣接した「院子」などを別の用語で表現しますが，日本では全て「庭」の一語です。	Shùnbiàn yào shuō de shì hànyǔ zhōng bǎihuā liáoluàn de jiào "huāyuán", chítáng 顺便要说的是汉语中百花缭乱的叫"花园"，池塘 zhōuwéi shùmù cóngshēng de jiào "yuánlín", xiānglín jiànzhù de jiào "yuànzi" 周围树木丛生的叫"园林"，相邻建筑的叫"院子" děng gè yǒu bùtóng de biǎodá cíhuì, dàn zài Rìběn zhǐyǒu "tíng" zhè yí ge cíhuì. 等各有不同的表达词汇，但在日本只有"庭"这一个词汇。

「横浜・横須賀」案内の必須表現リスト

本章のダイアローグやQ&A,「横浜・横須賀をガイドするための必須例文をマスター！」で使用した「横浜・横須賀」を案内するための最重要表現やその他の関連表現をまとめました。これらを駆使して, 横浜・横須賀についてうまく発信できるように復習しましょう！

▶黒船

□ ペリー提督 .... 海军将领佩里 hǎijūn jiànglǐng Pèilǐ

□ 来航 .... 来访 láifǎng

□ 黒船 .... 军舰 jūnjiàn

□ 黒船来航 .... 美国军舰来访 Měiguó jūnjiàn láifǎng

▶寿司ネタ

□ 〔寿司〕ネタ .... 海鲜材料 hǎixiān cáiliào

□ 時価 .... 时价 shíjià

□ 車エビ .... 对虾 duìxiā

□ スズキ .... 鲈鱼 lúyú

□ アナゴ .... 星鳗 xīngmán

□ まぐろのトロ .... 金枪鱼脂肪多最味美的部分 jīnqiāngyú zhīfáng zuì wèiměi de bùfen

□ ヒラメ .... 比目鱼 bǐmùyú

□ イカ .... 墨鱼 mòyú

□ 鉄火巻き .... 金枪鱼紫菜寿司卷 jīnqiāngyú zǐcài shòusījuǎn

□ かっぱ巻き .... 黄瓜紫菜寿司卷 huánggua zǐcài shòusījuǎn

□ 歯ごたえのあるアワビ .... 有嚼头的鲍鱼 yǒu yǒujiáotou de bàoyú

□ やみつきになるウニやイクラ ..... 让人上瘾的海胆和三文鱼籽 ràng rén shàngyǐn de hǎidǎn hé sānwén yúzǐ

□ 生臭い .... 腥味 xīngwèi

□ マグロのせり .... 金枪鱼拍卖 jīnqiāngyú pāimài

▶中華料理

□ 中華街	唐人街	tángrénjiē
□ セット，定食	套餐	tàocān
□ デザート	甜点	tiándiǎn
□ 本場	正宗	zhèngzōng
□ 広東料理	粤菜	Yuècài
□ 料理人	厨师	chúshī
□ やはり本物に限る	假的真不了，真的假不了	jiǎ de zhēn bù liǎo, zhēn de jiǎ bù liǎo
□ 暖簾がめくられる	卷起的布帘	juǎnqǐ de bùlián
□ 休憩中	正在休息	zhèngzài xiūxi

▶庭園

□ 池泉回遊式庭園	池泉环游式庭院	chíquán huányóushì tíngyuàn
□ 歩むほどに景色が変わる	一步一景	yī bù yī jǐng
□ 枯山水	枯山水	kūshānshuǐ
□ 露地	露地	lùdì
□ 池	池塘	chítáng
□ 東屋	亭子	tíngzi
□ 花が咲き乱れる	百花缭乱	bǎihuā liáoluàn
□ 庭：花中心	花园	huāyuán
□ 庭：樹木中心	园林	yuánlín
□ 庭：建物に隣接する小規模なもの	院子	yuànzi
□ 贅を尽くす	极尽奢华	jíjìn shēhuá
□ 陽の美	阳刚之美	yánggāng zhī měi
□ 陰の美	阴柔之丽	yīnróu zhī lì
□ 陰陽の調和	阴阳和谐	yīnyáng héxié
□ 刻一刻と景色が変わる	景随时迁	jǐng suí shí qiān
□ はかない人生や世の中	人生或人世之无常	rénshēng huò rénshì zhī wúcháng
□ わび	闲寂	xiánjì
□ 三次元	立体	lìtǐ

横浜〜庭で試されるガイドの力量

　通訳ガイド1年生のころ，ベテランガイドから「三溪園（さんけいえん）がガイドできたら一人前だ」と言われました。その後なぜか三溪園をガイドする機会に恵まれなかったのですが，10年目にようやく三溪園を案内してみて納得。三溪園をはじめとする日本庭園の多くは日本文化を凝縮したものだったのです。

　池泉回遊式庭園（ちせんかいゆうしき）という庭そのもののほかに，ここでは三重塔（さんじゅうのとう）に見られる仏教文化について語り，移築された合掌造りで日本の民家を語り，美術館では水墨画や書道について語り，茶室では茶道のお点前（てまえ）の通訳までし，偶然見かけた新郎新婦の写真撮影を前に日本人の宗教観や結婚事情について語り，そして数寄屋造り（すきや）に見られるわびさびの美意識についても語り，とにかくありとあらゆる日本文化がここに凝縮されているのです。その時，ようやくあのベテランガイドの言ったことを実感するとともに，自分も一人前になったのかと自問自答したものです。通訳ガイドとして一人前かどうか試すならば，三溪園のような庭が最適です。

「箱根・小田原」を案内しよう！

東京の奥座敷・箱根は，富士山の映える芦ノ湖や大地の力強さを感じさせる大涌谷（おおわくだに）などとともに，湯けむりたなびく関東最大の温泉郷です。そして関東で最も城下町らしい町といえば，堀に石垣，白亜の天守がそびえる小田原です。これらの湯の町と城下町を案内しましょう！

場面 1　箱根登山鉄道と「温泉注意事項」
場面 2　芦ノ湖と「霊峰富士」
場面 3　箱根関所と「参勤交代」
場面 4　小田原城と「日本の城郭」
場面 5　小田原城と「戦国時代」

Cóng Xiānggēn dēngshān tiědào zheli wàngqù de jǐngsè zhēn měi.

观光客：从箱根登山铁道这里望去的景色真美。

Shìde. Xiānggēn wēnquán xiāng cháng bèi chēng zuò shì "Dōngjīng de lùzhōu". Jùshuō wēnquán de shùliàng

ガイド：是的。箱根温泉乡常被称作是"东京的**绿洲**"。据说温泉的数量

hé huǒshān de shùliàng shì chéng zhèngbǐ de, kàojìn Fùshìshān de xiānggēn yǒu èrshíjǐ chù wēnquán ne.

和火山的数量是**成正比**的，靠近富士山的箱根有二十几处温泉呢。

Xiānggēn Xiǎoyǒngyuán wēnquán shuǐliáo dùjiàcūn yě shì qízhōng zhīyī ma?

观光客：**箱根小涌园温泉水疗渡假村**也是其中之一吗？

Bù, nàli shì yí ge dúlì de wēnquán zhǔtí gōngyuán, yǒu hóngjiǔ wēnquán hé qīngjiǔ wēnquán、

ガイド：不，那里是一个独立的温泉主题公园，有红酒温泉和清酒温泉、

lǜchá wēnquán、dòngkū wēnquán děng xǔduō dútè wēnquán, dàn jīntiān wǒmen yào qù de shì Qiángluó wēnquán.

绿茶温泉、洞窟温泉等许多独特温泉，但今天我们要去的是强罗温泉。

Tuījiàn Qiángluó wēnquán de lǐyóu shì shénme ne?

观光客：推荐强罗温泉的理由是什么呢？

Yīnwèi kěyǐ shǐyòng wēnquán tōngpiào qù tǐyàn wēnquán xúnyóu.

ガイド：因为可以使用**温泉通票**去体验**温泉巡游**。

Tài hǎo le. Nà quánshuǐ de chéngfèn shì shénme ne?

观光客：太好了。那泉水的成分是什么呢？

Zhǔyào shì jiǎnxìng wēnquán hé liúhuáng wēnquán.

ガイド：主要是**碱性**温泉和**硫磺**温泉。

Yuánlái shì zhèyàng a. Wǒ dìyīcì pào wēnquán, yǒu shénme yào zūnshǒu de xǐyù guīju ma?

观光客：原来是这样啊。我第一次泡温泉，有什么要遵守的洗浴规矩吗？

Yǒu. Nà, wǒ lái gàosu nǐ "wēnquán sān dà zhùyì shìxiàng" ba.

ガイド：有。那，我来告诉你"温泉三大注意事项"吧。

Hǎode.

观光客：好的。

Shǒuxiān yào yìsī-bùguàde jìnqu. Dì'èr ge shì jìnrù wēnquán chí qián yào qīngxǐ shēntǐ. Dìsān ge shì

ガイド：首先要**一丝不挂地**进去。第二个是进入温泉池前要清洗身体。第三个是

bùkě jiāng máojīn hé tóufa děng pàojìn yùchí zhōng. Dàgài jiùshì zhèxiē le.

不可将毛巾和头发等泡进浴池中。大概就是这些了。

Hěn jiǎndān ma, zǒngzhī yùchí jiù zhǐnéng shì yònglái pàozǎo de.

观光客：很简单嘛，总之浴池就只能是用来泡澡的。

Shìde. Qítā de xué zhōuwéi de Rìběnrén jiù kěyǐ. Zhòngyào de shì zài shìwài lùtiān wēnquán mànman

ガイド：是的。其他的学周围的日本人就可以。重要的是在**室外露天**温泉慢慢

de fàngsōng shēnxīn. Mǎshàng jiùshì Qiángluó chēzhàn le.

地**放松身心**。马上就是强罗车站了。

À, hǎo qīdài a!

观光客：啊，好期待啊！

□ 緑洲（オアシス→奥座敷）　　□ 成正比（正比例する）　　□ 箱根小涌園温泉水疗渡假村（箱根小涌園ユネッサン）　　□ 温泉通票（温泉手形）　　□ 温泉巡游（外湯めぐり）
□ 碱性（アルカリ性）　　□ 硫磺（硫黄）　　□ 一丝不挂（《成》一糸もまとわない，真っ裸である）　　□ 室外露天（露天）　　□ 放松身心（心身を癒やす）

【日本語訳】

観光客：この箱根登山鉄道からの眺めは美しいですね。

ガイド：ええ。箱根温泉郷は「東京の奥座敷」とよく呼ばれています。温泉の数は火山の数に正比例するそうで，富士山に近い箱根は二十か所も温泉があるそうです。

観光客：箱根小涌園ユネッサンもそのうちの一つですか？

ガイド：いえ，そこは独立した温泉テーマパークで，赤ワイン風呂や酒風呂，緑茶風呂，洞窟風呂など，ユニークな温泉がたくさんありますが，今日行くのは強羅温泉です。

観光客：強羅温泉を勧める理由は何ですか？

ガイド：温泉手形で外湯めぐりが楽しめるからです。

観光客：いいですね。泉質は？

ガイド：主にアルカリ泉と硫黄泉です。

観光客：そうなんですか。温泉は初めてなんですが，入浴のルールでもあるのですか。

ガイド：あります。「温泉三大注意事項」をレクチャーしましょう。

観光客：ええ。

ガイド：まず裸で入ること。二つ目は湯船に入る前に体を洗うこと。三つ目はタオルや髪の毛などを湯船につけないこと。こんなとこでしょうか。

観光客：簡単ですね。要するに，湯船はただ浸かるだけなんですね。

ガイド：そうです。あとは周囲の日本人の真似をすればいいんです。でも大切なのは露天風呂でゆっくり癒されることでしょう。もうすぐ強羅駅ですよ。

観光客：ああ，楽しみだわ！

【コラム】　入浴時の注意事項

ここでは入浴時の注意事項を，裸で入る，身体を洗って入る，髪の毛やタオルはつけない，という三つ挙げています。実はこれ以外にも，体を洗う際に立ってシャワーをするため，周りに湯がかかるとか，湯船で飲酒をする人がいるとか聞きます。ただ細かいことを言いすぎると楽しくなくなるので三つだけにして，「後は周りの模倣をする」，としておきます。

【観光編】...... 芦ノ湖と「霊峰富士」
富士は日本一の山

観光客： Cóng Lúzhīhú wàngqù de Fùshìshān shì zuì bàng de. Zhēn kěwèi shì "shān qīng shuǐ xiù".
从芦之湖望去的富士山是最棒的。真可谓是"**山清水秀**"。

ガイド： Zhēnshi zhèyàng! Lúzhīhú shì zǎoxiān de pēnhuǒkǒu hòulái jīshuǐ érchéng de huǒshānkǒu hú.
真是这样！芦之湖是早先的喷火口后来积水而成的**火山口湖**。

観光客： Wèn yíxià, "Fùshìshān" yì cí chūzì nǎli?
问一下，"富士山"一词出自哪里？

ガイド： Zài Rìyǔli "Fùshì" xiéyīn "bú èr", bèi rènwéi shì yǒu wú yǔ lúnbǐ de língfēng zhī yì,
在日语里"富士"谐音"不二"，被认为是有**无与伦比**的灵峰之意，
zài Āyīnǔyǔli yòu biǎoshì "huǒ" de yìsi.
在**阿伊努语里**又表示"火"的意思。

観光客： Zhè shì yí zuò bùzhǐ fēngguāng míngmèi, hái gǎnjué zhuāngyán wúbǐ de shān a.
这是一座不只**风光明媚**，还感觉庄严无比的山啊。

ガイド： Yīncǐ Fùshìshān cái huì chéngwéi gè zhǒng shīgē、huìhuà děng yìshù de zhǔtí.
因此富士山才会成为各种诗歌、绘画等艺术的主题。

観光客： Zhōngguó yě yǒu xǔduō xiàng Tàishān hé Éméishān、Huángshān děng chéngwéi yìshù zhǔtí huòshì
中国也有许多像**泰山**和**峨眉山**、**黄山**等成为艺术主题或是
xìnyǎng duìxiàng de shān, dàn jiù shānzī běnshēn de měi éryán Fùshìshān kěwèi shì xiùjiǎ tiānxià.
信仰对象的山，但就**山姿本身的美**而言富士山可谓是**秀甲天下**。

観光客： Fùshìshān kěyǐ pāndēng ma?
富士山可以攀登吗？

ガイド： Kěyǐ de. Qī、bā yuè qù bànshānyāo de huà dēngshānkè kěshì huì duō dào cùnbù nán yí. Suīrán
可以的。七、八月去半山腰的话登山客可是会多到**寸步难移**。虽然
hǎibá sānqiānqībǎiqīshíliù mǐ, gēn Lāsà chàbuduō, dàn zhèng suǒwèi shì "bù dēng Fùshì fēi hǎohàn",
海拔三千七百七十六米，跟拉萨差不多，但正所谓是"**不登富士非好汉**"，
háishi jiànyì qù yí cì de.
还是建议去一次的。

観光客： Hǎode. Xiàcì yídìng. Dàn yàoshi hǎibá gēn Lāsà chàbuduō dehuà, yǒuxiē dānxīn gāoshān fǎnyìng ...
好的。下次一定。但要是海拔**跟拉萨差不多**的话，有些担心**高山反应**…。

ガイド： Rúguǒ shēntǐ búshì jiùyào dàliàng hē shuǐ. Xiūxi zhīhòu xià shān, bùkě miǎnqiǎng. Shēntǐ kěshì
如果身体不适就要大量喝水。休息之后下山，不可勉强。**身体可是**
gémìng de běnqián.
革命的本钱。

観光客： Shuō de yě shì. Cóng Dàyǒnggǔ de lǎnchēshang kàndàole hěnduō de pēnyān, Fùshìshān shì
说的也是。从大涌谷的**缆车**上看到了很多的喷烟，富士山是
huó huǒshān ma?
活火山吗？

ガイド： Shìde. Hěnduō rén dōu rènwéi Fùshìshān kǒngpà zài bùjiǔ de jiānglái huì pēnfā.
是的。很多人都认为富士山恐怕在不久的将来会喷发。

□ 山清水秀《成》山紫水明，山は緑に水は清い）　　□ 火山口湖（カルデラ湖）
□ 无与伦比（比類なき）　□ 阿伊努语（アイヌ語）　　□ 风光明媚（風光明媚）
□ 泰山／峨眉山／黄山（泰山：山東省／峨眉山：四川省／黄山：安徽省，いずれも中国の霊山）
□ 山姿本身的美（山そのものの美しさ）　　□ 秀甲天下（〜が天下一）　　□ 寸步难移《成》
動きがとれない，一歩も動けない）　　□ 不登富士山非好汉（一度は登るべきだ：不到长
城非好汉《諺》万里の長城に行かなければ男じゃない」のもじり）　　□ 跟拉萨差不多（ラ
サ並みである）　　□ 高山反应（高山病）　　□ 身体可是革命的本钱（体は革命の資本→体
があってこそだ）　　□ 缆车（ロープウェイ）

【日本語訳】

観光客：この芦ノ湖から見る富士山は最高ですね。これこそ「山紫水明」だ。

ガイド：本当にそうですね！　芦ノ湖は，昔は噴火口だったのですが，そこに水がたまってカルデラ湖になったんです。

観光客：ちなみに，「富士山」の語源は何ですか？

ガイド：日本語で「富士」の音は「不二」に通じ，つまり比類なき霊峰という意味ともいわれていますし，アイヌ語で「火」を表すともいわれています。

観光客：風光明媚なだけではなく，この上なく荘厳な山なんですね。

ガイド：だから富士山は，詩歌や絵画等，芸術のテーマとなってきたのです。

観光客：中国にも泰山や峨眉山，黄山など，芸術のテーマや信仰の対象になってきた山は数多くありますが，山そのものの美しさはやはり富士山が天下一ですね。登ることもできるんでしょう？

ガイド：はい。7，8月に五合目まで行けば登山客で前に進めないほど混雑していますよ。標高はラサ並みの3,776m ありますが，一度は登るべきでしょうね。

観光客：ええ。次回はぜひ。でも標高がラサ並みなら，高山病が心配で……。

ガイド：体調が悪くなったら水を大量に飲み，休んでから，無理せず下山するしかないですね。体があってこそですから。

観光客：ですよね。ところで大涌谷のロープウェイからたくさんの噴煙が立ち上っているのを見ましたが，富士山は活火山ですか？

ガイド：はい。多くの人は近い将来に噴火するかもしれないと思っています。

【コラム】　中国の霊峰と富士山

世界文化遺産の富士山が日本で霊峰として知られているように，中国にも泰山や峨眉山，黄山など，道教や仏教の聖地があります。これらはみな自然の風景にも優れ，さらに文化的意味も大きい複合遺産に登録されています。これらの山々が漢詩や水墨画，道教など，中華文明に与えた影響が，富士山の日本文化に与えた影響に匹敵することが理解されれば幸いです。

【観光編】…… 箱根関所と「参勤交代」
「入り鉄砲に出女」とは？

 File# 45

観光客：Xiānggēn de guānqiǎ shì zuò shénme yòng de ne?
箱根的**关卡**是做什么用的呢？

ガイド：Guānqiǎ xiāngdāng yú xiànzài de biānjìng jiǎnchá zhàn. Yīnwèi Jiānghù shídài bú shì zhōngyāng jíquán érshì dìfāng
关卡相当于现在的**边境检查站**。因为江户时代不是中央集权而是地方
fēnquánzhì, suǒyǐ yào duì chūrù Jiānghù de xíngrén zuò chèdǐde pánchá.
分权制，所以要对出入江户的行人**做彻底地盘查**。

观光客：Yǒudiǎn xiàng Zhōngguórén qù Xiānggǎng hé Àomén shí yào dài tōngxíngzhèng de gǎnjué. Dàn wèi shénme
有点像中国人去香港和澳门时要带通行证的感觉。但为什么
yào pánchá tāmen ne?
要盘查他们呢？

ガイド：Shǒuxiān, dāngshí shì zài jiāngjūn de guǎnzhì xià, yóu gèdì zhūhóu tǒngzhì dāngdì de bǎixìng.
首先，当时是在将军的管治下，由各地**诸侯**统治当地的百姓。

观光客：Yě jiùshì jiànjiē tǒngzhì la.
也就是间接统治啦。

ガイド：Shìde. Yīncǐ suǒyǒu zhūhóu dōu yǒu yìwù zài Jiānghù shèzhì míng wéi "fāndǐ" de shǐguǎn, zhūhóu
是的。因此所有诸侯都有义务在江户设置名为"藩邸"的使馆，诸侯
běnrén yào měigé yì nián lái Jiānghù zhù. Qí qīzǐ zé zuòwéi rénzhì bìxū yìzhí zhùzài Jiānghù.
本人要每隔一年来江户住。其妻子则作为人质必须一直住在江户。

观光客：Yě jiùshì shuō zhūhóu yào měigé yì nián jiùyào wǎngfǎn yú Jiānghù hé lǐngdì zhījiān yí cì.
也就是说诸侯要每隔一年就要往返于江户和领地之间一次。

ガイド：Shìde. Zhèige zhìdù jiàozuò "cānqín jiāodài". Suǒyǐ zài zhūhóumen tōngguò guānqiǎ jìnrù
是的。这个制度叫做"参勤交代"。所以在诸侯们通过关卡进入
Jiānghù shí yào yángé chákàn tāmen shìfǒu xiédàile yòngyú zàofǎn de qiāngzhī dànyào.
江户时幕府要严格查看他们是否携带了用于造反的**枪支弹药**。

观光客：Yuánlái rúcǐ. Cānqín jiāodài jiùshì yǐ zhūhóu huì bèipàn wéi qiántí de zhìdù ya. Wánquán shì ànzhe
原来如此。参勤交代就是以诸侯会**背叛**为前提的制度呀。完全是按着
"rén zhī chū, xìng běn è" de xìng'èlùn lái de.
"人之初，性本恶"的性恶论来的。

ガイド：Shì zhèyàng de. Cǐwài mùfǔ hái dānxīn yīn bèi liúzuò rénzhì de qīzǐ tōutōu de táoyuè guānqiǎ hòu ér
是这样的。此外幕府还担心因被留作人质的妻子偷偷地逃越关卡后而
fāshēng pànluàn, suǒyǐ nǚxìng yě shì pánchá de duìxiàng.
发生**叛乱**，所以女性也是盘查的对象。

观光客：Shuō hǎotīng yìxiē jiùshì "yǒu bèi wú huàn".
说好听一些就是**"有备无患"**。

ガイド：Shìde. Ā, kànjiàn Fùshìshān le! Zhè kěshì pāizhào liúniàn de hǎo jīhuì ya!
是的。啊，看见富士山了！ 这可是**拍照留念的好机会**呀！

□ **关卡**（関所）	□ **边境检查站**（出入国管理局）	□ **做彻底地盘查**（徹底的に取り調べる）

□ **诸侯**（藩主）　　□ **枪支弹药**（銃器と弾薬）　　□ **背叛**（裏切り）　　□ **人之初.性本恶**（人
の性は悪なり）　　　□ **性恶论**（性悪説）　　□ **叛乱**（反乱）　　□ **有备无患**（《成》備えあれ
ば憂いなし）　　　□ **拍照留念的好机会**（シャッターチャンス）

【日本語訳】

観光客：この箱根の関所は，何をするところだったのですか？

ガイド：ここは出入国管理事務所でした。江戸時代は中
　　　　央集権ではなく，地方分権の時代でした。だから，
　　　　江戸に出入りする通行人を徹底的に取り調べた
　　　　のです。

観光客：なんか中国人が香港やマカオに行くときに通行証を持っていくみたいですね。
　　　　ところで，どうして彼らを調べたのですか？

ガイド：まず，当時は将軍の支配の下で，各藩主は領民を統治していました。

観光客：つまり，間接統治ですね。

ガイド：ええ。そして各藩は江戸に「藩邸」という大使館を置くことを義務づけられ，
　　　　藩主は1年おきに江戸に滞在しなければならなかったのです。その妻は，人質
　　　　として江戸にずっと留まることを強いられました。

観光客：つまり，大名は隔年で江戸と領地を往復していたんですね。

ガイド：ええ。この制度を「参勤交代」といいます。そして藩主たちが関所を通って江
　　　　戸に入ろうとするとき，反乱を起こすための鉄砲と弾薬を持ち込んでいないか，
　　　　幕府は厳しく取り調べたのです。

観光客：なるほど。参勤交代とは諸藩の裏切りを前提とした制度ですね。「人の性は悪
　　　　なり」という性悪説そのままですね。

ガイド：そうですね。さらに，幕府の人質に取られた藩主の妻が関所を密かに逃れたあ
　　　　とに反乱を起こされる恐れがあったため，女性を調べたのです。

観光客：よく言えば「備えあれば憂いなし」ですか。

ガイド：そうです。あ，富士山が見えた！　シャッターチャンスですよ！

【コラム】　「藩意識」と「香港・マカオ」

ここでは幕藩体制を，中国共産党の管理下にある香港やマカオと対比しています。
彼らは独自の旅券や通貨を持つように，江戸時代には「通行手形」という旅券や「藩札」
という独自通貨がありました。さらに中国人である前に香港人，マカオ人と認識す
るように，江戸時代の藩士のアイデンティティも日本人である前に会津藩士，薩摩
藩士等だったのです。

Wēnquán yǒu nǎxiē xǐyù fāngshì ne?

Rank 1

温泉有哪些洗浴方式呢？

（温泉にはどんな入浴方法がありますか）

Wēnquán yǒu hěnduō xǐyù fāngfǎ. Shǒuxiān shì jiāng quánshēn fàngsōng pàozài yùchí zhong de "quánshēnyù".

温泉有很多**洗浴**方法。首先是将全身放松泡在**浴池**中的"全身浴"。

Jiāng tuǐ hé yāo pàozài yùchí zhong de "bànshēnyù". Bú pàozài yùchí li, jiēshòu yóu shàng ér xià pùbù bān rèshuǐ chōngjī

将腿和腰泡在浴池中的"半身浴"。不泡在浴池里，**接受由上而下瀑布般热水冲击**

de "pùbù xǐzǎo".　　　Bù tuō yīfu hé qīnpéng hǎoyǒu zuòxialai yìbiān tánxiào yìbiān jǐnshì tàngjiǎo de "zúyù" děngděng.

的"瀑布洗澡"。不脱衣服和亲朋好友坐下来一边谈笑一边仅是烫脚的"**足浴**"等等。

（温泉にはさまざまな入浴法があります。まず，全身をゆったりと湯船につける
「全身浴」。足腰のみを湯船につける「半身浴」。湯船につからず，上から滝のよ
うに落ちてくるお湯に打たれる「打たせ湯」。そして，服は着たまま仲間と腰掛
けて談笑しながら足のみを温める「足湯」などです。）

表現力 UP!

□ 洗浴（入浴）　　□ 浴池（湯船）　　□ 接受由上而下瀑布般热水冲击（滝のように落ちてく
るお湯に打たれる）　　□ 足浴（足湯）

Páijù hé duǎngē de qūbié zài nǎlǐ?

Rank 2

俳句和短歌的区别在哪里？

（俳句と短歌の違いは何ですか）

Zhōngguó gǔshī de "wǔyán juéjù" hé "qīyán lǜshī" jīběnshang shì wǔ yīnjié hé qī yīnjié de yùnlǜ,　　　dàn zài Rìběn

中国**古诗**的"五言绝句"和"七言律诗"基本上是五音节和七音节的**韵律**，但在日本

huì jiāotìde shǐyòng liǎngzhě. Lìrú páijù shì yùnhán biǎoxiàn jìjié cíyǔ de wǔ-qī-wǔ yīnjié de shīgē.　　　Duǎngē

会交替地使用两者。例如俳句是蕴含**表现季节词语**的五 - 七 - 五音节的诗歌。短歌

zéshì wǔ-qī-wǔ-qī-qī yīnjié de shīgē.　　　Yǔ tángshī suǒ bùtóng de shì liǎngzhě dōu kěyǐ bú yòng yāyùn, bìngqiě

则是五 - 七 - 五 - 七 - 七音节的诗歌。与唐诗所不同的是两者都可以不用**押韵**，并且

kěyǐ shǐyòng báihuàwén lái xiězuò.

可以使用**白话文**来写作。

（中国の漢詩は「五言絶句」や「七言律詩」などのように5音節や7音節の音律が基本ですが，日本ではそれらを交互に使うのが基本です。例えば，俳句は5・7・5の音節の詩歌で，季語を含みます。一方，短歌は5・7・5・7・7の音節の詩歌です。いずれも漢詩と異なり，韻を踏む必要もなく，現代語でも作れます。）

表現力 UP!

□ 古诗（漢詩）　　□ 韵律（音律）　　□ 表现季节的词语（季語）
□ 押韵（韻を踏む）　　□ 白话文（現代語）

訪日客に必ず聞かれる Question ベスト5はこれだ！

Rank 3　Guāndōng dìqū dōu yǒu nǎxiē guójiā gōngyuán?
关东地区都有哪些国家公园？
（関東地方にはどのような国立公園がありますか）

Rìběn guāndōng dìqū yígòng yǒu wǔ ge guójiā gōngyuán. Shǒuxiān shì dìchǔ shānshuǐ fùdì de xiānjìng—Rìguāng guólì gōngyuán.
日本关东地区一共有五个国家公园。首先是地处**山水腹地**的**仙境**——日光国立公园。
Qícìshì měishān yìng hú de Fùshìxiānggēnyīdòu guólì gōngyuán.　　　Cóngshān xīliú fēngguāng liànglì de shìwài táoyuán—
其次是美山**映湖**的富士箱根伊豆国立公园。丛山**溪流**风光靓丽的**世外桃源**——
Zhìfùduōmójiǎféi guólì gōngyuán. Yǐ shēngzhǎng zài shīdì de gāoshān zhíwù ér wénmíng de Wěilài guólì gōngyuán. Zuìhòu shì
秩父多摩甲斐国立公园。以生长在湿地的高山植物而闻名的尾濑国立公园。最后是
wèiyú Dōngjīng yǐ nán yìqiān gōnglǐ de yàrèdài qúndǎo—Xiǎolìyuán guólì gōngyuán.
位于东京以南一千公里的亚热带群岛——小笠原国立公园。
（関東地方には5つの国立公園があります。まず山水の奥地の仙境，日光国立公園。次に湖に映る山が美しい富士箱根伊豆国立公園。山々と清流が美しい桃源郷，秩父多摩甲斐国立公園。湿原に生息する高山植物で有名な尾瀬国立公園。そして東京の南1,000キロメートルに位置する亜熱帯の島，小笠原国立公園です。）

表現力 UP!

□ 山水腹地（山水の奥地）　　□ 仙境（仙境）　　□ 映湖（湖に映る）
□ 溪流（清流）　　□ 世外桃源（桃源郷）

空にそびえている白亜の天守は市民の誇り

観光客：Nèige qiángshang de yuánxíng hé sānjiǎoxíng de māoyǎn shì gàn shénme yòng de?
那个墙上的圆形和三角形的**猫眼**是干什么用的？

ガイド：Nèige shì wèile fángzhǐ wàidí rùqīn ér yònglái shèjiàn yìjí shèjī yòng de māoyǎn.　　　Nàli háiyǒu
那个是为了防止外敌入侵而用来**射箭以及射击用的猫眼**。那里还有
kěyǐ xiàng dírén rēng shítou de zhuāngzhì.
可以向敌人扔石头的装置。

观光客：Yuánlái rúcǐ. Bìngfēi huá ér bù shí, hái zài bú bèi gōngxiànshang huāle xīnsī. Dǐngshang nèige gāogāo
原来如此。并非**华而不实**，还在不被**攻陷**上花了心思。顶上那个高高
de jiànzhù yě shì pàolóu ma?
的建筑也是炮楼吗？

ガイド：Bú shì. Chéngbǎo zhōngxīn zuìgāochù de jiànzhù jiàozuò "tiānshǒugé".
不是。城堡中心最高处的建筑叫做"天守阁"。

观光客：Shì héshí jiànchéng de ne?
是何时建成的呢？

ガイド：Xiànzài suǒ kàndào de shì yījiǔliùlíng nián yòng gāngjīn hùnníngtǔ chóngjiàn de.
现在所看到的是一九六〇年用钢筋混凝土重建的。
Shìshíshang chéngnèi méiyou dāngnián de jiànzhùwù.
事实上城内没有当年的建筑物。

观光客：Cóng bǎohù wénwù de guāndiǎn lái kàn, hùnníngtǔ jiànzhù méiyou wèntí ma?
从保护文物的观点来看，混凝土建筑没有问题吗？

ガイド：Méiyou , zài yījiǔsìwǔ nián Rìběn tóuxiáng nàtiān Xiǎotiányuán shì zāoshòu Měijūn de kōngxí chéngwéile
没有，在一九四五年**日本投降那天**小田原市遭受美军的空袭成为了
yípiàn fèixū. Qíhòu shìmínmen xiǎng bǎ búhuì zháohuǒ de hùnníngtǔ tiānshǒu dāngzuò shì chóngjiàn
一片**废墟**。其后市民们想把不会着火的混凝土天守当做是**重建**
jiāyuán yǔ hépíng de biāozhìxìng jiànzhù.
家园与和平的**标志性建筑**。

□ 猫眼（のぞき穴）　　□ 射箭以及射击用的猫眼（矢狭間や鉄砲狭間）
□ 华而不实（《成》外見はよいが中身がない，見かけ倒しである）
□ 攻陷（落城）　　□ 日本投降那天（終戦の日）　　□ 废墟（廃墟）
□ 重建家园（地域の復興）　　□ 标志性建筑（シンボル的建築）

【日本語訳】

観光客：あの壁にある丸や三角ののぞき穴は何ですか？

ガイド：敵の侵入を防ぐための矢狭間（やざま）や鉄砲狭間です。そこには敵に向かって石を落とすことができる装置もあります。

観光客：なるほど，ただ美しいだけ実用性がないわけではなく，落城しないよう工夫がされているんですね。あの頂上にある高い建物も櫓ですか？

ガイド：いえ，本丸の最も高いところにある建物は「天守閣」と呼びます。

観光客：いつ建てられたのですか？

ガイド：現在見られるものは 1960 年に鉄筋コンクリートで再建されたものです。実は城内には昔の建物は現存していないんです。

観光客：文化財保護上，コンクリート建築は問題にならなかったのですか？

ガイド：ええ，1945 年の終戦の日に小田原市は米軍の空襲で廃墟になったのです。その後，市民たちは二度と燃えないコンクリート天守を，地域の復興と平和のシンボル的建築にしようと考えたのです。

【コラム】　日本の城郭と中国の城郭の違い

日本人はいたるところに天守や石垣，堀のある城があるくらい「城郭大国」です。一方，中国にも城はあるのですが，それは石垣に近いものなら万里の長城，堀があるなら故宮など，本質的に異なるものです。また，「城」という漢字が意味するものは，例えば，山西省の"平遥 Píngyáo"など，城内に住宅がある城郭都市で，日本の城下町のように城外に住宅があるのではありません。

ガイド：
Xiǎotiányuán shì Běitiáo jiāzú zài shíliù shìjì jiànzào de Rìběn zuì dà de yàosài dūshì, shíjìshang yě shì
小田原是北条家族在十六世纪建造的日本最大的**要塞都市**，实际上也是
Guāndōng dìqū de shǒufǔ.
关东地区的首府。

观光客：
Shì ma?
是吗？

ガイド：
Duì, zhànguó shídài shì yí ge búshì nǐ sǐ jiùshì wǒ wáng de yǐ xià kè shàng de shídài.　　　Zuìhòu de
对，战国时代是一个**不是你死就是我亡**的**以下克上**的时代。最后的
jiéguǒ shì Fēngchén Xiùjí tǒngyīle quán Rìběn. Tā suīrán shì nóngmín chūshēn, dànshì dédào jūnzhǔ shǎngshí
结果是丰臣秀吉统一了全日本。他虽然是农民出身，但是得到君主**赏识**
bìng yǒuxìng yùdàole yǒu cáigàn de jūnshī hé zhōngchén ...
并有幸遇到了有才干的军师和忠臣 ...

观光客：
Jiù hǎoxiàng shì Zhōngguó Hàncháo de Liúbāng.
就好像是中国汉朝的**刘邦**。

ガイド：
Shìde. Zài jiǎo tà shídì zhè yìdiǎnshang yě yǔ Liúbāng hěn xiàng. Fēngchén Xiùjí zài guónèi de zuìhòu yí zhàn
是的。在**脚踏实地**这一点上也与刘邦很像。丰臣秀吉在国内的最后一战
jiù fāshēng zài Xiǎotiányuánchéng zhèli.
就发生在小田原城这里。

观光客：
Běitiáo shì zěnyàng hé Xiùjí zuòzhàn de ne?
北条是怎样和秀吉作战的呢？

ガイド：
Yuē bā wàn rén de Běitiáo jūn zài Guāndōng gèdì gùshǒu chéngchí. Suīrán Xiǎotiányuánchéng hàochēng
约八万人的北条军在关东各地**固守城池**。虽然小田原城号称
láo bù kě pò,　　　dàn Xiùjí jíjiéle sān bèi bīnglì bìngqiě jiāngchíle bànnián zhī jiǔ,　　　zuìzhōng jiāng
牢不可破，但秀吉集结了三倍兵力并且僵持了半年之久，最终将
Xiǎotiányuánchéng gōngxià.
小田原城攻下。

观光客：
Zhēnshi sìmiàn chǔgē a.
真是**四面楚歌**啊。

ガイド：
Shìde. Zài bāowéi Xiǎotiányuánchéng shí, shēnchuān yànlì kuījiǎ de Xiùjí hái zài zhànchǎngshang
是的。在包围小田原城时，身穿艳丽盔甲的秀吉还在战场上
jǔxíngle Néngyuè biǎoyǎn hé cháhuì zuòwéi xiāoqiǎn.
举行了能乐表演和茶会做为**消遣**。

观光客：
Zhè yīnggāi shì ràng duìshǒu zuòlìbù'ān de gōngxīn jì ba.
这应该是让对手**坐立不安**的攻心计吧。

ガイド：
Díquè shì zhèyàng de. Zuìhòu Xiùjí hái tōutōu de zài duìmiàn de shānshang jiànle chéngbǎo, bìng
的确是这样的。最后秀吉还偷偷地在对面的山上建了城堡，并
zài wánchéng hòu jiāng suǒyǒu shùmù dōu kǎndǎo, Běitiáo wù rènwéi Xiùjí jùyǒu nénggòu yí yè jiànzào
在完成后将所有树木都**砍倒**，北条误认为秀吉具有能够一夜建造
chéngbǎo de shílì, yúshì jiù tóuxiáng le.
城堡的实力，于是就**投降**了。

観光客：**Ā, nèige jiùshì Běitiáo yīzú de wǔshì yóuxíng ba!** **Suīrán zhànbài dàn yǔ tiānxià bàzhǔ**
啊，那个就是北条一族的武士游行吧！ 虽然战败但**与天下霸主**
xiāngchí dào zuìhòu de Běitiáo shízhì jīnrì yǐjiù shì zhèlǐ de jiāo`ào.
相持到最后的北条时至今日依旧是这里的骄傲。

□ **要塞都市**（城郭都市）　　□ **不是你死就是我亡**（生きるか死ぬか）　　□ **以下克上**（下剋上）
□ **赏识**（人の才能を買う）　　□ **刘邦**（劉邦；前漢の初代皇帝〔前256年～前195年〕）
□ **脚踏实地**（地に足がつく）　　□ **固守城池**（籠城する）　　□ **牢不可破**（《成》難攻不落）
□ **四面楚歌**（四面楚歌）　　□ **举行能乐表演**（能の演舞を催す）　　□ **消遣**（退屈しのぎ，
暇つぶし）　　□ **坐立不安**（《成》居ても立ってもいられない，気が気でない）　　□ **砍倒**（切
り倒す）　　□ **投降**（降伏する）　　□ **与天下霸主相持**（天下人に対峙する）

【日本語訳】

ガイド：小田原は16世紀に北条一族が築いた日本最大の城郭都市で，事実上，関東地
方の都でした。

観光客：そうなんですか。

ガイド：はい，戦国時代は生きるか死ぬかという，下剋上の時代でしたが，結局，天下
を統一したのが豊臣秀吉です。彼は農民として生まれましたが，主君からは一
目置かれ，有能な軍師や忠臣にも恵まれて……

観光客：それって中国でいうと，漢の劉邦（りゅうほう）みたいですね。

ガイド：ええ。地に足がついた性格なども劉邦そっくりです。そして彼の国内最後の戦
いが，ここ小田原城で行われたのです。

観光客：北条氏と秀吉は，どのようにして戦ったのですか？

ガイド：約8万人の北条軍は関東各地で籠城しました。難攻不落の小田原城でしたが，
秀吉はその3倍の兵を集めて，半年間粘り，攻略しました。

観光客：まさに四面楚歌ですね。

ガイド：はい。小田原の町が包囲された際，派手な甲冑（かっちゅう）を身にまとった秀吉は，退屈し
のぎに戦場で能を催したり，茶の湯を楽しんだりしました。

観光客：それは相手をじらす，心理作戦でもありますね。

ガイド：そうなんです。最後に秀吉は向こうの山に
こっそり城を築いてから，木を全部切り倒
しました。秀吉には一夜城を築くほどの力
があると北条氏は判断を誤り，降伏しました。

観光客：あ，あれは北条一族の武者行列ですね！ 負
けたとはいえ，最後まで天下人に対峙した北
条氏は，今なおこの町の人の誇りなんですね。

ここでは秀吉を "刘邦 Liú Bāng" に例えています。貧しい農民の出で，学も専門分野もなくとも，部下を信じて仕事を任せ，成功して出世していく点は両者に共通します。一方，小田原以降の秀吉は急に "项羽 Xiàng Yǔ" 以上の独裁者となり，"项羽" ほどの悲劇的な死ではなくとも，息子秀頼は四面楚歌の大坂の陣で亡くなります。豊臣氏の命運は，前半 "刘邦"，後半 "项羽" というところでしょうか。

訪日客に必ず聞かれる Question ベスト 5 はこれだ！

Rank 4

Zhànguó shídài shì zěnyàng de yíge shídài?
战国时代是怎样的一个时代？

（戦国時代とはどんな時代ですか）

Yǔ gōngyuán qián Zhōngguó de zhànguó shídài yíyàng, shíwǔ shìjì de Rìběn zhōngyāng zhèngquán liliàng biàn ruò,
与公元前中国的**战国时代**一样，十五世纪的日本中央政权力量变弱，

cóng' ér yǎnbiàn chéng zhūhóu xiāngzhēng, yǐ xià kè shàng de shídài. Zhèngrú Zhōngguó hàncháo qǔdài céngjīng
从而演变成诸侯相争，以下克上的时代。正如中国汉朝取代曾经

yìtǒng tiānxià de qínguó bìng jiànlì chángqī zhèngquán yìbān, Rìběn yě shì zài shíliù shìjì hòubàn qī,
一统天下的秦国并建立长期政权一般，日本也是在十六世纪后半期，

Fēngchén Xiùjí tǒngyī quánguó zhīhòu, yóu Déchuān Jiākāng jiànlì Jiānghù mùfǔ cái wèi zhànguó shídài lāxià wéimù.
丰臣秀吉统一全国之后，由德川家康建立江户幕府才为战国时代**拉下帷幕**。

（中国の紀元前の戦国時代と同じく，15 世紀の日本は中央政権の権力が弱まり，諸大名が争う下剋上の時代になりました。中国では秦が統一した後，それを倒した漢が長期政権を打ち立てたように，日本でも 16 世紀後半に豊臣秀吉が全国を統一した後，徳川家康が江戸幕府を開き戦国時代は幕を閉じました。）

表現力 UP!

□ 公元前（紀元前）
□ 战国时代（〔中国の〕戦国時代〔BC475-BC221〕）
□ 拉下帷幕（幕を閉じる）

Rank 5

Rìběn dōu yǒu nǎxiē zhǒnglèi de chéngbǎo?
日本都有哪些种类的城堡？

（日本にはどんな種類の城がありますか）

Hànyǔzhong "chéngbǎo" shì zhǐ zài píngdì wā hùchénghé bìngqiě sìmiàn bèi chéngqiáng bāowéi de chéngshì. Dàn zài Rìběn
汉语中"城堡"是指在平地**挖护城河**并且四面被城墙包围的城市，但在日本

"chéngbǎo" jíshì yàosài yòushì xíngzhèng jīguān. Chéngbǎo zhǔyào fēnwéi yǐxià sān zhǒng. ①Zài zhànguó shí
"城堡"即是要塞又是行政机关。城堡主要分为以下三种。①在战国时

zuòwéi yàosài ér jiànzào de shānchéng. ②Yìtǒng tiānxià hòu wèile xuànyào quánlì ér zài jiāotōng biànlì de qiūlíngshang
做为要塞而建造的山城。②一统天下后为了**炫耀权力**而在**交通便利**的丘陵上

jiànzhù de píngshānchéng. ③Zài hépíng de Jiānghù shídài cóng zhèngzhìshang wèile néng gèng yǒuxiào de tǒngzhì lǐngdì ér
建筑的平山城。③在和平的江户时代从政治上为了能更有效的统治领地而

zài píngdì jiànzhù de píngchéng.
在平地建筑的平城。

（中国語で「城」とは平地に堀を掘り城壁で囲った都市ですが，日本の「城」は
要塞兼行政府です。城は以下の 3 種類に分かれます。①戦国時代に要塞として築
いた山城。②天下統一後に権力誇示のため，交通の便のよい丘の上に築いた平山
城。③平和な江戸時代に，行政目的で領国統治に効率のよい平地に築いた平城。）

表現力 UP!

□ 挖护城河（堀を堀る）　　□ 炫耀权力（権力誇示）　　□ 交通便利（交通の便がよい）

箱根・小田原をガイドするための必須例文をマスター！

箱根温泉郷は「東京の奥座敷」とよく呼ばれています。	Xiānggēn wēnquán xiāng cháng bèi chēng zuò shì "Dōngjīng de lùzhōu". 箱根温泉乡常被称作是"东京的绿洲"。
まず裸で入ること。二つ目は湯船に入る前に体を洗うこと。三つ目はタオルや髪の毛などを湯船につけないこと。	Shǒuxiān yào Yīsī-bùguàde jìnqu. Dì'èr ge shì jìnrù wēnquán chí qián 首先要一丝不挂地进去。第二个是进入温泉池前 yào qīngxǐ shēntǐ. Dìsān ge shì bùkě jiāng máojīn hé tóufa děng pàojìn 要清洗身体。第三个是不可将毛巾和头发等泡进 yùchí zhōng. 浴池中。
芦ノ湖は，昔は噴火口だったのですが，そこに水がたまってカルデラ湖になったんです。	Lúzhīhú shì zǎoxiān de pēnhuǒkǒu hòulái jīshuǐ érchéng de huǒshānkǒu hú. 芦之湖是早先的喷火口后来积水而成的火山口湖。
日本語で「富士」の音は「不二」に通じ，つまり比類なき霊峰という意味ともいわれていますし，アイヌ語で「火」を表すともいわれています。	Zài Rìyǔli "Fùshì" xiéyīn "bú èr", bèi rènwéi shì yǒu wú yǔ 在日语里"富士"谐音"不二"，被认为是有无与 lúnbǐ de língfēng zhī yì, zài Āyīnǔyǔli yòu biǎoshì "huǒ" de yìsi. 伦比的灵峰之意,在阿伊努语里又表示"火"的意思。
本丸の最も高いところにある建物は「天守閣」と呼びます。	Chéngbǎo zhōngxīn zuìgāochù de jiànzhù jiàozuò "tiānshǒugé". 城堡中心最高处的建筑叫做"天守阁"。
現在見られるものは1960年に鉄筋コンクリートで再建されたものです。	Xiànzài suǒ kàndào de shì yījiǔliùlíng nián yòng gāngjīn hùnníngtǔ chóngjiàn de. 现在所看到的是一九六〇年用钢筋混凝土重建的。
小田原は16世紀に北条一族が築いた日本最大の城郭都市で，事実上，関東地方の都でした。	Xiǎotiányuán shì Běitiáo jiāzú zài shíliù shìjì jiànzào de Rìběn zuì dà de 小田原是北条家族在十六世纪建造的日本最大的 yàosài dūshì, shíjìshang yě shì Guāndōng dìqū de shǒufǔ. 要塞都市，实际上也是关东地区的首府。
難攻不落の小田原城でしたが，秀吉はその3倍の兵を集めて，半年間粘り，攻略しました。	Suīrán Xiǎotiányuánchéng hàochēng láo bù kě pò, dàn Xiùjí jíjiéle sān bèi 虽然小田原城号称牢不可破，但秀吉集结了三倍 bīnglì bìngqiě jiāngchíle bànnián zhī jiǔ, zuìzhōng jiāng Xiǎotiányuánchéng gōngxià. 兵力并且僵持了半年之久，最终将小田原城攻下。

箱根温泉〜熱すぎて入れない？

　初めて箱根にお客様をご案内したときのこと。本書にあるような入浴時の基本的な注意事項を説明した後，温泉にお入りいただき，後で感想を聞いたのだのですが，「熱くて入れなかった。」とのことでした。私も入ってみたのですが，お湯加減は41度ぐらいで快適だと思ったので，別の湯船にでも入られたのかというと，そうではなく，その41度が熱すぎて入れないとのことなのです。その他の外国の方の中でも，実は温泉は好きだが熱すぎるという声はよく聞きます。

　そのころはどうしていいかわからなかったのですが，今なら，湯船につかる前にお湯を体にかけ，場合によっては5分から10分もかけて体をお湯に慣らしてから入ると，ある程度入れることをご説明します。

　入浴時の注意事項と言えば，周りに迷惑をかけないことが中心となりますが，それ以外にもお客様自身がお湯を楽しんでいただけるワンポイントを忘れずにお教えしたいものです。

第8章　「箱根・小田原」を案内しよう！

「箱根・小田原」案内の必須表現リスト

本章のダイアローグや Q&A,「箱根・小田原をガイドするための必須例文をマスター！」で使用した「箱根・小田原」を案内するための最重要表現やその他の関連表現をまとめました。これらを駆使して，箱根・小田原についてうまく発信できるように復習しましょう！

▶城

□ 城郭都市 .... 要塞都市 yàosài dūshì

□ 櫓，物見櫓 .... 炮楼 pàolóu

□ 矢狭間や鉄砲狭間 .... 射箭以及射击用的猫眼 shèjiàn yǐjí shèjī yòng de māoyǎn

□ 堀を掘る .... 挖护城河 wā hùchénghé

□ シンボル的建築 .... 标志性建筑 biāozhìxìng jiànzhù

□《成》難攻不落 .... 牢不可破 láo bù kě pò

□ 籠城する .... 固守城池 gùshǒu chéngchí

□ 落城 .... 攻陷 gōngxiàn

▶戦国時代

□ 生きるか死ぬか .... 不是你死就是我亡 búshì nǐ sǐ jiùshì wǒ wáng

□ 下剋上 .... 以下克上 yǐ xià kè shàng

□ 人の才能を買う .... 赏识 shǎngshí

□ 能の演舞を催す .... 举行能乐表演 jǔxíng Néngyuè biǎoyǎn

□《成》居ても立ってもいられない，気が気でない ... 坐立不安 zuòlìbù'ān

□ 降伏する .... 投降 tóuxiáng

□ 天下人に対峙する .... 与天下霸主相持 yǔ tiānxià bàzhǔ xiāngchí

▶江戸時代

□ 関所 .... 关卡 guānqiǎ

□ 出入国管理局 .... 边境检查站 biānjìng jiǎnchá zhàn

□ 徹底的に取り調べる .... 做彻底地盘查 zuò chèdǐde pánchá

□ 藩主 .... 诸侯 zhūhóu

□ 銃器と弾薬 .... 枪支弹药 qiāngzhī dànyào

□ 裏切り .... 背叛 bèipàn

□ 人の性は悪なり .... 人之初，性本恶 rén zhī chū, xìng běn è

□ 性悪説 .... 性恶论 xìng'èlùn

□ 反乱 .... 叛乱 pànluàn

▶温泉

□ 温泉手形 .... 温泉通票 wēnquán tōngpiào

□ 外湯めぐり .... 温泉巡游 wēnquán xúnyóu

□ 泉質 .... 泉水的成分 quánshuǐ de chéngfèn

□ アルカリ性 .... 碱性 jiǎnxìng

□ 硫黄 .... 硫磺 liúhuáng

□《成》一糸もまとわない，真っ裸である ... 一丝不挂 yīsī-bùguà

□ 露天 .... 室外露天 shìwài lùtiān

□ 心身を癒やす .... 放松身心 fàngsōng shēnxīn

□ 入浴（する）.............................. 洗浴 xǐyù

□ 湯船 .... 浴池 yùchí

□ 全身をゆったりと湯船につける「全身浴」... 全身放松泡在浴池中的"全身浴"quánshēn fàngsōng pàozài yùchí zhong de "quánshēnyù"

□ 足腰のみを湯船につける「半身浴」.... 腿和腰泡在浴池中的"半身浴"tuǐ hé yāo pàozài yùchí zhong de "bànshēnyù"

□ 滝のように落ちてくるお湯に打たれる「打たせ湯」.... 接受由上而下瀑布般热水冲击的"瀑布洗澡"jiēshòu yóu shàng ér xià pùbù bān rèshuǐ chōngjī de "pùbù xǐzǎo"

□ 服は着たまま仲間と腰掛けて談笑しながら足のみを温める「足湯」... 不脱衣服和亲朋好友坐下来一边谈笑一边仅是烫脚的"足浴"bù tuō yīfu hé qīnpéng hǎoyǒu zuòxialai yìbiān tánxiào yibiān jǐnshì tàngjiǎo de "zúyù"

天然素材の中に生きる日本の心

ガイド：
Zhèli shì "héshì" jiùshì Rìběn chuántǒng de fángjiān.　　　Xiǎoxīn zhuàngtóu.
这里是"和室"就是日本传统的房间。小心撞头。

観光客：
Gǎnjué yǒu zhǒng yāpògǎn.
感觉有种**压迫感**。

ガイド：
Yīnwèi héshì méiyou yǐzi érshì zuòzai tàtàmǐshang, suǒyǐ tiānpéng hěn dī. Lái, qǐng zuòzai
因为和室没有椅子而是坐在榻榻米上，所以**天棚**很低。来，请坐在
ǎizhuō zhōuwéi de zuòdiànshang.
矮桌周围的**坐垫**上。

観光客：
Zhèige jiùshì tàtàmǐ ya.
这个就是**榻榻米**呀。

ガイド：
Shìde. tàtàmǐ shì yóu dēngxīncǎo biānzhī ér chéng, dàxiǎo yuē jiǔshí límǐ chéng yìbǎibāshí límǐ.
是的。榻榻米是**由灯心草**编织而成，大小约九十厘米 × 一百八十厘米。

観光客：
Yě jiùshì dānrénchuáng de dàxiǎo.
也就是单人床的大小。

ガイド：
Shìde. Cǐwài shìnèi de tǔqiáng jí yòng mùtou hé zhǐ zuò de géshan hé zhǐlāmén, háiyǒu yòng zhútǒng
是的。此外室内的土墙及用木头和纸做的**隔扇**和**纸拉门**，还有用竹筒
zuòchéng de xiǎo huāpíng dōu shì yòng tiānrán cáiliào zuò de.
做成的小花瓶都是用天然材料做的。

観光客：
Zhèzhǒng kěyǐ ràng rén xīnpíng qìhé de fēnwéi zhēnshi tài hǎo le. Nà, nèige shì chuáng ma?
这种可以让人心平气和的氛围真是太好了。那，那个是床吗？

ガイド：
Bú, nèige shì yònglái bǎifàng táocí hé guàzhóu jí chāhuā de bìkān.
不，那个是用来摆放陶瓷和挂轴及插花的**壁龛**。

観光客：
Nèige guàzhóushang xiě de shì shénme?
那个挂轴上写的是什么？

ガイド：
Shuō shíhuà, rúguǒ shì kǎishū de huà hái kěyǐ kàndedǒng, dàn yīnwèi zhè shì cǎoshū suǒyǐ wǒ yě bú tài
说实话，如果是**楷书**的话还可以看得懂，但因为这是草书所以我也不太
qīngchu xiě de shì shénme. Dàn yīncǐ fǎndào kànqilai gèng wényǎ.
清楚写的是什么。但因此反倒看起来更**文雅**。

観光客：
Wǒ yě kànbudǒng, dànshì kěyǐ gǎnjuédào mòzhī nóngdàn suǒ yǎnshēngchū de "zhāngchí yǒu dù",
我也看不懂，但是可以感觉到墨汁浓淡所衍生出的**"张弛有度"**，
rú xíngyún-liúshuǐ. Kànlái zài Rìběn yě yǒu hěn duō zhǎngwò chuánshén zhī bǐ de shūfǎjiā.
如**行云流水**。看来在日本也有很多**掌握传神之笔的书法家**。

□ 圧迫感（圧迫感）　　□ 天棚（天井）　　□ 矮桌（座卓）　　□ 坐垫（座布団）

□ 榻榻米（畳）　　□ 灯心草（イグサ）　　□ 隔扇（障子）　　□ 纸拉门（ふすま）

□ 壁龛（床の間）　　□ 楷书（楷書）　　□ 文雅（雅な，洗練された）　　□ 张弛有度（張りと緩み）　　□ 行云流水（《成》流れる水や雲のように滞りがない）

□ 掌握传神之笔的书法家（書の奥義を究めた書家）

【日本語訳】

ガイド：こちらは「和室」で日本の伝統的な部屋です。頭をぶつけないよう気をつけてください。

観光客：圧迫感を感じますね。

ガイド：和室というのは椅子ではなく，畳の上に座るためのものだから天井が低いんです。さあ，座卓の周りの座布団にお座りください。

観光客：これが畳ですね。

ガイド：はい。畳はイグサを編んだもので，約90cm × 180cmのサイズです。

観光客：では，シングルベッドのサイズですね。

ガイド：はい。他にも室内の土壁や木と紙で作った障子にふすま，竹筒で作った一輪挿しなど，みな天然素材で作られています。

観光客：落ち着いた雰囲気が素敵ですね。ところで，あれはベッドですか？

ガイド：いいえ，陶磁器や掛け軸，生け花などを飾るためだけの床の間です。

観光客：あの掛け軸には何と書いてあるのですか？

ガイド：実は楷書ならわかるのですが，草書なので，全体はわからないのです。ただそのほうがかえって雅に見えるんです。

観光客：私も読めませんが，墨汁の濃淡が生む流れるような「張りと緩み」は感じられます。日本にも書の奥義を究めた書家がたくさんいるようですね。

173

第 9 章

「日光」を案内しよう！

豪華絢爛な 5,000 以上の彫刻が迎えてくれる東照宮や金銀丹青の極彩色の輪王寺といった徳川幕府の威信を見せつけられる日光。神々しいまでに自然の美しさをたたえる男体山，中禅寺湖，そして華厳の滝。人工と自然の対照的な美が楽しめる日光を案内しましょう！

【観光編】……東照宮と「風水」

関東全域を守る徳川の思惑とは？

 File# 49

観光客： Zhèlǐ jiùshì jìsì Déchuān Jiākāng de Dōngzhàogōng a. "Dōngzhào" dàibiǎo shénme yìsi ne?
这里就是祭祀德川家康的东照宫啊。"东照"代表什么意思呢？

ガイド： "Guāng zhào dōngfāng", yě jiùshì jìsì Guāndōng shǒuhùshén de shénshè.
"光照东方"，也就是祭祀关东的守护神的神社。

観光客： "Guāndōng"？ Nà, "Guāndōngjūn" yuánlái shì zhèlǐ de jūnduì ma?
"关东"？ 那，"关东军"原来是这里的军队吗？

ガイド： Nèige "Guāndōngjūn" shì zhǐ "Shānhǎiguān" yǐ dōng, yě jiùshì zài Liáodōng bàndǎo de Rìjūn bùduì.
那个"关东军"是指"**山海关**"以东，也就是在辽东半岛的日军部队。

Zài zhèr de "Guāndōng" suīrán shuōfǎ zhòngduō, zàn kě lǐjiě wéi "Xiānggēn guānqiǎ" yǐ dōng jiù hǎo.
在这儿的"关东"虽然**说法众多**，暂可理解为"箱根关卡"以东就好。

観光客： À, yuánlái shì zhèyàng. Dàn wèi shénme bú shì zài Jiānghù érshì zài zhèlǐ jìsì ne?
啊，原来是这样。但为什么不是在江户而是在这里祭祀呢？

ガイド： Yīnwèi zhèlǐ fēngshuǐ hǎo.
因为这里风水好。

観光客： Míngbai le. Tiānzǐ bèi rènwéi shì zuò běi cháo nán. Bìngqiě shān běi shuǐ nán de dìxíng wéi shàng.
明白了。天子被认为是**坐北朝南**。并且**山北水南**的地形为上。

ガイド： Shìde. Déchuān Jiākāng jiāng Guāndōng zhěngtǐ kànzuò yí ge "wángguó", qí bèihòu yǒu zhùmíng de
是的。德川家康将关东整体看作一个"王国"，其背后有著名的

língshān Rìguāngsānshān, nán yǒu Tàipíngyáng, yīncǐ jiù bǎ zhèlǐ dàngzuò zìjǐ de dìpán le.
灵山日光三山，南有太平洋，因此就把这里当做自己的**地盘**了。

観光客： Jiùshì shuō Jiākāng qǐtú jiāng Guāndōng cóng zhōngyāng dúlìchūlái?
就是说家康**企图**将关东从中央独立出来？

ガイド： Zhèige bù hǎoshuō, dànshì néng yǔ Guānxī dìqū de zhōngyāng zhèngquán kànghéng de zhǐyǒu
这个不好说，但是能**与关西地区**的中央政权抗衡的只有

shí shìjì zàofǎn de Píng Jiàngmén, shí'èr shìjì kāichuàng liáncāng mùfǔ de Yuán Làicháo, shíliù shìjì zài
十世纪造反的平将门，十二世纪开创镰仓幕府的源赖朝，十六世纪在

Xiǎotiányuánchéng bèishuǐ yízhàn de Běitiáo shì děng Guāndōng dìqū de wǔjiā shìlì.
小田原城**背水一战**的北条氏等关东地区的武家势力。

観光客： Yuánlái rúcǐ, jiùxiàng zài Zhōngguó, wúlùn shì nǎcháo nǎdài dōu yǒu nánběi quánlì zhī zhēng yíyàng,
原来如此，就像在中国，**无论是哪朝哪代**都有南北**权力之争**一样，

Rìběn shì dōngxī xiānghù duìlì.
日本是东西相互对立。

ガイド： Zhèngshì rúcǐ. Jìchéng tāmen de yízhì jiànlìle quánwēi zài cháotíng, quánlì zài mùfǔ de shuāngcéng
正是如此。**继承**他们的**遗志**建立了权威在朝廷，权力在幕府的**双层**

jiégòu de jiùshì Jiākāng.
结构的就是家康。

□ 山海关（山海関）　　□ 说法众多（諸説ある）　　□ 坐北朝南（北に座り南を向く）
□ 山北水南（北には山，南には水がある地形）　　□ 地盘（〔勢力範囲としての〕地盤，縄張り）　　□ 企图（企てる，たくらむ）　　□ 关西地区（畿内）　　□ 背水一战（《成》背水の陣を敷いて最後の決戦を挑む）　　□ 无论是哪朝哪代（いつの時代でも）
□ 权力之争（権力争い）　　□ 继承遗志（遺志を継ぐ）　　□ 双层结构（二重構造）

【日本語訳】

観光客：ここが徳川家康を祀る東照宮ですね。「東照」とはどんな意味ですか？

ガイド：「東方を照らす」，つまり，関東の守護神を祀る神社という意味です。

観光客：「関東」？　じゃあ，「関東軍」というのは，このあたりの軍隊だったんですか？

ガイド：あの「関東軍」というのは「山海関」の東，つまり遼東半島にいた日本の部隊です。ここでいう「関東」というのは，諸説ありますが，とりあえず，「箱根の関所」の東だと思ってください。

観光客：ああ，そうでしたか。でもなぜ江戸ではなく，ここに祀ったのですか？

ガイド：風水がよいからです。

観光客：なるほど。王者は領土の北に座り，南を向く。そしてその北には山，南には水がある地形が理想的な土地だというわけですね。

ガイド：はい。徳川家康は関東全体を一つの「王国」と見なし，背後には霊山として名高い日光三山，南は太平洋，これを縄張りと見たのです。

観光客：つまり，家康は中央からの関東独立を図ったのですか？

ガイド：それは何とも言えませんが，畿内の中央政権に対抗できたのは10世紀に反乱を起こした平将門，12世紀に鎌倉幕府を開いた源頼朝，16世紀に小田原城で背水の陣を敷いた北条氏など関東の武家勢力のみです。

観光客：なるほど，中国の王朝はいつの時代でも北方と南方が権力争いをしてきたんですが，日本は関東と関西が対立してきたんですね。

ガイド：そうなんです。彼らの遺志を継いで権威は朝廷が，権力は幕府が持つという二重構造を築きあげたのが家康なんです。

【コラム】　中国語で"关东"というと…

「関東」という言葉を見たとき，中国人はかつて満洲国を支配した関東軍をイメージしがちです。中国では満洲国を国と認めないのはもちろん，公式には"伪满洲国 Wěi Mǎnzhōu guó（伪满）"と呼び，吉林省長春市には"溥仪 Pǔ yí"の皇居とされた"伪皇宫"が現存し，その最寄り駅は"伪皇宫站"，という具合に，全てに"伪"をつけるほど徹底してその「欺瞞性」を糾弾するのです。

ガイド：
Zhèige jiùshì Dōngzhàogōng de diāokè zhōng rénqì zuìgāo de "bú kàn, bù tīng, bù shuō" de sānbùhóu.
这个就是东照宫的雕刻中人气最高的**"不看，不听，不说"的三不猴**。

Zhèshi jiāo rén zài Rìběn xūyào chuǎimó duìfāng de yìtú, cháyán guānsè, yǒushí yě yào xuéhuì shì
这是教人在日本需要**揣摩对方的意图，察言观色**，有时也要学会**视**

ér bú jiàn.
而不见。

观光客：
Yuánlái rúcǐ. Tèbié shì zài dàtíng guǎngzhòngxia kǒuwú-zhēlánde fǎnbó huì ràng duìfāng xiàbuliǎo tái.
原来如此。特别是在**大庭广众下口无遮拦地反驳**会让对方**下不了台**。

Zhè jiùshì suǒwèi de "huò cóng kǒu chū" ba.   Dàn Rìběnrén dōu bù shuō zhēnxīnhuà ma?
这就是所谓的**"祸从口出"**吧。但日本人都不说**真心话**吗？

ガイド：
Yīnwèi biǎolǐ bùyī ér zāo wùjiě de shìqing zài Rìběn yě jīngcháng huì fāshēng. Dàn zài Rìběn yǒu bǐ
因为**表里不一**而遭误解的事情在日本也经常会发生。但在日本有比

luójixìng hé jiéguǒ gèng bèi kànzhòng de dōngxi, nà jiùshì "suí dàliú" hé "yìhuì".
逻辑性和结果更被看重的东西，那就是**"随大流"**和**"意会"**。

观光客：
Dàn nàyàng zài jiāoliú zhōng búhuì yǒu wèntí ma?
但那样在交流中不会有问题吗？

ガイド：
Huòxǔ huì yǒu, dànshì duì duìfāng de jiǒngtài shì ér bú jiàn, wén ér bù tīng yě shì zài gěi duìfāng
或许会有，但是对对方的**窘态视而不见，闻而不听**也是在给对方

liú miànzi. Suīrán kěnéng huì bèi rènwéi shì qiángtóu cǎo, dàn jiāoliúshàng háishì hěn shǎo yǒu wèntí de.
留面子。虽然可能会被认为是墙头草，但交流上还是很少有问题的。

观光客：
Suīrán Zhōngguórén yě huì gěi duìfāng liú miànzi, dàn zhèyàng zhǐkě yìhuì bùkě yánchuán huì yìzhí
虽然中国人也会给对方留面子，但这样**只可意会不可言传**会一直

xíngdetōng ma?   Zhèyàng de yǎmí yóuxì zài shìjièshang kěshì xíngbutōng de.
行得通吗？ 这样的**哑迷游戏**在世界上可是**行不通**的。

ガイド：
Shìshíshang zhè sān zhī hóuzi zhī suǒyǐ yǒu rénqì, shì yīnwèi kěyǐ ràng wǒmen jiù zhǐkě yìhuì bùkě
事实上这三只猴子之所以有人气，是因为可以让我们就只可意会不可

yánchuán de jiāoliú fāngshì zuò tǎolùn.
言传的交流方式做讨论。

观光客：
Méi xiǎngdào huì xiàng hóuli tǎojiào!
没想到会向猴子讨教！

Zhēnshi zhǎng jiànshi le.
真是**长见识了**。

□ "不看,不听,不说" 的三不猴（「見ざる聞かざる言わざる」の三猿）　□ 揣摩対方的意图（相手の気持ちを察する）　□ 察言观色（空気を読む）　□ 視而不見（見て見ぬふり）
□ 大庭广众下（公衆の面前で）　□ 口无遮拦地（立て続けに）　□ 反驳（反駁する）
□ 下不了台（引っ込みがつかない）　□ 祸从口出（口は災いの元）　□ 真心话（本音）
□ 表里不一（本音と建前が異なる）　□ 逻辑（論理性）　□ 随大流（和を乱さない）
□ 意会（言葉に出さなくてもわかる）　□ 窘态（ばつが悪い）　□ 闻而不听（聞いて聞かぬふり）　□ 留面子（相手の顔を立てる）　□ 墙头草（どっちつかず）　□ 只可意会不可言传（《成》心で悟ることはできるが,言葉に出して伝えることはできない）　□ 哑谜游戏（腹芸）
□ 行不通（通用しない）　□ 长见识了（勉強になりました）

【日本語訳】

ガイド：こちらは東照宮の彫刻の中でも人気の「見ざる聞かざる言わざる」の三猿です。日本社会では相手の気持ちを察したり，空気を読んだりすることが求められるので，時には見て見ぬふりをせよ，という教えです。

観光客：なるほど。特に人前で立て続けに言い返すと，相手も引っ込みがつかなくなってしまいますね。いわゆる「口は災いの元」ということですよね。でも日本人は本音を言わないんですか？

ガイド：本音と建前が異なると，誤解されるというのは日本でもよくあります。しかし，日本には論理性や結果よりも重視されるものがあります。それは「和を乱さないこと」「言葉に出さなくてもわかること」です。

観光客：でも，それでコミュニケーションのトラブルになりませんか？

ガイド：そうかもしれませんが，相手にとってばつが悪いことは見て見ぬふり，聞いて聞かぬふりをして相手の顔を立てるのです。どっちつかずと思われるでしょうが，それでコミュニケーションは何とかなることが多いんです。

観光客：相手の顔を立てるのは中国人も同じですが，口で言わないとわかり合えなくはないですか？　こんな腹芸は世界では通用しませんよ。

ガイド：実はこの三猿が人気なのは，何も言わずにコミュニケーションの在り方について議論させてくれるからなんです。

観光客：このサルたちに教えられるとは！　本当に勉強になりました。

【コラム】　中国人が「見ざる言わざる」を選ぶとき

ストレートにモノを言う（"开门见山 kāimén jiànshān"〔単刀直入に言う〕）傾向が強い中国人に比べ，日本人はあえて「言わ猿」を選ぶ傾向にあります。ただ，中国人も党の方針など，政治的に「敏感」な場面においては，日本人以上に「三猿」を決め込む傾向にあるようです。特に政権批判は，無関係なものを批判して真意を周りに伝える（"指桑骂槐 zhǐsāng màihuái"〔当てつけてののしる〕）のが一般的だ，などとは「言わ猿」です（笑）。

ガイド： Zhěnggè Dōngzhàogōng yǒu wǔqiān duō ge diāokè, shì Rìběn shǒu qū yìzhǐ de diāokè bówùguǎn.
整个东照宫有五千多个雕刻，是日本首屈一指的雕刻博物馆。

Qízhōng jǐn Yángmíngmén jiù yǒu wǔbǎilíngbā ge diāokè.
其中仅阳明门就有五百零八个雕刻。

观光客： Tèbié xiàng lóngfèng zhèyàng xiǎngxiàng zhōng de dòngwu yǒu hěnduō. Nà tiáo kànqilai zhēn de shì
特别像龙凤这样想象中的动物有很多。那条龙看起来真的是

xǔxǔ rúshēng.
栩栩如生。

ガイド： Shuōdào lóng, yǒu yí ge wèntí.　Lóngzhuǎ yǒu jǐ gēn zhǐtou?
说到龙，有一个问题。龙爪有几根**指头**？

观光客： Wǔ gēn?　Bù, sān gēn?
五根？　不，三根？

ガイド： Liǎng zhě jiē zhèngquè. Lóng zài Zhōngguó dàibiǎo huángdì, suǒyǐ hé rén yíyàng shì wǔ zhuǎ lóng.
两者皆正确。龙在中国代表皇帝，所以和人一样是五爪龙。

Xiàng Zhōngguó cháogòng de Cháoxiǎn hé Yuènán, Liúqiú děng guójiā de lóng shì bǐ rén shǎo yì gēn de
向中国**朝贡**的朝鲜和越南、琉球等国家的龙是比它少一根的

sì zhuǎ lóng.　Nà méiyou cháogòng de Rìběn shì ...
四爪龙。那没有朝贡的日本是…

观光客： Ǎ, zǐxì kàn shì sān zhuǎ lóng.
啊，仔细看是三爪龙。

ガイド： Zhèngshì rúcǐ.　Lóng yě shì yīn dì ér yì, suǒyǐ hěn yǒuqù.　Lìngwài, qǐng kàn nèige shuì māo.
正是如此。龙也是因地而异，所以很有趣。另外，请看那个睡猫。

观光客： Zài zhōngguó rénmen rènwéi māo shì jiānchén, shì bù jíxiáng de dòngwù. Zhè zhī wèi shénme huì shuì zài zhèli ne?
在中国人们认为猫是**奸臣**，是不吉祥的动物。这只为什么会睡在这里呢？

ガイド： Yīnwèi shíliù shìjì qiánhòu de Rìběn zhànluàn bú duàn, mín bù liáoshēng, lián māo dōu bùnéng ānshuì.
因为十六世纪前后的日本战乱**不断，民不聊生**，连猫都不能安睡。

Dàn shǒuwò bīngquán de Déchuān Jiākāng chéngwéi jiāngjūn hòu wèi zhè bīnghuāng mǎluàn de shíjú
但**手握兵权**的德川家康成为将军后为这**兵荒马乱**的时局

huàshangle jùhào.
画上了句号。

观光客： Yuánlái rúcǐ.　Shuì māo shì héping de xiàngzhēng.
原来如此。睡猫是和平的象征。

ガイド： Tóngshí yě yǒu yīnwèi yǒu Déchuān Jiākāng cái yǒu xiànzài de tàipíng shèngshì de yìsi.
同时也有因为有德川家康才有现在的太平盛世的意思。

□ 栩栩如生（生き生きとしている）　　□ 指头（指）　　□ 朝贡（朝貢）　　□ 奸臣（不忠な［腹黒い］家臣）　　□ 不断（途切れない）　　□ 民不聊生《成》民の生活が不安定だ）　　□ 手握兵权（統帥権を握る）　　□ 兵荒马乱《成》戦争で世の中が乱れる）　　□ 画上句号（ピリオドを打つ）

【日本語訳】

ガイド：東照宮は全体で 5,000 以上の彫刻がある，日本一の彫刻博物館でもあるんですよ。その中でも，この陽明門だけで 508 もの彫刻があります。

観光客：特に龍や鳳凰など，想像上の動物もたくさんいますね。特にこの龍は，今にも動き出しそうですね。

ガイド：龍というと，ひとつクイズがあります。龍は何本指でしょう？

観光客：5 本？　いや，3 本かな？

ガイド：両方正解です。中国では龍は皇帝のシンボルで，人間と同じく 5 本指の龍ですが，朝鮮やベトナム，琉球など，中国に朝貢していた国の龍はそれより 1 本少ない 4 本指の龍です。そして，朝貢しなかった日本は……

観光客：あ，よく見ると 3 本指の龍ですね。

ガイド：そうなんです。龍も「所変われば品変わる」でおもしろいでしょう。それから，あの眠り猫をご覧ください。

観光客：中国人から見ると猫は腹黒い動物で，不吉に思われるものですが，ここではどうして寝ているのですか？

ガイド：16 世紀前後の日本は，戦が途切れず，民の生活も不安定だったので，猫などおちおち眠れなかったことでしょう。しかし，統帥権を握った徳川家康が将軍になると，戦乱の世の中にピリオドが打たれたんです。

観光客：なるほど，眠っている猫というのは，平和のシンボルなんですね。

ガイド：同時に，今の太平の世の中ができたのは，徳川家康のおかげだと考えさせる意図でしょう。

【コラム】　龍の指は何本？

東照宮は神社として紹介するより「日本一の彫刻博物館」と形容しておいたほうが，実態に近い（“**名副其实** míng fù qí shí”）だけでなく，期待感を高めることでしょう。5000 以上もの彫刻があるのですから。また龍の指の数は中国が 5 本，元朝貢国だった朝鮮, 琉球, ベトナム等は 4 本，非朝貢国の日本は 3 本が基本です。輪王寺の「鳴き龍」の数も数えてみましょう。

「寺社」に関するガイディングの「公式」はこれだ！

①奈良＝宗教＜仏像。②京都＝宗教＜庭。③浅草＝宗教＜祭＜土産。④日光＝宗教＜彫刻。これはあるガイドさんが言っていたもので，観光客の興味の対象を巧みに言い当てています。特に日光東照宮の彫刻は群を抜いており，「日本最大の彫刻美術館」といっても過言ではありません。このように公式（〝公式 gōngshì〟）化してみるのもおもしろいですね。

訪日客に必ず聞かれる Question ベスト５はこれだ！

Rank 1

Fēngshuǐ duì Rìběn yě yǒu yǐngxiǎng ma?
风水对日本也有影响吗？

（風水は日本にも影響を与えましたか）

Shìde. Lìrú fēngshuǐshang jiǎng shānběi shuǐnán wéi jiā, suǒyǐ Jīngdū hé Nàiliáng de běimian yǒu shān, nánmian yǐqián
是的。例如风水上讲**山北水南**为佳，所以京都和奈良的北面有山，南面以前

yě yǒuguo chítáng. Chéngzhōng rú qípánzhuàng yě shì yīnwèi "tiānyuán dìfāng" zhèyī fēngshuǐ xuéshuō. Xiāngpū chǎngdì
也有过池塘。城中如**棋盘状**也是因为"**天圆地方**"这一风水学说。相扑场地

shang dōng qīng (qīnglóng), nán zhū (zhūquè), xī bái (báihǔ), běi hēi (xuánwǔ) de zhuāngshì yě shì shòu fēngshuǐshang
上东青（**青龙**），南朱（**朱雀**），西白（**白虎**），北黑（**玄武**）的装饰也是受风水上

sìshén zhī shuō de yǐngxiǎng.
四神之说的影响。

（はい。例えば風水では，北に山，南に水があるのがよいとされるため，京都や奈良の北には山，そして南にはかつて池もありました。町が碁盤の目状になっているのも，「天は円形，大地は四角」という風水の考えによります。相撲の土俵の上に，東には青（青龍），南には赤（朱雀），西には白（白虎），北には黒（玄武）の飾りをするのも風水の四神の影響です。）

表現力 UP!

- □ 山北水南（北には山，南には水）　□ 棋盘状（碁盤の目状）
- □ 天圆地方（天は円形，大地は四角）　□ 青龙（青龍：東を守る聖獣）
- □ 朱雀（朱雀：南を守る聖獣）　□ 白虎（白虎：西を守る聖獣）
- □ 玄武（玄武：北を守る聖獣）

訪日客に必ず聞かれる Question ベスト 5 はこれだ！

Rank 2

Guāndōng dìqū dōu yǒu nǎxiē shìjiè yíchǎn?

关东地区都有哪些世界遗产？

（関東地方にはどんな世界遺産がありますか）

Zài Rìběn guāndōng dìqū chúle Rìguāng de shénshè hé sìmiào wài háiyǒu sān chù shìjiè yíchǎn. Zài céngjīng de yǎng cán

在日本关东地区除了日光的神社和寺庙外还有三处世界遗产。在曾经的**养蚕**

zhī xiāng Qúnmǎ xiàn Fùgāng shì jiànlì de xiàndàihuà de fǎngsīchǎng. Yǐ shìjiè zhùmíng jiànzhù shī Kēbùxīyē de shèjì ér

之乡群马县富冈市建立的现代化的**制丝厂**。以世界著名建筑师**柯布西耶**的设计而

wénmíng de Shàngyě guólì xīyáng měishùguǎn. Háiyǒu de jiùshì yǐ zìjǐ dútè de shēngtài huánjìng ér wénmíng de wèiyú

闻名的上野国立西洋美术馆。还有的就是以自己独特的生态环境而闻名的位于

Dōngjīng yǐ nán yìqiān gōnglǐ hǎishàng de Xiǎolìyuán qúndǎo.

东京以南一千公里海上的小笠原群岛。

（関東地方には，日光の社寺の他に，3 つの世界遺産があります。養蚕^{ようさん}が盛んだった群馬県富岡市に建てられた近代的な製糸場。世界的建築家コルビュジエの設計で知られる上野の国立西洋美術館。また，東京の南 1,000 キロメートルの海上には小笠原諸島が浮かび，独自の生態系で知られています。）

表現力 UP!

□ 养蚕（養蚕）　　□ 纺丝厂（製糸場）
□ 柯布西耶（〔ル・〕コルビュジエ《Le Corbusier》）

ガイド：
Dào Lúnwángsì de yuànnèi le. Zhèbian shì dì sān dài jiāngjūn Jiāguāng de cítáng—Dàyóuyuàn. Mǎshàng
到轮王寺的院内了。这边是第三代将军家光的**祠堂**——大猷院。马上
jiù néng kànjiàn lìng rén jīngyà de jǐngsè le.
就能看见令人惊讶的景色了。

观光客：
Wā, zhēnshi wǔcǎi bīnfēn de jiànzhù!　　Hǎo yàoyǎn.
哇，真是**五彩缤纷**的建筑！　好**耀眼**。

ガイド：
Jùshuō Dàyóuyuàn shǐyòngle bǐ Dōngzhàogōng zhìliàng hái hǎo de jīnbó. Jīnyín hé hēibái háiyǒu
据说大猷院使用了比东照宫质量还好的金箔。金银和黑白还有
dānqīng ... Xiānghù duìlì de yánsè zǔhé fǎndào hōngtuōchūle měigǎn.　　Shì yīnyáng jiānbèi zhī měi.
丹青…**相互对立**的颜色组合反倒**烘托出了美感**。是**阴阳兼备**之美。

观光客：
Wǒmen qù qiándiàn ba. Zhèlǐ bú shì shénshè ba.
我们去前殿吧。这里不是神社吧。

ガイド：
Bú shì.　　Zhèlǐ shì jìsì dì sān dài jiāngjūn Jiāguāng de fójiào sìyuàn.　　Jiāguāng de páiwèi hé fóxiàng
不是。这里是祭祀第三代将军家光的佛教寺院。家光的**牌位**和佛像
bǎifàng zài nèige jīnsè zǒuláng duìmiàn de zhèngdiàn.
摆放在那个金色走廊对面的正殿。

观光客：
Shìnèi sìmiàn dōu shì píngfēnghuà, fǎngfú zhìshēn yú huàjuàn zhōng de shìjiè yìbān.
室内四面都是**屏风画**，仿佛置身于**画卷**中的世界一般。

ガイド：
Běnlái huà shì huà zài guàzhóu hé huàjuànshang de, zài shíliù shìjì shí kāishǐ bèi huà zài píngfēng
本来画是画在挂轴和画卷上的，在十六世纪时开始被画在屏风
hé zhǐlāménshang, yīncǐ zhěngge fángjiān dōu chéngle yìshù kōngjiān. Yě jiùshì shuō yìshù cóng
和纸拉门上，因此整个房间都成了艺术空间。也就是说艺术从
píngmiàn biànchéngle lìtǐ.
平面变成了立体。

观光客：
Duìle, zhèlǐ suīrán shì sìmiào dàn jiāngjūn de páiwèi bǐ fóxiàng gèng yǒu cúnzàigǎn. Wàiguānshang shì
对了，这里虽然是寺庙但将军的牌位比佛像更有存在感。外观上是
sìmiào dàn lǐmiàn quèshì rújiā de chóngbài zǔxiān de cítáng.
寺庙但里面却是儒家的崇拜祖先的祠堂。

ガイド：
Duì,　kěyǐ shuō shì "wài fú nèi rú".　　Suīrán Rìběn de gège jiātíng dōu yǒu fókān, dàn bài de
对，可以说是"**外佛内儒**"。虽然日本的各个家庭都有佛龛，但拜的
quèshì bǎi zài fóxiàng pángbiān de zǔxiān páiwèi hé zhàopiàn. Jíshǐ zànglǐ shí qǐng héshang lái niànjīng,
却是摆在佛像旁边的祖先牌位和照片。即使葬礼时请和尚来**念经**，
dàofǎng de diàoyànzhě bài de yě shì gèrén de yíxiàng ér bú shì fóxiàng. Zhè liǎng diǎn hěn xiāngxiàng.
到访的**吊唁者**拜的也是个人的**遗像**而不是佛像。这两点很相像。

□ 祠堂（霊廟）　　□ 五彩缤纷（色とりどり）　　□ 耀眼（〔光，色が〕まぶしい，まばゆい）

□ 相互对立（互いに対立する）　　□ 烘托出美感（美しさを引き立てる）

□ 阴阳兼备（陰と陽を兼ね備える）　　□ 牌位（位牌）　　□ 屏风画（屏風絵）

□ 画卷（絵巻物）　　□ 平面（二次元）　　□ 念经（お経をあげる）

□ 吊唁者（弔問客）　　□ 遗像（遺影）

【日本語訳】

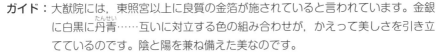

ガイド：輪王寺の境内に着きました。ここが三代将軍家光の霊廟，大猷院です。まもなくすごいものが見えてきますよ。

観光客：わあ，色とりどりの建物ですね！　まばゆいばかりです。

ガイド：大猷院には，東照宮以上に良質の金箔が施されていると言われています。金銀に白黒に丹青……互いに対立する色の組み合わせが，かえって美しさを引き立てているのです。陰と陽を兼ね備えた美なのです。

観光客：拝殿に入ってみましょう。ここは神社ではありませんよね。

ガイド：はい。三代将軍徳川家光を弔う仏教寺院です。あの金色の廊下の向こうが本殿で，家光の位牌と仏像が納められています。

観光客：室内の四方が屏風絵で，まるで絵の中の世界にいるようですね。

ガイド：絵画はかつて掛軸や絵巻物として描かれていたのですが，16世紀には屏風やふすまに絵を描き，部屋全体を芸術空間にするようになりました。つまり，二次元から三次元の芸術に変わっていったのです。

観光客：ところで，お寺なのに仏像より将軍の位牌のほうが存在感がありますね。外観は寺院なのに，中身は儒教的な先祖崇拝の祠堂なんですね。

ガイド：そう，仏教に見えて実は儒教的です。日本では各家庭に仏壇を置きますが，仏像の横に先祖の位牌や写真をおいて拝んだり，葬儀にはお坊さんを呼んでお経をあげても，弔問客は仏像ではなく個人の遺影を拝んだりするのも，似ていますね。

【コラム】　彫刻の東照宮，色彩の大猷院

仏教寺院かと思ったら将軍を祭る"祠堂"なのがおもしろい大猷院。東照宮から少し歩くからか参観者は少なめですが，入ってみると色彩のビビッドさに衝撃を受けます。淡い朦朧とした色彩を好むのが「日本らしさ」と思っていたのに，ここは金⇔銀，白⇔黒，赤⇔青といった正反対の原色を大胆に使います。「彫刻の東照宮，色彩の大猷院」とは言い得て妙です。

【観光編】…… 中禅寺湖と華厳の滝

目に見えない何かを感じる，それが古神道

Zhèlǐ jiùshì Zhōngchánsìhú, yǎnqián zhè zuò shān jiào Nántǐshān, shān hòumiān shì gāoyuán shīdì.

ガイド： 这里就是中禅寺湖，眼前这座山叫男体山，山后面是高原湿地。

Nàli de guójiā gōngyuán li háiyǒu yuánshǐ sēnlín.

那里的国家公园里还有**原始森林**。

Nántǐshānshang yǒu shénme ne?

観光客： 男体山上有什么呢？

Yǒu zìgǔ jiù yǐ "xiūyàndào" de xiūxíngdì ér wénmíng de Èrhuāngshān shénshè àogōng.

ガイド： 有自古就以"修验道"的修行地而闻名的二荒山神社奥宫。

"Xiūyàndào"? Dìyī cì tīngshuō.

観光客： "修验道"？ 第一次听说。

Nàshì yì zhǒng jiāng shān shìwéi fó, tōngguò zài shān zhōng xiūxíng yǐ qiú dádào tiān rén héyī de xìnyǎng.

ガイド： 那是一种将山视为佛，通过在山中修行以求达到天人合一的信仰。

Shuōqǐ zài shān li xiūxíng, Zhōngguó de Éméishān děng dì yě hěn yǒumíng. Xiūyàndào tīngqǐlai xiàng

観光客： 说起在山里修行，中国的峨眉山等地也很有名。修验道听起来像

shì fójiào、shéndàojiào hé dàojiào hé wéi yìtǐ.

是佛教、神道教和道教**合为一体**。

Duì. Nà wǒmen qù kàn xiàmian de Huáyán pùbù de pùbùtán ba. Suīrán kuāndù bǐ Guìzhōu de Huángguǒshù

ガイド： 对。那我们去看下面的**华严瀑布**的**瀑布潭**吧。虽然宽度比贵州的**黄果树**

pùbù yào zhǎi yìxiē, dàn jiǔshíqī mǐ de luòchà bǐ Huángguǒshù pùbù hái yào gāo èrshí mǐ.

瀑布要窄一些，但九十七米的落差比黄果树瀑布还要高二十米。

Ā, wǒ gǎndào fùlízǐ le. Yǒu zhǒng xīnlíng dédào jìnghuà de gǎnjué, pùbù běnshēn jiù ràng rén

観光客： 啊，我感到**负离子**了。有种心灵**得到净化**的感觉，瀑布本身就让人

juéde shēn'ào ér shénqí.

觉得**深奥而神奇**。

Jiāng fùlízǐ shìwéi shénfó de língqì, chuānsuō zài qízhōng gǎnjué **xīnkuàng shényí**, tuōtāi huàngǔ, zhè

ガイド： 将负离子视为神佛的灵气，穿梭在其中感觉**心旷神怡**，**脱胎换骨**，这

huòxǔ jiùshì xiūyàndào.

或许就是修验道。

□ **原始森林**（手つかずの原生林）　□ **合为一体**（合わさって一体となる）　□ **华严瀑布**
（華厳の滝）　□ **瀑布潭**（滝壺）　□ **黄果树瀑布**（黄果樹瀑布：貴州省の世界遺産の滝。
落差78ｍ, 幅100ｍ以上）　□ **负离子**（マイナスイオン）　□ **得到净化**（清められる）
□ **深奥而神奇**（神々しさ）　□ **心旷神怡**（《成》心が晴れ晴れとして爽快である，リフレ
ッシュする）　□ **脱胎换骨**（《成》生まれ変わる）

【日本語訳】

ガイド：ここが中禅寺湖で，目の前にあるのが男体山(なんたいさん)，山の向こうは高層湿原です。手つかずの原生林が残る国立公園でもあります。

観光客：男体山の上には何があるのですか？

ガイド：昔から「修験道(しゅげんどう)」の修行の場として知られている二荒山神社奥宮(ふたらさん おくみや)です。

観光客：「修験道」？　初めて聞きました。

ガイド：それは山の姿を仏様と見て，この山の中で修行することで，自らが自然の一部になるという信仰です。

観光客：山で修行するというと，中国でも峨眉山(がびさん)などが有名ですが，聞いていると，修験道というのは仏教と神道と道教のミックスみたいですね。

ガイド：ええ。では華厳の滝の滝壺まで下りてみましょう。幅は貴州の黄果樹瀑布(こうかじゅばくふ)より細いですが，落差 97m で黄果樹瀑布より 20m 高いです。

観光客：ああ，マイナスイオンを感じますね。何か心が清められているというか，滝自体に神々しさを感じますね。

ガイド：このマイナスイオンを神仏の霊気とみて，この中を歩いてリフレッシュし，新しい自分になるのが修験道なのかもしれませんね。

【コラム】「修験道」の正体は「マイナスイオン」？

修験道というのは仏教でもなく神道でもなく，しかしそれらの要素に道教的要素まで取り入れた何とも言えない（"莫名其妙 mòmíng-qímiào"）信仰です。それは理論ではなく，山を歩くことで身を清め，神でもあり仏でもある山と一体化する「行」を重んじるものです。とりあえず観光客ならばその雰囲気を感じるために，山の持つ"负离子 fùlízǐ"でも感じてもらいましょう。

「日光紅葉狩り」に関するガイディングのポイントはこれだ！

紅葉狩りの季節の 11 月に，首都圏から一日で東照宮と中禅寺湖をまわるときには，見学順序に気をつけましょう。最初に行くべきは東照宮周辺です。理由は先に中禅寺湖を訪れた場合，いろは坂が渋滞のため，東照宮参拝時間リミットの 3 時半を過ぎる恐れがあるからです。ガイドたるもの，閉門時間にも気をつけたいものです。

File# 54

ガイド：
Wǒmen dàodá Rìguāng Jiānghùcūn le.
我们到达日光江户村了！

観光客：
Ā, yǒu xiǎopéngyǒu bànchéng rěnzhě! Shuōqilai, wǒ yìzhí rènwéi "rěnzhě" shì cìtàn qíngbào,
啊，有小朋友扮成忍者！ 说起来，我一直认为"忍者"是刺探情报，
ànshā zhèngyào de jiàndié. Wèi shéme yòng "rěn" zhèige zì ne?
暗杀**政要**的**间谍**。为什么用"忍"这个字呢？

ガイド：
Dàgài shì rěnzhě xūyào, jiùsuàn bèi zhuāzhù ér shòu yánxíng kǎodǎ,
大概是忍者需要，就算被抓住而受严刑拷打，
yě shǒukǒu-rúpíng bú huì chūmài gùzhǔ de rěnnài lì ba.
也**守口如瓶**不会出卖雇主的忍耐力吧。

観光客：
Gùmíng-sīyì de "rěnnài zhī rén" na!
顾名思义的"忍耐之人"哪！

ガイド：
Xiànzài kāishǐ de shì "huākuí yóuxíng"! Huākuí jiùshì míng fù qí shí de qīnglóu tóupái. Zhǐyǒu tóupái
现在开始的是"花魁游行"！ 花魁就是**名副其实**的青楼头牌。只有头牌
cái kěyǐ shǐyòng nèige fàxíng hé fàshì.
才可以使用那个发型和发饰。

観光客：
Zhēn de shì huálì duómù de fúzhuāng a! Ā, nàli yǒu ge nánhái hé wǔshì názhe zhúdāo zhèngzài guòzhāo!
真的是**华丽夺目**的服装啊！ 啊，那里有个男孩和武士拿着竹刀正在**过招**！

ガイド：
Yīnwèi Rìběn de háizi cóng xiǎo zài diànshìli kàndào de jiùshì shì sǐ rú guī, "nìng wéi yù suì, bù wéi
因为日本的孩子从小在电视里看到的就是**视死如归**，"**宁为玉碎，不为**
wǎ quán" ér tángtáng zhèngzhèng zhàndòu de wǔshì a.
瓦全"而堂堂正正战斗的武士啊。

観光客：
Wèi zhōngyì wèi míngyù ér tángtáng zhèngzhèng yí zhàn kěyǐ lǐjiě, dàn duì wèi míngyù ér pōufù zìshā
为忠义为名誉而堂堂正正一战可以理解，但对为名誉而**剖腹自杀**
zhè diǎn wǒ bù lǐjiě. Zhèng suǒwèi liú dé qīngshān zài, bú pà méi chái shāo a.
这点我不理解。正所谓**留得青山在不怕没柴烧**啊。

ガイド：
Zhè shì yīnwèi wǔshìdào jīngshén jiǎngjiū de shì huò cóng tiān jiàng shí, táobì zérèn nǎi shì zuìdà de chǐrǔ.
这是因为武士道精神讲究的是**祸从天降**时，逃避责任乃是最大的耻辱。

観光客：
Jiùshì shuō gǒuqiě tōushēng duìyú wǔshì lái shuō shì qí chǐ dà rǔ, shēng bùrú sǐ.
就是说**苟且偷生**对于武士来说是**奇耻大辱**，**生不如死**。

ガイド：
Shìde. Suǒyǐ cái huì wèi biǎo zìshēn qīngbái ér pōufù zìshā. Yīnwèi fùbù bèi kànzuò shì "chéngxìn"
是的。所以才会为表**自身清白**而剖腹自杀。因为腹部被看作是"**诚信**"
suǒzài zhī chù.
所在之处。

観光客：
Wúlùn shì yìjì, rěnzhě háishì wǔshì, bèihòu dōu yǒu yì běn nánniàn de jīng a ...
无论是艺妓，忍者还是武士，背后**都有一本难念的经**啊…

□ 政要（要人）　　□ 间谍（スパイ）　　□ 顾名思义（文字どおり）　　□ 名副其实《成》名実ともに）　　□ 华丽夺目（まばゆいばかり）　　□ 过招（〔武芸や技芸で〕勝負する）　　□ 视死如归《成》死を全く恐れない）　　□ 宁为玉碎，不为瓦全《谚》不名誉な生き方をするぐらいなら死んだほうがましである）　　□ 剖腹自杀（切腹する）　　□ 留得青山在不怕没柴烧（命さえあれば何とかなる，死んだら終わり）　　□ 祸从天降《成》災いは突然やってくる）　　□ 苟且偷生（だらだら生きる）　　□ 奇耻大辱，生不如死（死ぬほど恥ずかしい）　　□ 自身清白（身の潔白）　　□ 诚信（誠）　　□ 有一本难念的经（悩みを抱えている）

【日本語訳】

ガイド：日光江戸村に着きましたよ！

観光客：あ，ちびっこ忍者だ！　そういえば，「忍者」とは情報を探ったり，要人を暗殺したりするスパイだと思っていましたが，なんで「忍」というのですか？

ガイド：忍者はたとえ捕まって拷問されても口を割らず，雇い主を裏切らないほど忍耐力がいったからでしょう。

観光客：文字どおりの「忍びの者」なんですね！

ガイド：今度は「花魁道中」が始まりました！　花魁とは名実ともに最高位の遊女です。あの髪型や髪飾りは花魁のみに許されるものです。

観光客：本当にまばゆいばかりの衣装ですね！　あ，あそこで男の子がサムライと竹刀（しない）でチャンバラをしてる！

ガイド：日本では子どもの頃から死を目の前にしてもたじろかず，「武士道とは死ぬことと見つけたり」とばかりに戦う侍をテレビで見ますからね。

観光客：忠誠や名誉を重んじ，正々堂々と闘うのはわかるのですが，名誉のために腹を切るのは理解できません。死んだら終わりでしょう。

ガイド：ただ災難が降りかかっても，責任逃れをするのはのはこの上ない恥だと武士道は教えているのです。

観光客：だらだらと生きることは，武士にとって死ぬほど恥ずかしいんですね。

ガイド：はい。そこで身の潔白を証明するために，腹を切ったのです。腹には「誠」が宿ると考えられましたから。

観光客：ゲイシャもニンジャもサムライも，それぞれ悩みを抱えているんですね……

【コラム】　「武士道」の持つもう一つのイメージ

欧米人のイメージする「ニホンジン」とは，いまだサムライ，ゲイシャ，ニンジャかもしれません。中国人も欧米人ほどではないですが，訪日客のなかにはこのオリエンタリズム的日本像のコスプレ（**"扮装 bànzhuāng"**）をしたがる人もいます。ただ「武士道」に関しては戦時中のプロパガンダとして利用されたため，侵略者のイメージも払拭されていないこともお忘れなく。

寺社や自然等，見どころ多い日光ですが，親子連れに人気なのが日光江戸村です。テーマパークの命は何といってもスタッフ。ここのスタッフの多くが本格的な芝居の修業を積んでいる上に，時代劇風の衣装と言葉で接してくれたり，また剣術の稽古や岡っ引き（"捕吏 bǔlì"）による参加型のショーで盛り上げたりしてくれます。

訪日客に必ず聞かれる Question ベスト 5 はこれだ！

Rank 3

Hěnduō Rìběnrén jiǎnghuà shí dōu shēngyīn hěn xiǎo qiě bú kàn duìfāng yǎnjīng shì wèihé ne?
很多日本人讲话时都声音很小且不看对方眼睛是为何呢？

（多くの日本人は話をするとき，小声で話し，人の目をなぜ見ないのですか）

Yǐqián zài Rìběn kànzhe duìfāng yǎnjīng shuōhuà jǐn xiànyú shàngjí duì xiàjí jiǎnghuà shí. Xiàjí dīngzhe shàngjí de yǎnjīng yǒu
以前在日本看着对方眼睛说话仅**限于上级**对**下级**讲话时。下级盯着上级的眼睛有

fǎnkàng de yìsi bìngqiě hěn shīlǐ, suǒyǐ cái bú kàn duìfāng de yǎnjīng ba. Lìngwài, xiǎoshēng jiǎnghuà yě jué bù dàibiǎo shì zài
反抗的意思并且很失礼，所以才不看对方的眼睛吧。另外，小声讲话也绝不代表是在

jiǎng qiāoqiāohuà, ér shì rènwéi dàshēng xuānhuá huì gěi zhōuwéi tiān máfan. Suǒyǐ dàshēng jiǎnghuà dehuà, kěnéng huì bèi zhōuwéi de
讲悄悄话，而是认为**大声喧哗**会给周围添麻烦。所以大声讲话的话，可能会被周围的

rén zhǐzé ràng tāmen "xiǎodiǎnr shēng".
人**指责**让他们"小点儿声"。

（昔，日本では相手の目を見て話すのは目上が目下に話す時に限られました。目下が目上の目をじっと見ることは，反抗的で無礼なことなので視線を合わせないのでしょう。また，小声で話すのは，決して内緒話をしているのではなく，大声で騒ぐと周りに迷惑だと考えるからです。よって大声で話していると「静かにしてください。」と注意されるかもしれません。）

表現力 UP!

☐ 限于…（〜に限られる）
☐ 上级（目上）　　☐ 下级（目下）
☐ 讲悄悄话（内緒話をする）
☐ 大声喧哗（大声で騒ぐ）
☐ 指责（責める，とがめる，非難する）

Rank 4

Rìběn de lóng yǔ Zhōngguó de bùtóng ma?
日本的龙与中国的不同吗？

（日本の龍は中国のものと異なるのですか）

Zhèngrú "jiǔlóngbì" suǒshì yìbān, lóng zài Zhōngguó shì huángdì de xiàngzhēng. Ér zài Rìběn shì xiàng hé fēngyǔ tónglái
正如"**九龙壁**"所示一般，龙在中国是皇帝的象征。而在日本是像和风雨同来

de "bātóu bāwěi dàshé" yíyàng, shì hé yǔshuǐ yǒuguān de shuǐshén. Shénshè fógé fàngzhì lóng de zhuāngshì shì wèile
的"**八头八尾大蛇**"一样，是和雨水有关的水神。神社佛阁放置龙的装饰是为了

qíyǔ hé qíqiú bú shòu shuǐhuàn. Háiyǒu yǔ Zhōngguó de wǔzhuǎlóng bùtóng, Rìběn de lóng shì sān zhuǎ de.
祈雨和祈求不受**水患**。还有与中国的**五爪龙**不同，日本的龙是三爪的。

（「九龍壁」に示されるように，中国では龍は皇帝の象徴です。一方，日本では，風雨とともにやってくる「ヤマタノオロチ」のように，本来，雨や水と関わりのある水の神です。神社仏閣に龍の飾りをつけて，雨ごいや水害防止を祈るのもそのためです。また，中国の5本指の龍とは異なり，日本の龍は3本指です。）

表現力 UP!

□ 九龙壁（九龍壁）　　□ 八头八尾大蛇（ヤマタノオロチ〔八岐大蛇〕）　　□ 祈雨（雨乞い）
□ 水患（水害）　　□ 五爪龙（5本指の龍）

Rank 5

Shénme shì yìjì?

什么是艺妓？

（芸者とは何ですか）

Suǒwèi yìjì jiùshì shēnzhuó huálì de héfú, túbái mǒhóng, zài jiǔyànshang tōngguò tán sānxián chàng xiǎoqǔ hé tiàowǔ

所谓**艺妓**就是身着华丽的和服，**涂白抹红**，在酒宴上通过弹**三弦**唱**小曲**和跳舞

lái zhāodài kèrén de nǚxìng. Yìbān qíngkuàng nǚ lǎobǎn hé qítā de yìjì guòzhe tóngchī tóngzhù de shēnghuó, ránhòu bèi

来招待客人的女性。一般情况**女老板**和其他的艺妓过着**同吃同住**的生活，然后被

pàidào Rìshì gāojí fànzhuāng. Yě yǒuxiē rén duì yìjì bàoyǒu chīxiǎng, dàn yìjì shì "màiyì bú màishēn" de.

派到**日式高级饭庄**。也有些人对艺妓抱有**痴想**，但艺妓是"**卖艺不卖身**"的。

（芸者とは美しい着物を着て，おしろいに紅をさし，宴席で三味線を弾き，小唄を歌い，舞を舞って客をもてなす女性です。一般的には女将や他の芸者と同じ屋根の下に暮らし，料亭等に派遣しています。芸者に対してよからぬ妄想をする人もいますが，「芸は売っても体は売らない」のが芸者です。）

表現力 UP!

☐ 艺妓（芸者）　　☐ 涂白抹红（おしろいに紅をさす）　　☐ 三弦（三味線）
☐ 小曲（小唄）　　☐ 女老板（女将）　　☐ 同吃同住（同じ屋根の下に暮らす）
☐ 日式高级饭庄 / 高级日式餐厅（料亭）　　☐ 痴想（よからぬ妄想をする）
☐ 卖艺不卖身（芸は売っても体は売らない）

日光をガイドするための必須例文をマスター！

「東照」は「東方を照らす」を意味します。つまり，関東の守護神を祀る神社という意味です。	"Dōngzhào" dàibiǎo "Guāng zhào dōngfāng", yě jiùshì jìsì Guāndōng de "东照"代表"光照东方"，也就是祭祀关东的 shǒuhùshén de shénshè. 守护神的神社。
こちらは東照宮の彫刻の中でも人気の「見ざる聞かざる言わざる」の三猿です。	Zhèige jiùshì Dōngzhàogōng de diāokè zhōng rénqì zuìgāo de "bú kàn, bù tīng, 这个就是东照宫的雕刻中人气最高的"不看，不听， bù shuō" de sānbùhóu. 不说"的三不猴。
日本社会では相手の気持ちを察したり，空気を読んだりすることが求められるので，時には見て見ぬふりをせよ，という教えです。	Zhèshi jiāo rén zài Rìběn xūyào chuǎimó duìfāng de yìtú, cháyán guānsè, 这是教人在日本需要揣摩对方的意图，察言观色， yǒushí yě yào xuéhuì shì ér bú jiàn. 有时也要学会视而不见。
東照宮は全体で5,000以上の彫刻がある，日本一の彫刻博物館でもあるんですよ。その中でも，この陽明門だけで508もの彫刻があります。	Zhěnggè Dōngzhàogōng yǒu wǔqiān duō ge diāokè, shì Rìběn shǒu qū yìzhǐ de 整个东照宫有五千多个雕刻，是日本首屈一指的 diāokè bówùguǎn. Qízhōng jǐn Yángmíngmén jiù yǒu wǔbǎilíngbā ge diāokè. 雕刻博物馆。其中仅阳明门就有五百零八个雕刻。
輪王寺の境内に着きました。ここが三代将軍家光の霊廟，大猷院です。	Dào Lúnwángsì de yuànnèi le. Zhèbian shì dì sān dài jiāngjūn Jiāguāng de 到轮王寺的院内了。这边是第三代将军家光的 cítáng — Dàyóuyuàn. 祠堂——大猷院。
ここは三代将軍徳川家光を弔う仏教寺院です。あの金色の廊下の向こうが本殿で，家光の位牌と仏像が納められています。	Zhèli shì jìsì dì sān dài jiāngjūn Jiāguāng de fójiào sìyuàn. Jiāguāng de 这里是祭祀第三代将军家光的佛教寺院。家光的 páiwèi hé fóxiàng bǎifàng zài nèige jīnsè zǒuláng duìmiàn de zhèngdiàn. 牌位和佛像摆放在那个金色走廊对面的正殿。
ここが中禅寺湖で，目の前にあるのが男体山，山の向こうは高層湿原です。手つかずの原生林が残る国立公園でもあります。	Zhèli jiùshì Zhōngchánsìhú, yǎnqián zhè zuò shān jiào Nántǐshān, shān hòumiàn 这里就是中禅寺湖，眼前这座山叫男体山，山后面 shì gāoyuán shīdì. Nàli de guójiā gōngyuán li háiyǒu yuánshǐ sēnlín. 是高原湿地。那里的国家公园里还有原始森林。

「日光」案内の必須表現リスト

本章のダイアローグやQ&A，「日光をガイドするための必須例文をマスター！」で
使用した「日光」を案内するための最重要表現やその他の関連表現をまとめました。
これらを駆使して，日光についてうまく発信できるように復習しましょう！

▶日本的コミュニケーション

☐ 「見ざる聞かざる言わざる」の三猿......"不看，不听，不说"的三不猴 "bú kàn, bù
　　tīng, bù shuō" de sānbùhóu

☐ 相手の気持ちを察する...............揣摩对方的意图 chuǎimó duìfāng de yìtú

☐ 空気を読む........................察言观色 cháyán guānsè

☐ 見て見ぬふり......................视而不见 shì ér bú jiàn

☐ 聞いて聞かぬふり..................闻而不听 wén ér bù tīng

☐ 引っ込みがつかない................下不了台 xiàbuliǎo tái

☐ 口は災いの元......................祸从口出 huò cóng kǒu chū

☐ 本音.............................真心话 xīnlǐhuà

☐ 本音と建前が異なる................表里不一 biǎolǐ bùyī

☐ 和を乱さない......................随大流 suí dàliù

☐ 言葉に出さなくてもわかる.........意会 yìhuì

☐ 相手の顔を立てる..................留面子 liú miànzi

▶輪王寺大猷院

☐ 霊廟............................祠堂 cítáng

☐ 色とりどり......................五彩缤纷 wǔcǎi bīnfēn

☐ 〔光，色が〕まぶしい，まばゆい.....耀眼 yàoyǎn

☐ 陰と陽を兼ね備えた美..............阴阳兼备之美 yīnyáng jiānbèi zhī měi

☐ 屏風絵..........................屏风画 píngfēnghuà

☐ 絵巻物..........................画卷 huàjuàn

☐ 位牌............................牌位 páiwèi

☐ お経をあげる....................念经 niànjīng

▶武士道

□〔武芸や技芸で〕勝負する .... 过招 guòzhāo

□《成》死を全く恐れない .... 视死如归 shì sǐ rú guī

□《諺》不名誉な生き方をするぐらいなら死んだほうがましである ... 宁为玉碎，不为瓦全
　　　nìng wéi yù suì, bù wéi wǎ quán

□切腹する .... 剖腹自杀 pōufù zìshā

□命さえあれば何とかなる，死んだら終わり ... 留得青山在不怕没柴烧 liú dé qīngshān
　　　zài, bù pà méi chái shāo

□《成》災いは突然やってくる .... 祸从天降 huò cóng tiān jiàng

□だらだら生きる .... 苟且偷生 gǒuqiě tōushēng

□死ぬほど恥ずかしい .... 奇耻大辱，生不如死 qí chǐ dà rǔ, shēng bùrú sǐ

□身の潔白 .... 自身清白 zìshēn qīngbái

□誠 .... 诚信 chéngxìn

▶中禅寺湖，華厳の滝

□手つかずの原生林 .... 原始森林 yuanshǐ sēnlín

□華厳の滝 .... 华严瀑布 Huáyán pùbù

□滝壺 .... 瀑布潭 pùbùtán

□マイナスイオン .... 负离子 fùlízǐ

□清められる .... 得到净化 dédào jìnghuà

□神々しさ .... 深奥而神奇 shēn'ào ér shénqí

□《成》心が晴れ晴れとして爽快である，リフレッシュする .... 心旷神怡 xīnkuàng shényí

□《成》生まれ変わる .... 脱胎换骨 tuōtāi huàngǔ

▶芸者

□芸者 .... 艺妓 yìjì

□おしろいに紅をさす .... 涂白抹红 túbái mǒhóng

□三味線 .... 三弦 sānxián

□小唄 .... 小曲 xiǎoqǔ

□女将 .... 女老板 nǚ lǎobǎn

□同じ屋根の下に暮らす .... 同吃同住 tóngchī tóngzhù

□料亭 .... 日式高级饭庄 / 高级日式餐厅 Rìshì gāojí fànzhuāng/
　　　gāojí Rìshì cāntīng

下も向いて歩こう

　初めて外国人観光客を日光に案内した日は，小雨の降る日でした。通訳ガイドの新人研修で訪れたきりの日光でしたが，道順はだいたい覚えているので，三猿や鳴き龍，陽明門，眠り猫など，各見所をきちんと復習して本番に臨みましたが，全体を見学してから石段を下っているときにアクシデントが起きました。雨に濡れた石段で，お客様がすべってしまったのです。

　幸いズボンが汚れただけだったのですが，怪我でもされたら大変ですし，ツアーにも影響します。我々ガイドは解説をするときに上（建物や彫刻）ばかり見ていますが，神社仏閣や城郭庭園などの石段を，特に雨の日に歩くときには「足元注意」を呼びかけるようにしましょう。上ばかりでなく，下も見るのです。

第 10 章

「草津温泉」を案内しよう！

江戸時代の温泉番付表では堂々と最上位にランクづけられたのが草津温泉です。温泉旅館では衣食住ともに訪日客にとって異文化の連続です。温泉に浸かり，浴衣を着用し，和食をいただき，布団の上で寝るといった当たり前のことを英語で案内できるようにしましょう！

【観光編】...... 天下の名湯，草津温泉
温泉番付の首位は薬の湯

 File″ 55

ガイド：
Rìběn yǒu sānqiān duō ge wēnquán xīngluó qíbù, Cǎojīn wēnquánxiāng cóng Jiānghù shídài kāishǐ jiù páizài
日本有三千多个温泉星罗棋布，草津温泉乡从江户时代开始就排在
wēnquán páihángbǎng shǒuwèi.
温泉排行榜首位。

观光客：
Běn yǐwéi Cǎojīn wēnquán shì wèiyú shānlín shēnchù de wēnquán, méixiǎngdào shì yí ge hěn dà de zhènzi.
本以为草津温泉是**位于山林深处的温泉**，没想到是一个很大的镇子。

ガイド：
Jíshǐ rúcǐ yě shì yuǎnlí fánchén de xiānjìng. 　　　Zhèli bùzhǐ kěyǐ jiǎnqīng yālì,
即使如此也是**远离凡尘的仙境**。这里不只可以**减轻压力**，
wèijiè xīnlíng, hái yīnwèi yǒuzhe xiǎnzhù de liáoxiào cái chéngwéi Rìběn dìyī de wēnquánjiē.
慰藉心灵，还因为有着显著的**疗效**才成为日本第一的温泉街。

观光客：
Duì lǎomáobing yě yǒuxiào ma?
对**老毛病**也有效吗？

ガイド：
Shuō shì duì mànxìng fēngshībìng hé shénjīngtòng、tòngfēng、tángniàobìng děng yǒu liáoxiào. Yǒu hěn qiáng
说是对慢性风湿病和神经痛、痛风、糖尿病等有疗效。有很强
shājūn gōngxiào de suānxìng quán hé liúhuáng quán de yuántóu shuǐwēn yuē yǒu wǔshíliù dù.
杀菌功效的酸性泉和硫磺泉的源头水温约有五十六度。

观光客：
Kěyǐ jiāshuǐ jiàngwēn ma?
可以**加水降温**吗？

ガイド：
Bù kěyǐ, 　　　shì tōngguò zhèige jiàozuò "tāngtián" de réngōng pùbù lái jiàngwēn, dàn jíshǐ rúcǐ yě
不可以，是通过这个叫做"汤畑"的人工瀑布来降温，但即使如此也
shì fēicháng rè de. Suīrán bùnéng chángshíjiān rùyù, dànshì pàowán hòu huì pífū guānghuá, píláo quán wú.
是非常热的。虽然不能长时间入浴，但是泡完后会**皮肤光滑，疲劳全无**。

观光客：
Qí liáoxiào jīngguò kēxué zhèngmíng le ma?
其疗效经过科学证明了吗？

ガイド：
Shìde. Shíjiǔ shìjì Déguó yīshēng Bèi' ěrzǐ duì qí liáoxiào zuòguo yànzhèng, suíhòu zhèli de wēnquán
是的。**十九世纪德国医生贝尔兹对其疗效做过验证**，随后这里的温泉
yíyuè chéngwéi míng yáng sìfāng de wēnquán liáoyǎngdì hé kāngfù zhōngxīn.
一跃成为**名扬四方**的温泉疗养地和康复中心。

观光客：
Yuánlái shì zhèyàng. Kànqilai shì yí ge hěn yǒu lìshǐ de wēnquán. Nà shì shénme shíhou kāishǐ
原来是这样。看起来是一个很有历史的温泉，那是什么时候开始
kāifā de ne?
开发的呢？

ガイド：
Jùchuán shì bā shìjì yì míng jiào Xíngjī de sēngrén fāxiàn de, dàn wúcóng kǎojiu. Zài Rìběn rénmen
据传是八世纪一名叫行基的僧人发现的，但无从考究。在日本人们
zǒngshì xiǎng jiāng wēnquán qítè de lìliàng hé kěyǐ miào shǒu huí chūn de sēnglǚ de lìliàng xiāng jiéhéqilai.
总是想将温泉奇特的力量和可以**妙手回春**的僧侣的力量相结合起来。

□ 星罗棋布（《成》あちこち点在する）　□ 温泉排行榜（温泉ランキング）　□ 位于山林深处的温泉（秘湯）　□ 远离凡尘（世俗を離れる）　□ 减轻压力（リラックスする）　□ 慰藉心灵（癒す）　□ 疗效（効能）　□ 老毛病（持病）　□ 说是（〜と言われている）　□ 慢性风湿病（慢性リウマチ）　□ 加水降温（水で冷ます）　□ 皮肤光滑（肌がすべすべする）　□ 疲劳全无（疲れが取れる）　□ 名扬四方（名をとどろかす）　□ 温泉疗养地（湯治場）　□ 康复中心（リハビリセンター）　□ 妙手回春（《成》《医者の腕前を称賛して》名医が手を下すと瀕死の病人もたちまち回復する）

【日本語訳】

ガイド：日本には 3000 もの温泉があちこちに点在していますが，江戸時代から温泉番付 1 位なのが，ここ草津温泉郷です。

観光客：草津温泉は秘湯だと思っていたのですが，結構大きな町ですね。

ガイド：それでも世俗を離れた楽園です。ここはただリラックスしたり癒されたりするだけではなく，効能が非常に優れているため，このような日本一の温泉街になったのです。

観光客：持病にも効きますか？

ガイド：慢性リウマチや神経痛，痛風，糖尿病などにも効くと言われています。強い殺菌力がある酸性泉や硫黄泉の源泉は，およそ 56 度もあります。

観光客：では，水で冷ますことはできますか？

ガイド：できません，この「湯畑」という人工の滝で冷ますのですが，それでも熱いです。長時間は入れませんが，風呂上りにはお肌がすべすべし，疲れが取れます。

観光客：その効能は，科学的に証明されているのですか？

ガイド：はい。19 世紀にドイツの医師ベルツが有効性を検証し，湯治場やリハビリセンターとして一躍有名な温泉になったのです。

観光客：そうですか。古そうな温泉ですが，いつから温泉になったんですか？

ガイド：8 世紀に行基という僧侶が発見したといわれていますが，定かではありません。日本では温泉の不思議なパワーと，難病も治せる僧侶の力を結び付けたかったのでしょう。

【観光編】…… 草津名物湯もみと時間湯

草津よいとこ一度はおいで

観光客：
Wǒ duì chuántǒng biǎoyǎn yìshù hěn gǎn xìngqù, Cǎojīn yǒu shénme yǒuqù de ma?
我对传统表演艺术很感兴趣，草津有什么有趣的吗？

ガイド：
Nàyàng de huà yǒu yì zhǒng míng jiào "jiǎobàn wēnquánshuǐ" biǎoyǎn de Cǎojīn mínyáo hé wǔdǎo. Yàobuyào qù
那样的话有一种名叫"**搅拌**温泉水"表演的草津民谣和舞蹈。要不要去
tǐyàn yíxià biān chàng biān yòng mùbǎn jiǎobàn rèshuǐ de biǎoyǎn? Wǒmen jìnqù kànkan ba.
体验一下边唱边**用木板搅拌**热水的表演？ 我们进去看看吧。

观光客：
Hǎo a. Ā, liúhuángwèi pūbí ér lái. Shuǐ hěn rè ma?
好啊。啊，**硫磺味扑鼻而来**。水很热吗？

ガイド：
Fēicháng rè. Cǎojīn wēnquán de shuǐ zuìdī de yě yǒu wǔshí dù, zuìgāo de kěyǐ dádào jiǔshí dù.
非常热。草津温泉的水最低的也有五十度，最高的可以达到九十度。

观光客：
Jìrán nàme rè wèi shénme bù jiāshuǐ jiàngdī wēndù ne?
既然那么热为什么不加水降低水温呢？

ガイド：
Yīnwèi jiāshuǐ jiàngdī shuǐwēn dehuà, wēnquán de chéngfèn jiù huì bèi xīshì.
因为加水降低水温的话，温泉的成分就会被**稀释**。

观光客：
Yǒu dàolǐ. Nà wèi shénme yào zài jiàngwēn de tóngshí chànggē ne?
有道理。那为什么要在降温的同时唱歌呢？

ガイド：
Chànggē wánquán shì yīnwèi xiǎng ràng dānyī de tǐlì láodòng gèng qīngsōng yìxiē.
唱歌完全是因为想让单一的**体力劳动**更轻松一些。

观光客：
Shuōqilái Zhōngguó zài chāyāng hé shōugē shí wèile tígāo xiàolǜ yě huì bànzhe luó hé suǒnà de jiézòu
说起来中国在**插秧**和**收割**时为了提高效率也会伴着**锣**和**唢呐**的**节奏**
biān chàng biān tiào.
边唱边跳。

ガイド：
Nà jiùshì "yānggē" ba. Kànlái quán shìjiè de rén zài láodòng de shíhou dōu huì huāngē qǐwǔ. Lái,
那就是"**秧歌**"吧。看来全世界的人在劳动的时候都会**欢歌起舞**。来，
biǎoyǎn mǎshàng jiùyào kāishǐ la.
表演马上就要开始啦。

观光客：
Ò, zhèige tài hǎowánr le, tāmen zài yòng mùbǎn qiāodǎ mùpénbiān! Fǎngfú jiùshì yì zhǒng dǎjī yuèqì.
哦，这个太好玩儿了，他们在用木板敲打木盆边！ 仿佛就是一种**打击乐器**。
Jiézòu shuōbushàng shì dānchún háishì yuánshǐ, dànshì zhēn de shì hěn yǒuqù de tǐyàn.
节奏说不上是**单纯**还是原始，但是，真的是很有趣的体验。

□ 搅拌（かき混ぜる） □ 用木板搅拌（木の櫂（かい）でかき混ぜる） □ 硫磺味扑鼻而来（硫黄の匂いがする） □ 稀释（濃度を薄める） □ 体力劳动（肉体労働） □ 插秧（田植え〔をする〕） □ 收割（刈り入れ〔をする〕） □ 锣（銅鑼（どら）） □ 唢呐（チャルメラ） □ 节奏（リズム） □ 秧歌（〔中国北方の〕田植え歌，田植え踊り） □ 欢歌起舞（楽しく歌って踊る） □ 打击乐器（打楽器） □ 单纯（単純である，シンプル）

【日本語訳】

観光客：私は伝統芸能に興味があるのですが，草津は何かおもしろいものがありますか？

ガイド：それなら，「湯もみ」ショーといって，草津の民謡と踊りがあります。歌いながら熱い湯を木の櫂<ruby>櫂<rt>かい</rt></ruby>でかき混ぜるパフォーマンスを体験してみませんか？　中に入ってちょっと見てみましょう。

観光客：ええ。ああ，硫黄の匂いがしますね。熱いんですか？

ガイド：かなり熱いです。草津の湯は最低でも50度，最高90度にもなります。

観光客：そんなに熱いのに，なぜ水を加えて温度を下げないのですか？

ガイド：水を加えて温度を下げると，温泉の成分も薄まるのです。

観光客：なるほど。ではなぜ冷ましながら歌うのですか？

ガイド：歌を歌うのは，単調な［変化のない］肉体労働を楽にするためです。

観光客：そういえば，中国でも田植えや稲刈りの効率を上げるために，銅鑼やチャルメラに合わせて歌や踊りをしていました。

ガイド：「田植え歌」ですね。全世界的に労働の際，歌って踊ることがあるんですね。さあ，ショーが始まりますよ。

観光客：おお，これはおもしろい，木の櫂で木の浴槽を叩いている！　一種の打楽器ですね！リズムもシンプルというか原始的というか，いや，本当に楽しい体験でした。

【コラム】 "深度游"とは…？　旅の種類あれこれ

温泉に入るだけでは面白くないという訪日客には「湯もみ」をお勧めします。熱い湯を草津音頭に合わせてかき混ぜるのが，日本ならではの体験だと思わせるからです。中国人観光客というと，いまだに"爆买 bàomǎi"（爆買い）という印象があります。体験を通じてより深く文化を理解する"深度游 shēndù yóu"（個性的なこだわりの旅行）や，草津のきれいな空気を吸い込む"洗肺游"（肺をきれいにする旅行）など，さまざまな旅の形態が表れています。

観光客：
Xiāngbǐ jiǔdiàn, lǚguǎn yǒu shénme tèzhēng ne?
相比酒店，旅馆有什么特征呢？

ガイド：
Rì shì lǚguǎn shì yí ge wēixíng de Rìběn chuántǒng wénhuà zhǔtí gōngyuán. Shǒuxiān zài wēnquánli mànmàn
日式旅馆是一个**微型**的日本传统文化主题公园。首先在温泉里慢慢
fàngsōng, jiēzhe shì zài sìjì fēnmíng de měilì tíngyuàn zhōng yì bǎo yǎnfú. Lìngwài yǔ jiǔdiàn zuìdà de
放松，接着是在**四季分明**的美丽庭院中一饱眼福。另外与酒店最大的
qūbié jiùshì wúwēi-búzhì de fúwù.
区别就是**无微不至**的服务。

観光客：
Nà yǐnshí fangmiàn ne?
那饮食方面呢？

ガイド：
Kěyǐ pǐnchángdào yìngjì shícái suǒ yōngyǒu de yuán zhī yuánwèi. Gèng kěyǐ tǐyàndào chuántǒng fángjiān běnshēn
可以品尝到**应季食材**所拥有的**原汁原味**。更可以体验到传统房间本身
de měi.
的美。

観光客：
Qìjīn wéizhǐ de lǚxíng dōu shì zǒumǎ guānhuā, zhècì hǎoxiàng kěyǐ shēndùyóu le. Hǎo xiǎng qù kànkan
迄今为止的旅行都是**走马观花**，这次好像可以**深度游**了。好想去看看
nàyàng de dìfang.
那样的地方。

────────────────────────

ガイド：
Qǐng kàn. Zhège yǒuzhe dǒuqiào máocǎo wūdǐng de biéshù jiùshì wǒmen jīntiān zhùsù de dìfang.
请看。这个有着**陡峭**茅草屋顶的别墅就是我们今天住宿的地方。
Lái, qǐng dào zhèbian yǒu dìlú de kètīng děng yíxià.
来，请到这边有**地炉**的**客厅**等一下。

観光客：
À, hǎo piàoliang de chāhuā a!
啊，好漂亮的插花啊！

ガイド：
Shìde. Chāhuā yǒu liǎng ge zhòngyào de yuánsù. Yí ge shì xiàng kèrén zhǎnshì wēnxīn fúwù zhī xīn.
是的。插花有两个重要的元素。一个是向客人展示**温馨服务之心**。

観光客：
Nà lìng yí ge ne?
那另一个呢？

ガイド：
Bèi jiǎnduàn de huā suīrán huì zànshí shīqù shēngmìng, dàn qí měi huì yīn rén de shěnměiguān hé jìshù
被剪断的花虽然会暂时失去生命，但其美会因人的审美观和技术
ér dédào shenghuá, jìnér kāiqǐ tā de "dì' èr rénshēng". Suǒyǐ Rìyǔli yě jiào "huóhuā".
而得到升华，进而开启它的"第二人生"。所以日语里也叫"活花"。

観光客：
Bù jǐnjǐn shì piàoliang, hái fùyǒu zhéxué dàolǐ!
不仅仅是漂亮，还**富有哲学道理**！

□ 微型（ミニ）	□ 放松（くつろぐ）	□ 四季分明（四季折々）	□ 无微不至（《成》

□ 微型（ミニ）　　□ 放松（くつろぐ）　　□ 四季分明（四季折々）　　□ 无微不至（《成》
心遣いが至れり尽くせりである，かゆいところに手が届く）　　□ 应季食材（旬の食材）
□ 原汁原味（素材そのものの味わい）　　□ 走马观花（《成》駆け足の旅行）　　□ 深度游
（個人重視のこだわりの旅）　　□ 陡峭（急勾配）　　□ 地炉（囲炉裏）　　□ 客厅（待合室）
□ 温馨服务之心（温かいもてなしの心）　　□ 富有哲学道理（なかなか哲学的だ）

【日本語訳】

観光客：ホテルと比べて，旅館にはどんな特徴があるのですか？

ガイド：旅館は日本の伝統文化のミニテーマパークです。まず，温泉でゆっくりとくつ
　　　　ろげますし，次に四季折々の美しい庭園も目の保養になります。そして，なに
　　　　より至れり尽くせりのおもてなしがホテルとの違いです。

観光客：食事はどうですか？

ガイド：旬の食材がもつ素材そのものの味わいに舌鼓が打てます。さらに，和室本来の
　　　　美しさが体験していただけることです。

観光客：これまで駆け足の旅行しかしたことがなかったので，今回はこだわりの旅にな
　　　　りそうですね。そんなところに行ってみたかったんです。

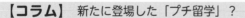

ガイド：ご覧ください。急勾配のわらぶき屋根のこの一戸建て
　　　　が，私たちが宿泊する場所です。さあ，こちらの囲炉
　　　　裏のある待合室で待ちましょう。

観光客：ああ，すばらしい生け花ですね！

ガイド：ええ。生け花には二つの重要な要素があるんですよ。一つ
　　　　はお客に対して，温かいもてなしの心を示すということです。

観光客：もう一つは？

ガイド：切られた花はいったん命を失いますが，人間の美意識
　　　　と技術によってその美しさを最大限に引き出し，花に「第二の人生」を送って
　　　　もらうことです。だから日本語では「活け花」ともいうのです。

観光客：ただきれいなだけでなく，なかなか哲学的ですね！

【コラム】　新たに登場した「プチ留学」？

旅館を「伝統文化のミニテーマパーク」と例えるのは，東照宮を「彫刻博物館」に
例えるのと同様です。また，文中に出てくる“深度游”ですが，もう少し本格的に
生け花や茶道などを学ぶ，「プチ留学」のことを，最近“游学”と言うようになりま
した。生活の多様化につれて，中国人の旅の仕方もどんどん変わってきているので，
ガイドとしてもついていくのが大変です。

旅館のスリッパは訪日客を悩ませます。まず，入室時に履くスリッパを部屋の畳の上では履けないこと。次に，トイレに行ったらトイレ用のスリッパがあり，履き替えること。さらにそのトイレ用のスリッパを履いて廊下を歩けないことなど，旅館ではホテルにはないカルチャーショックが満載なのです。

訪日客に必ず聞かれる Question ベスト5はこれだ！

Rank 1

Rìběnrén shēntǐ bù shūfu shí huì qù wēnquán, zhè shì zhēn de ma?

日本人身体不舒服时会去温泉，这是真的吗？

（日本人は体の具合が悪いとき，温泉に行くというのは本当ですか）

Shìde. Zhèngrú Zhōngguó shèngxíng zhōngyào hé zhēnjiǔ yíyàng, zài sìchù dōu yǒu wēnquán de Rìběn, rénmen bù zhǐshì

是的。正如中国盛行中药和针灸一样，在四处都有温泉的日本，人们不只是

qù fàngsōng shēnxīn, yě huì yǒurén wèile liáoyǎng ér zài wēnquánxiāng zhù jǐzhōu. Jùshuō yǒude wēnquán duì áizhèng yě yǒu

去放松身心，也会有人为了疗养而在温泉乡住几周。据说有的温泉对癌症也有

liáoxiào. Hěnduō zhùzài wēnquán liáoyǎng zhuānyòng lǚguǎn de rén dōu huì zìbèi guō wǎn piáo pén děng pēngrèn gōngjù hé

疗效。很多住在温泉疗养专用旅馆的人都会自备锅碗瓢盆等烹饪工具和

chái mǐ yóu yán děng, jiāng zhìbìng róngrùdàole rìcháng shēnghuó zhīzhōng.

柴米油盐等，将治病融入到了日常生活之中。

（はい。中国では漢方薬や鍼灸が発展しましたが，どこにでも温泉が湧く日本には，くつろぐだけでなく，療養のために温泉に数週間滞在する人もいます。がんにまで効果があると言われている温泉もあります。湯治宿に泊まる人の多くが鍋や釜などの自炊道具や米や油，塩などの生活必需品を準備し，生活の中で病を治すのです。）

表現力 UP!

□ 针灸（鍼灸）　　□ 放松身心（くつろぐ）　　□ 温泉疗养专用旅馆（湯治宿）
□ 锅碗瓢盆（鍋や椀などの炊事用具）　　□ 柴米油盐（たきぎ・米・油・塩，毎日の生活に欠かせない品）

Rank 2

Chī héshí shí xūyào zhùyì nǎxiē shìxiàng?

吃和食时需要注意哪些事项？

（和食の食べ方の注意事項について教えてください）

Shǒuxiān, shījīn shì yònglái cā shǒu hé zuǐ de, suǒyǐ qǐng búyào yònglái cā liǎn. Chī hǎixiān shí búyào bǎ yúcì hé yútóu、

首先，湿巾是用来擦手和嘴的，所以请不要用来擦脸。吃海鲜时不要把**鱼刺**和鱼头、

nèizàng、bèiké děng fàngdào zhuōzixia, érshì fàngdào pánzili. Shíyòng tāng cài de shíhou bù shǐyòng tāngchí érshì yòng

内脏、贝壳等放到桌子上，而是放到盘子里。食用汤菜的时候不使用**汤匙**而是用

kuàizi. Hé Rìběnrén hē jiǔ de shíhou búyào yì yǐn'ér jìn, hěnduō shíhou shì zìzhēn zìyǐn de. Qítā de jiǔ hé

筷子。和日本人喝酒的时候不要**一饮而尽**，很多时候是**自斟自饮**的。其他的就和

zhōngcān chàbuduō yíyàng.

中餐差不多一样。

（まず，おしぼりは手や口をふくものですので，顔をふくのはお控えください。
魚介類を食べるときは骨や頭，はらわた，貝殻等はテーブルに直置きせず，皿の
上に置きます。汁物を吸うときは，レンゲではなく箸を使います。日本人と飲酒
する際は一気飲みはせず，手酌することも多いです。あとは中華料理を食べると
きと大体同じです。）

表現力 UP!

□ **鱼刺**（魚の骨）　　□ **内脏**（内臓，はらわた）　　□ **汤匙**（レンゲ）
□ **一饮而尽**（《成》一気に飲み干す）　　□ **自斟自饮**（自分で酌をする，手酌する）

【観光編】 …… 和食──鍋物と酒

やはり一番の楽しみは和食！

 File# 58

ガイド：
Jīntiān de fùcài shì yǐ zài duōshān dìqū de Cǎojīn shēngzhǎng de shícái wéizhǔ. Zhèige shì yùtou,
今天的副菜是以在**多山地区**的草津生长的食材为主。 这个是**芋头**，
nèige shì niúbàng. Fàng zài xiǎopánzili shì wèile shǎngxīn yuèmù. Ránhòu zhèige shì yán kǎo xiāngyú.
那个是**牛蒡**。放在小盘子里是为了**赏心悦目**。然后这个是**盐烤香鱼**。

观光客：
Yú zài Zhōngguó shì yào hóngshāo huòshì yòng diànfěn gōuqiàn de, zhèli jǐnjǐn shì sāshang yán lái kǎo.
鱼在中国是要红烧或是用**淀粉**勾芡的，这里仅仅是撒上盐来烤。

ガイド：
Shìde. Yào kǎo xiāngyú de wèidào zài qīngdàn zhōng lüèyǒu yìsī kǔ, hěn yǒu rénqì de. Yǔ qítā de
是的。 盐烤香鱼的味道在**清淡**中略有一丝苦，很有人气的。与其他的
yú bùtóng de shì bù xūyào duì yúlín hé nèizàng shìxiān chǔlǐ jiù kěyǐ zhíjiē shíyòng. "Rìcān
鱼不同的是不需要**对鱼鳞和内脏事先处理**就可以直接食用。"日餐
bú guòdù de pēngrèn" shì měishíjiā de kǒutóuchán.
不过度地烹饪"是美食家的口头禅。

观光客：
Jīntiān de zhǔcài shì shuàn niúròu ba.
今天的主菜是**涮牛肉**吧。

ガイド：
Méicuòr. Zhǔfèi de hǎidài tāngdǐ lái le. Jiāng báicài、tónghāo、cōng、dòufu děng xiān fàngjinqu,
没错儿。**煮沸**的海带汤底来了。将白菜、**茼蒿**、葱、豆腐等先放进去，
ránhòu zài fàng qiēde hěn báo de xuěhuā niúròupiàn.
然后再放切得很薄的**雪花牛肉片**。

观光客：
Ránhòu zhànzhe jīdànzhī chī.
然后蘸着**鸡蛋汁**吃。

ガイド：
Bù, nèige shì Rìshì niúròu huǒguō. Zhèige yào zhànzhe chéngzi cù hé zhīmajiàng chī.
不，那个是日式**牛肉火锅**。这个要蘸着**橙子醋**和**芝麻酱**吃。

观光客：
Yuánlái rúcǐ. Ā, zhèige shì qīngjiǔ ba. Tā de yuánliào shì shénme ne?
原来如此。啊，这个是清酒吧。它的原料是什么呢？

ガイド：
Shì yòng mǐ zuò de. Tōngguò jiāng mǐ fājiào hòu guòlǜ ér chéng de niàngzào jiǔ. Hé Rìcān hěn pèi.
是用米做的。通过将米发酵后**过滤**而成的酿造酒。和日餐很配。
Jiǔ yǒu tiánkǒu、làkǒu、chúnxiāng děng gèshì zhǒnglèi.
酒有**甜口**、辣口、醇香等各式种类。

观光客：
Hē zhīqián yào rè yíxià ma?
喝之前要热一下吗？

ガイド：
Rúguǒ dōngtiān dehuà, hē rè de jiào duō, xiàtiān
如果冬天的话，喝热的较多，夏天
háishì hē bīngzhèn de duō.
还是喝冰镇的多。

观光客：
Liángjiǔ tài liáng le, háishì hē chángwēn de ba.
凉酒太凉了，还是喝常温的吧。

Licensed under Public Domain via
Wikimedia Commons

□ 多山地区（山岳地帯）　　□ 芋头（里芋）　　□ 牛蒡（ゴボウ）　　□ 赏心悦目（目で楽しむ）　　□ 盐烤香鱼（鮎の塩焼き）　　□ 淀粉（片栗粉）　　□ 清淡（あっさり）　　□ 对鱼鳞和内脏事先处理（鱗やはらわたを取る）　　□ 美食家的口头禅（グルメの口癖）　　□ 涮牛肉（しゃぶしゃぶ）　　□ 煮沸（沸騰する）　　□ 海带汤底（昆布のだし汁）　　□ 茼蒿（春菊）　　□ 雪花牛肉片（霜降り肉）　　□ 鸡蛋汁（溶き卵）　　□ 牛肉火锅（すき焼き）　　□ 橙子醋（ポン酢）　　□ 芝麻酱（ゴマダレ）　　□ 过滤（濾す）　　□ 甜口 / 辣口（甘口／辛口）　　□ 醇香（香り高い）

【日本語訳】

ガイド：今日の副菜は，山がちな草津で採れた食材が中心です。これは里芋，それはゴボウ。目でも楽しめるように小皿に盛り付けてありますね。そしてこれは鮎の塩焼きです。

観光客：中国では魚は醤油で煮たり，片栗粉でとろみをつけるのですが，塩焼きですか。

ガイド：ええ。鮎の塩焼きはあっさりした味わいの中に苦みがあり，人気があります。他の魚と違って鱗やはらわたを取らず，そのまま食べるのです。「和食は調理しすぎないこと」というのは，グルメの口癖です。

観光客：ところで，今日のメインはしゃぶしゃぶですよね。

ガイド：はい。沸騰した昆布のだし汁が来ましたよ。これに白菜，春菊，長ネギ，豆腐などをまず入れ，それから薄切の霜降り肉を入れます。

観光客：それから溶き卵につけて食べるんですね。

ガイド：いえ，それはすき焼きです。これはポン酢やゴマダレにつけるんです。

観光客：なるほど。あ，これは日本酒ですね。原料は何ですか？

ガイド：米で作られています。米を発酵させ濾して醸造するんです。日本料理にピッタリなんですよ。お酒の種類は，甘口，辛口，香り高いものなどさまざまです。

観光客：飲む前に燗をするのですか？

ガイド：冬なら熱燗で飲む人が多いですし，夏はやはり冷酒で飲む人が多いです。

観光客：冷酒は冷たすぎるので，冷や（常温）でお願いします。

【コラム】　やはり慣れているのは母国の料理？

中華料理と比べた際の和食の特徴は，旬の新鮮な素材を，なるべく手を加えずに楽しむことでしょう。ただ，その微妙な味を楽しんでいられるのも一，二回ぐらい。「三つ子の魂百まで（《諺》"江山易改，本性难移 jiāng shān yì gǎi běn xìng nán yí"）」とでもいいましょうか，多くの中国人観光客は，滞在中はホテルに宿泊して中華料理を食べ，「文化体験」として温泉旅館に泊まって和食を食するようです。

Rank 3

Lǚguǎn hé mínsù de qūbié zài nǎr?

旅馆和民宿的区别在哪儿？

（旅館と民宿の違いは何ですか）

Tāmen de gòngtōngdiǎn dōu shì rìshì de zhùsù chǎngsǔ, bùtóngdiǎn shì zài zhuānyè rénshì tígòng de fúwù hé jiātíng fēngwèi

它们的共通点都是日式的住宿场所，不同点是在**专业人士**提供的服务和**家庭风味**

nónghòu de fúwùshang. Lǚguǎn de fàncài shì yóu zhíyè chúshī fùzé, pū bèizi děng jiēdài kèrén zé yóu nǚxìng fúwùyuán

浓厚的服务上。旅馆的饭菜是由**职业厨师**负责，**铺被子**等接待客人则由女性服务员

fùzé, mínsù dōu shì yóu wūzhǔ yìjiā lái fùzé.　Zài lǚguǎn kěyǐ tǐyàndao wúwēi búzhì de fúwù,　zài mínsù zé

负责，民宿都是由屋主一家来负责。在旅馆可以体验到**无微不至**的服务，在民宿则

yǒu bīnzhì-rúguī de gǎnjué.

有**宾至如归**的感觉。

（共通点は和風の宿泊施設であることですが，相違点はプロの接客と家族的もてなしの違いです。旅館の食事はプロの板前が作り，布団を敷くなどの接客は仲居さんがしますが，民宿ではみな主人の家族がします。旅館ではきめ細かいおもてなしが期待できる一方，民宿では我が家に帰ったかのようにくつろげます。）

表現力 UP!

□ 专业人士（プロ）　　□ 家庭风味浓厚的服务（家族的もてなし）

□ 职业厨师（プロの板前）　　□ 铺被子（布団を敷く）

□ 无微不至（《成》心遣いが至れり尽くせりである，かゆいところに手が届く）

□ 宾至如归（《成》客が親切なもてなしを受け，わが家に帰ったように感じる）

訪日客に必ず聞かれる Question ベスト 5 はこれだ！

Rank 4

Qǐng jièshào yíxià Rìběn shūfǎ.
请介绍一下日本书法。

（日本の書道について教えてください）

Zhōngguó wénrén xǐ'ài de qín qí shū huà zhōng, "shūfǎ" chuánrù Rìběn hòu chéngwéi "shūdào" bìng yǒule dúzì de fāzhǎn
中国文人喜爱的**琴棋书画**中，"书法"传入日本后成为"书道"并有了独自的发展
biànhuà. Shūfǎ bān hé chūshòu "bǐmò zhǐ yàn" děng wénfángsìbǎo de zhuānmài diàn suíchù kějiàn. Tā yǐjīng bù jǐnjǐn
变化。书法班和**出售**"笔墨纸砚"等文房四宝的专卖店随处可见。它已经不仅仅
shì yìshù, érshì tóng chádào hé huādào, wǔshù xiāngtóng, tōngguò fǎnfù liàn shūfǎ kěyǐ lǐngwùdào rénshēng. Yě jiùshì
是艺术，而是同茶道和花道，武术相同，通过反复练书法可以**领悟到人生**。也就是
shuō qí tèzhēng shì kěyǐ tōngguò yìshù huódòng lái táoyě qíngcāo.
说其特征是可以通过艺术活动来**陶冶情操**。

（中国の文人が愛好する琴と碁と書と画のたしなみのうち，「書法」は日本に渡って「書道」となり，独自の発展を遂げました。どこにも書道教室や，筆，墨，和紙，すずりなどの書道用具を扱う店があります。それは単なる芸術ではなく，茶道や華道，武道と同じく，繰り返し書を学ぶこと自体に人生の道を見出します。言い換えれば，芸術活動を通して人格を高めるのが特徴です。）

表現力 UP!

□ **琴棋书画**（《成》琴と碁と書と画，高尚な遊び）
□ **出售**（売る，売り出す）
□ **领悟到人生**（人生の道を見出す）
□ **陶冶情操**（情操を養う，人格を高める）

Rank 5

Yìngjì de liàolǐ dōu yǒu nǎxiē?
应季的料理都有哪些？

（旬の料理にはどんなものがありますか）

Xiāngduì yú zhōngcān yòng suān tián kǔ là děng tiáowèi, bìngyòng jiān chǎo pēng zhá děng pēngrèn jìshù lái zhuīqiú wèidao, Rìcān de tèzhēng
相对于中餐用酸甜苦辣等调味，并用**煎炒烹炸**等**烹饪技术**来追求味道，日餐的特征

zàiyú xiángshòu dāngjì shícái běnshēn de měiwèi. Bǐrú chūntiān de zhúsǔn, xiàtiān de kǎo mányúpiàn, qiūtiān de sōngróng hé
在于享受**当季食材本身的美味**。比如春天的竹笋，夏天的**烤鳗鱼片**，秋天的松茸和

féiměi de qiūdāoyú, dōngtiān de pángxiè děng. Zài cháxíshang xiángyòng de sān cài yì tāng de huáishí liàolǐ kěyǐ shuōshì jiǎngjiù
肥美的**秋刀鱼**，冬天的螃蟹等。在茶席上享用的三菜一汤的怀石料理可以说是**讲究**

zhèngféng shílìng de xīnxiān càiyáo de dàibiǎo.
正逢时令的新鲜菜肴的代表。

（酸い，甘い，苦い，辛いなどの味付けと焼いたり炒めたり煮たり揚げたりなどの調理法で味を追求する中華料理に比べ，日本料理の特徴は旬の素材の持ち味を楽しむことです。例えば，春の筍，夏の鰻の蒲焼，秋の松茸や脂ののったサンマ，冬の蟹などです。そして旬にこだわる代表が，茶席でいただく一汁三菜の懐石です。）

表現力 UP!

□ 煎炒烹炸（焼いたり炒めたり煮たり揚げたり）
□ 烹饪技术（調理法）
□ 当季食材本身的美味（旬の素材の持ち味）
□ 烤鳗鱼片（鰻の蒲焼）
□ 秋刀鱼（サンマ）
□ 讲究正逢时令的新鲜菜肴（旬にこだわる）

草津温泉をガイドするための必須例文をマスター！

日本には 3000 もの温泉があちこちに点在していますが，江戸時代から温泉番付 1 位なのが，ここ草津温泉郷です。	Rìběn yǒu sānqiān duō ge wēnquán xīngluó qíbù, Cǎojīn wēnquánxiāng cóng 日本有三千多个温泉星罗棋布，草津温泉乡从 Jiānghù shídài kāishǐ jiù páizài wēnquán páihángbǎng shǒuwèi. 江户时代开始就排在温泉排行榜首位。
慢性リウマチや神経痛，痛風，糖尿病などにも効くと言われています。	Shuō shì duì mànxìng fēngshībìng hé shénjīngtòng、tòngfēng、tángniàobìng děng 说是对慢性风湿病和神经痛、痛风、糖尿病等 yǒu liáoxiào. 有疗效。
水を加えて温度を下げると，温泉の成分も薄まるのです。	Yīnwèi jiāshuǐ jiàngdī shuǐwēn dehuà, wēnquán de chéngfèn jiù huì bèi xīshì. 因为加水降低水温的话，温泉的成分就会被稀释。
旅館は日本の伝統文化のミニテーマパークです。まず，温泉でゆっくりとくつろげますし，次に四季折々の美しい庭園も目の保養になります。	Rìshì lǚguǎn shì yí ge wēixíng de Rìběn chuántǒng wénhuà zhǔtí gōngyuán. 日式旅馆是一个微型的日本传统文化主题公园。 Shǒuxiān zài wēnquánli mànmàn fàngsōng, jiēzhe zài zài sìjì fēnmíng de měilì 首先在温泉里慢慢放松，接着是在四季分明的美丽 tíngyuàn zhōng yì bǎo yǎnfú. 庭院中一饱眼福。
そして，なにより至れり尽くせりのおもてなしがホテルとの違いです。	Lìngwài yǔ jiǔdiàn zuìdà de qūbié jiùshì wúwēi-búzhì de fúwù. 另外与酒店最大的区别就是无微不至的服务。
今日の副菜は，山がちな草津で採れた食材が中心です。これは里芋，それはゴボウ。目でも楽しめるように小皿に盛り付けてありますね。そしてこれは鮎の塩焼きです。	Jīntiān de fùcài shì yǐ zài duōshān dìqū de Cǎojīn shēngzhǎng de shícái wéizhǔ. 今天的副菜是以在多山地区的草津生长的食材为主。 Zhège shì yùtou, nèige shì niúbàng. Fàng zài xiǎopánzi li shì wèile 这个是芋头，那个是牛蒡。放在小盘子里是为了 shǎngxīn yuèmù. Ránhòu zhège shì yán kǎo xiāngyú. 赏心悦目。然后这个是盐烤香鱼。
沸騰した昆布のだし汁が来ましたよ。これに白菜，春菊，長ネギ，豆腐などをまず入れ，それから薄切の霜降り肉を入れます。	Zhǔfèi de hǎidài tāngdǐ lái le. Jiāng báicài、tónghāo、cōng、dòufu 煮沸的海带汤底来了。将白菜、茼蒿、葱、豆腐 děng xiān fàngjìnqu, ránhòu zài fàng qiēde hěn báo de xuěhuā niúròupiàn. 等先放进去，然后再放切得很薄的雪花牛肉片。
清酒は米で作られています。米を発酵させ濾して醸造するんです。日本料理にピッタリなんですよ。	Qīngjiǔ shì yòng mǐ zuò de. Tōngguò jiāng mǐ fājiào hòu guòlǜ ér chéng de 清酒是用米做的。通过将米发酵后过滤而成的 niàngzào jiǔ. Hé Rìcān hěn pèi. 酿造酒。和日餐很配。

「草津温泉」案内の必須表現リスト

本章のダイアローグやQ&A,「草津温泉をガイドするための必須例文をマスター！」で使用した「草津温泉」を案内するための最重要表現やその他の関連表現をまとめました。これらを駆使して，草津温泉についてうまく発信できるように復習しましょう！

▶温泉

□ 湯治宿 .... 温泉疗养专用旅馆 wēnquán liáoyǎng zhuānyòng lǚguǎn

□ 温かいもてなしの心を示す .... 展示温馨服务之心 zhǎnshì wēnxīn fúwù zhī xīn

□ 温泉ランキング .... 温泉排行榜 wēnquán páihángbǎng

□ 秘湯 .... 位于山林深处的温泉 wèiyú shānlín shēnchù de wēnquán

□ 世俗を離れる .... 远离凡尘 yuǎnlí fánchén

□ リラックスする .... 减轻压力 jiǎnqīng yālì

□ 癒す .... 慰藉心灵 wèijiè xīnlíng

□ くつろぐ .... 放松 fàngsōng

□ 木の櫂でかき混ぜる .... 用木板搅拌 yòng mùbǎn jiǎobàn

□ 「湯もみ」ショー .... "搅拌温泉水"表演 "jiǎobàn wēnquánshuǐ" biǎoyǎn

□ 水で冷ます .... 加水降温 jiāshuǐ jiàngwēn

□ 温泉の成分が薄まる .... 温泉的成分就会被稀释 wēnquán de chéngfèn jiù huì bèi xīshì

□ 効能 .... 疗效 liáoxiào

□ 持病 .... 老毛病 lǎomáobing

□ ～と言われている .... 说是～ shuō shì ~

□ 慢性リウマチ .... 慢性风湿病 mànxìng fēngshībìng

□ 肌がすべすべする .... 皮肤光滑 pífū guānghuá

□ 疲れが取れる .... 疲劳全无 píláo quán wú

□ 湯治場 .... 温泉疗养地 wēnquán liáoyǎngdì

□ リハビリセンター .... 康复中心 kāngfù zhōngxīn

▶和食

□ 素材そのものの味わい .... 原汁原味 yuán zhī yuánwèi

□ あっさり .... 清淡 qīngdàn

□ 旬の食材 .... 应季食材 yìngjì shícái

□ 旬の素材の持ち味 .... 当季食材本身的美味 dāngjì shícái běnshēn de měiwèi

□ 旬にこだわる .... 讲究正逢时令的新鲜菜肴 jiǎngjiū zhèngféng shílìng de xīnxiān càiyáo

□ 目で楽しむ .... 赏心悦目 shǎngxīn yuèmù

□ 調理法 .... 烹饪技术 pēngrèn jìshù

□ 焼いたり炒めたり煮たり揚げたり ... 煎炒烹炸 jiān chǎo pēng zhá

□ 片栗粉でとろみをつける .... 用淀粉勾芡 yòng diànfěn gōuqiàn

□ 魚の骨 .... 鱼刺 yúcì

□ 内臓，はらわた .... 内脏 nèizàng

□ 鱗やはらわたを取る .... 对鱼鳞和内脏事先处理 duì yúlín hé nèizàng shìxiān chǔlǐ

□ サンマ .... 秋刀鱼 qiūdāoyú

□ 鮎の塩焼き .... 盐烤香鱼 yán kǎo xiāngyú

□ 鰻の蒲焼 .... 烤鳗鱼 kǎo mányú

□ 里芋 .... 芋头 yùtou

□ ゴボウ .... 牛蒡 niúbàng

□ 昆布のだし汁 .... 海带汤底 hǎidài tāngdǐ

□ しゃぶしゃぶ .... 涮牛肉 shuàn niúròu

□ 薄切りの霜降り肉 .... 切得很薄的雪花牛肉片 qiēde hěn báo de xuěhuā niúròupiàn

□ 春菊 .... 茼蒿 tónghāo

□ 長ネギ .... 葱 cōng

□ 溶き卵 .... 鸡蛋汁 jīdànzhī

□ すき焼き .... 牛肉火锅 niúròu huǒguō

□ ポン酢 .... 橙子醋 chéngzi cù

□ ゴマダレ .... 芝麻酱 zhīmajiàn

□ レンゲ .... 汤匙 tāngchí

▶酒

□《成》一気に飲み干す .... 一饮而尽 yì yǐn' ér jìn

□ 自分で酌をする，手酌する .... 自斟自饮 zìzhēn zìyǐn

【文化編】……「温泉」を案内してみよう！
失敗しない温泉の入り方とは!?

観光客：
Wēnquán dōu hányǒu nǎxiē huàxué chéngfèn ne?
温泉都含有哪些化学成分呢？

ガイド：
Lìrú duì gāoxuèyā, tángniàobìng, pífūbìng yǒuxiào de liúhuáng, duì shénjīng tòng hé jīròu tòng,
例如对高血压、糖尿病、皮肤病有效的硫磺，对神经痛和肌肉痛、
guānjié tòng yǒuxiào de dōng, yǐjí gài, nà děng qítā chéngfèn.
关节痛有效的**氡**，以及**钙**、**钠**等其他成分。

观光客：
Wǒ yāosuān tuǐtòng, érqiě jiānbǎng suāntòng, yǒu liáoxiào ma?
我腰酸腿痛，而且**肩膀酸痛**，有疗效吗？

ガイド：
Gēnjù zhèige wēnquán de "quánzhì míngxìbiǎo" lái jiǎng, yīnggāi huì yǒuxiào.
根据这个温泉的**"泉质明细表"**来讲，应该会有效。

观光客：
Nà tài hǎo le! Wǒ jiù pàodào quányù hǎo la.
那太好了！我就泡到痊愈好啦。

ガイド：
Nà kě bù xíng. Jīngcháng huì yǒurén rènwéi pào de shíjiān yuè cháng yuè yǒu xiàoguǒ, nàyàng kǒngpà
那可不行。经常会有人认为泡的时间越长越有效果，那样**恐怕**
huì yūn chí. Suǒyǐ háishì Shìkě'érzhǐ zuì hǎo.
会晕池。所以还是**适可而止**最好。

观光客：
"Guòyóubují", míngbai le. Biéshuō shì pào wēnquán le, wǒ píngcháng yě zhǐshì xǐ línyù, suǒyǐ
"过犹不及"，明白了。**别说**是泡温泉了，我平常也只是洗淋浴，所以
bù zhīdào. Pàoguò wēnquán yǐhòu yào chōng línyù ma?
不知道。泡过温泉以后要冲淋浴吗？

ガイド：
Zhèige yào fēn qíngkuàng. Pào wēnquán jiù rútóng zài shēnshang tú yào, tōngcháng shì bù chōng línyù de,
这个要分情况。泡温泉就如同在身上涂药，通常是不冲淋浴的，
dàn rúguǒ gǎnjué duì pífū cìjī hěn qiáng de huà, háishì chōng xíxià línyù bǐjiào hǎo.
但如果感觉对皮肤刺激很强的话，还是冲一下淋浴比较好。

观光客：
Yuánlái rúcǐ. Zài Zhōngguó jiānyào děng zhōngyào hé tōngguò cìjī xuéwèi lái tígāo shēntǐ zìyùlì de
原来如此。在中国煎药等中药和通过刺激**穴位**来提高身体**自愈力**的
tuīná jìshù hěn fādá, Rìběn búkuì shì míng fù qí shí de "wēnquán dàguó", dàjiā dōu fēicháng
推拿技术很发达，日本**不愧是名副其实**的"温泉大国"，大家都非常
liǎojiě wēnquán de gōngxiào.
了解温泉的功效。

ガイド：
Rìběn biàndì shì wēnquán, rénmen cóng hěnzǎo yǐqián jiù zhīdao pào wēnquán kěyǐ zhìliáo bìngtòng.
日本遍地是温泉，人们从很早以前就知道泡温泉可以治疗病痛。

观光客：
Zhōngyī hé wēnquán zhēnshi shū tú tóng guī. Rìběn de wēnquán xiāngduì zhōngyī yǒu guò zhī ér wú bùjí a.
中医和温泉真是**殊途同归**。日本的温泉相对中医**有过之而无不及**啊。

□ 氡 / 钙 / 钠（ラドン / カルシウム / ナトリウム）　　□ 肩膀酸痛（肩こり）　　□ 泉质明细表（泉質表）　　□ 恐怕会晕池（湯あたりしかねない）　　□ 适可而止（《成》ほどほどが一番だ）　　□ 过犹不及（《成》過ぎたるはなお及ばざるがごとし）　　□ 别说~（~は言うまでもなく，~はもちろんのこと）　　□ 穴位（〔針灸の〕ツボ）　　□ 自愈力（自然治癒力）　　□ 不愧是~（さすがに~だけあって）　　□ 名副其实（その名に恥じない，名実ともに）　　□ 殊途同归（《成》やり方は違っても結果は同じ）　　□ 有过之（而）无不及（《成》勝るとも劣らない）

【日本語訳】

観光客：温泉にはどんな種類の化学成分が含まれているのですか？

ガイド：例えば，高血圧や糖尿病，皮膚病に効く硫黄や，神経痛や筋肉痛，関節痛に効くラドン，その他カルシウム，ナトリウムなどです。

観光客：私は足腰が痛く，しかも肩こりなんですが，効き目はありますか？

Licensed under Public Domain via Wikimedia Commons

ガイド：この温泉の「泉質表」によると，効きそうですね。

観光客：よかった！　それでは治るまで浸かっていましょう。

ガイド：それはいけません。長く浸かればさらによく効くと思う人がいますが，これは湯あたりしかねません。ほどほどが一番です。

観光客：「過ぎたるはなお及ばざるがごとし」ですね。温泉どころか，普段シャワーだけなので知りませんでした。温泉に浸かった後，シャワーを浴びるんですか？

ガイド：場合によります。温泉に浸かるというのは体に薬を塗るのと同じですから，普通はシャワーをしませんが，肌に刺激が強すぎると思ったらシャワーを浴びたほうがよいでしょう。

観光客：なるほど。中国では煎じ薬などの漢方薬や，ツボを刺激して自然治癒力を高めるマッサージ技術が発達しましたが，さすがに名実ともに「温泉大国」だけあって，日本人は温泉の効能について詳しいですね。

ガイド：日本では温泉だらけなので，昔から温泉に入れば病気が治ることを知っていました。

観光客：漢方と温泉，方法は異なっても同じ効果があるんですね。日本の温泉は漢方に勝るとも劣らないようですね。

食べられないものに注意

　温泉旅館はあらかじめ2食付きのプランが多いのですが，旅館側と訪日客の方にはここで確認すべきことがあります。それは食べられない食事についてです。通訳ガイド1年生のとき，生魚には抵抗があるだけでなく，肉は食感が好きではなく，さらに小麦粉アレルギーがあるというお客様であることを知らずに，温泉旅館にご案内しました。しかしそばもうどんも天ぷらも刺身も食べられず，結局出された料理のうち，焼き魚とご飯（!?）に醤油をかけて食べられただけでした。

　このように訪日客の中には，日本人以上に食べ物の制限がある方が多いということも覚えておきましょう。これらを考慮せずに日本旅館にお連れしたら，せっかくのごちそうが無駄になってしまいます。常に不測の事態に備え，事前にトラブルの種を摘むことがガイドとして必要なことなのです。

「文化編」必須例文リスト

1.「伝統工芸」を案内するための必須例文はこれだ!

◎漆

漆は日本が誇る，最も美しく価値のある工芸品です。	Qīzhìpǐn shì Rìběn yǐnyǐwéiróng de jùyǒu hěn gāo jiàzhí de jīngměi gōngyìpǐn. 漆制品是日本引以为荣的具有很高价值的精美工艺品。
漆は漆の木の樹液で，天然のコーティング剤や接着剤として用いられます。	Qī shì qīshù de shùzhī, kěyǐ yòng zuòwéi tiānrán de biǎomiàn túcéngjì hé niánhéjì. 漆是漆树的树汁，可以用作为天然的表面涂层剂和粘合剂。
漆は 2000 年以上南アジアの多くの国々で使われてきました。	Liǎngqiān nián yǐlái qī zài nányà gèguó bèi guǎngfàn shǐyòng. 两千年以来漆在南亚各国被广泛使用。
古代から漆器は高価なものでした。	Cónggǔ zhìjīn qīzhìpǐn jiùshì guìzhòng zhī wù. 从古至今漆制品就是贵重之物。
最も古い漆工芸品は，法隆寺にある「玉虫厨子」という仏壇です。	Zuì gǔlǎo de qīzhì gōngyìpǐn yào shǔ Fǎlóngsì de fókān "Yùchóng chúzi". 最古老的漆制工艺品要数法隆寺的佛龛"玉虫厨子"。
漆は高い耐久性を持つと信じられています。	Qī bèi rènwéi yǒuzhe hěn gāo de nàijiǔxìng. 漆被认为有着很高的耐久性。
漆の技法には，蒔絵や螺鈿などの特別な技法があります。	Qīpǐn jiāgōng shǒuyìzhōng yǒu shíhuì hé luódiàn děng tèbié de jiāgōng shǒufǎ. 漆品加工手艺中有莳绘和螺钿等特别的加工手法。
昔は，ヨーロッパの王室が競って日本の漆器を手に入れようとしました。	Yǐwǎng, Ōuzhōu wángshì céngjīng zhēng xiāng gòumǎi Rìběn de qīzhìpǐn. 以往，欧洲王室曾经争相购买日本的漆制品。
輪島（塗）や会津（塗），春慶（塗）など，いくつかの有名な漆器の技法があります。	Zhùmíng de qīzhìpǐn jìfǎ yǒu lúndǎo túfǎ hé huìjīn túfǎ, chūnqìng túfǎ děng. 著名的漆制品技法有轮岛涂法和会津涂法，春庆涂法等。
漆は盆や箸，箱，茶道具，仏具などに使われます。	Qī bèi guǎngfàn de yòng yú pén hé kuàizi、xiāngzi、chájù、fójù děng. 漆被广泛地用于盆和筷子、箱子、茶具、佛具等。
漆器は紫外線に弱いです。	Qīzhìpǐn duì zǐwàixiàn de dǐkàng lì hěn ruò. 漆制品对紫外线的抵抗力很弱。

漆は硬化するのに高い湿度と比較的高い気温が必要です。	Qī yào zài gāo shīdù hé xiāngduì gāowēn xià cái kěyǐ yìnghuà. 漆要在高湿度和相对高温下才可以硬化。
蒔絵<ruby>まきえ</ruby>はいろいろなデザインに金や銀の粉を蒔<ruby>ま</ruby>く漆の技法です。	Shíhuì shì zài gèzhǒng tú'ànshang pū sǎ jīnfěn hé yínfěn de jiāgōng shǒufǎ. 莳绘是在各种图案上铺撒金粉和银粉的加工手法。
沈金<ruby>ちんきん</ruby>は，漆の表面を針でひっかき，そこに金粉や金箔を埋め込む技法です。	Chénjīn shì yòng zhēn zài qī de biǎomiàn zuò huáhén hòu, zài xiàng qí zhōng qiànrù jīnfěn hé jīnbó de jiāgōng shǒufǎ. 沈金是用针在漆的表面做划痕后，再向其中嵌入金粉和金箔的加工手法。
螺鈿<ruby>らでん</ruby>は，様々な形に切った真珠貝の内側の小片を漆器の表面に埋め込む技法です。	Luódiàn shì qǔ zhēnzhūbèi nèicè bùfen, qiēgēchéng gèzhǒng xíngzhuàng de xiǎo piàn hòu, jiāng qí qiànrùdào qīzhìpǐn biǎomiàn de jiāgōng shǒufǎ. 螺钿是取珍珠贝内侧部分，切割成各种形状的小片后，将其嵌入到漆制品表面的加工手法。
金継<ruby>きんつ</ruby>ぎは，壊れた陶器を金粉や銀粉やプラチナ粉と混ぜて修繕する日本の技法です。	Jīnxù shì jiāng pòsǔn de táoqì yǔ jīnfěn hé yínfěn yǐjí báijīnfěn hùnhé hòu jìnxíng xiūfù de Rìběn jiāgōng shǒufǎ. 金续是将破损的陶器与金粉和银粉以及白金粉混合后进行修复的日本加工手法。

◎陶磁器

磁器は白く，光の透過性がある釉薬をかけた焼き物です。	Cíqì sè bái qiě yǒu tòuguāngxìng, shì shàngle yòu de shāozhìpǐn. 瓷器色白且有透光性，是上了釉的烧制品。
磁器は1,200度から1,400度の窯で焼かれます。	Cíqì zài yáozhōng jīngguò yìqiān liǎngbǎi dào yìqiān sìbǎi dù de gāowēn shāozhì ér chéng. 瓷器在窑中经过一千两百到一千四百度的高温烧制而成。
磁器の有名な例としては，伊万里焼,清水焼,瀬戸焼があります。	Zhùmíng de cíqì yǒu Yīwànlǐ、Qīngshuǐ hé Làihù. 著名的瓷器有伊万里、清水和濑户。
磁器は，硬度が高く，叩くと澄んだ音がします。	Cíqì yìngdù hěn gāo, qiāodǎ shí yǒu qīngcuì zhī shēng. 瓷器硬度很高，敲打时有清脆之声。
九州の有田産の磁器は，非常に価値のある美術品としてヨーロッパへ輸出されました。	Jiǔzhōu Yǒutián chǎn de cíqì céng zuòwéi guìzhòng de měishùpǐn chūkǒudào Ōuzhōu. 九州有田产的瓷器曾作为贵重的美术品出口到欧洲。

陶器は釉薬をかけた焼き物で, 光の透過性がありません。	Táoqì shì shàngguo yòu de shāozhìpǐn, méiyou tòuguāngxìng. 陶器是上过釉的烧制品，没有透光性。
陶器は 1,100 度の窯の中で焼かれます。	Táoqì zài yáozhōng jīngguò yìqiān yībǎi dù shāozhì ér chéng. 陶器在窑中经过一千一百度烧制而成。
有名な陶器の種類には萩, 織部, 益子があります。	Zhùmíng de táoqì zhǒnglèi yǒu Qiū、Zhībù hé Yìzǐ. 著名的陶器种类有萩、织部和益子。
陶器は生け花の花器や茶の湯の茶碗などでしばしば使われます。	Táoqì jīngcháng bèi yòng yú chāhuā de qìmǐn hé chádào de cháwǎn děng. 陶器经常被用于插花的器皿和茶道的茶碗等。
七宝焼きは美しいエナメル細工をした陶器です。	Jǐngtàilán shì bèi fùjiāle cuìyù gōngyì de táoqì. 景泰蓝是被付加了翠玉工艺的陶器。

2.「伝統視覚芸術」を案内するための必須例文はこれだ！

◎浮世絵

浮世絵は江戸時代に発達した絵画のジャンルです。	Fúshìhuì shì zài Jiānghù shídài fāzhǎnqilai de yì zhǒng huìhuà fēnggé. 浮世绘是在江户时代发展起来的一种绘画风格。
「浮世」とは、"浮かれた世の中"という意味です。	Suǒwèi "fúshì" shì "huānnào de fúshēng shìjiè" de yìsi. 所谓"浮世"是"欢闹的浮生世界"的意思。
浮世絵は世俗の人々の普段の生活を描きました。これは江戸時代の新しい潮流でした。	Fúshìhuì miáohuìle shìsú rénmen de pǔtōng shēnghuó. 浮世绘描绘了世俗人们的普通生活。 Zhè shì Jiānghù shídài de yì zhǒng xīn cháoliú. 这是江户时代的一种新潮流。
初期のころは、絵師は肉筆で浮世絵を描いていました。	Zài chūqī, fúshìhuì shì yóu huàjiā qīnshǒu huìzhì. 在初期，浮世绘是由画家亲手绘制。
浮世絵が人気を博したことにより、大量生産するために木版画が開発されました。	Yóuyú fúshìhuì rénqì hěn wàng, wèile kěyǐ dà pīliàng shēngchǎn ér cuīshēngle mùbǎnhuà. 由于浮世绘人气很旺，为了可以大批量生产而催生了木版画。
18世紀の中頃、「錦絵」と呼ばれる多色刷りの浮世絵が制作されました。	Shíbā shìjì zhōngqī, kāishǐ zhìzuò yì zhǒng bèi jiàozuò "jǐnhuì" de duōsè yìnshuā fúshìhuì. 十八世纪中期，开始制作一种被叫做"锦绘"的多色印刷浮世绘。
元禄時代の裕福な町人たちが、活気ある文化を確立するのに重要な役割を果たしました。	Yuánlù shídài fùyù de shāngrén hé gōngjiàng zài shùlì shēngqì bóbó de wénhuàzhōng, gōng bù kě mò. 元禄时代富裕的商人和工匠在树立生气勃勃的文化中，功不可没。
浮世絵制作ができるまでには、主に四人の専門家が分業で作業をします。編集者、浮世絵師、彫師、摺師です。	Wánzhěng de fúshìhuì jiāgōng zhǔyào yóu sì míng zhuānjiā fēngōng hézuò. Tāmen shì biānjí zhě、fúshìhuì huàshī、diāokè shī hé yìnshuā shī. 完整的浮世绘加工主要由四名专家分工合作。他们是编辑者、浮世绘画师、雕刻师和印刷师。
木版画は絵を大量に刷る効果的な方法でした。	Mùbǎnhuà shì yì zhǒng yǒuxiào de dà pīliàng yìnshuā huìhuà de fāngfǎ. 木版画是一种有效的大批量印刷绘画的方法。
1867年のパリ万博では、浮世絵などの日本の美術が大きく注目されました。	Zài yībāliùqī nián de Bālí shìjiè bólǎnhuìshang, fúshìhuì děng Rìběn yìshù shòudào hěn dà de zhǔmù. 在一八六七年的巴黎世界博览会上，浮世绘等日本艺术受到很大的瞩目。

ヨーロッパのアーティストは，浮世絵の二次元的表現，影なし，左右非対称，大胆な構図，鮮やかな色彩に大きく影響されました。	Fúshìhuì èrcìyuán de biǎoxiàn,、wú yǐng、zuǒyòu bú duìchèn、dàdǎn 浮世绘二次元的表现、无影、左右不对称、大胆 de gòutú hé xuànlì de sècǎi yùnyòng dàdà yǐngxiǎngle Ōuzhōu de 的构图和绚丽的色彩运用大大影响了欧洲的 yìshùjiāmen. 艺术家们。
日本の漫画は，伝統的な視覚芸術の流れを汲んでいるといわれています。	Rìběn de mànhuà bèi rènwéi shì chéngjiēle chuántǒng de shìjué yìshù 日本的漫画被认为是承接了传统的视觉艺术 de jīngsuǐ. 的精髓。

◎水墨画

水墨画は，水と墨と紙だけで自然の美を描く単色画です。	Shuǐmòhuà shì jǐn shǐyòng shuǐ hé mò háiyǒu zhǐ lái miáohuì zìrán 水墨画是仅使用水和墨还有纸来描绘自然 měiguān de hēibáihuà. 美观的黑白画。
水墨画では，対象の質感は，墨のにじみ，かすれ，濃淡で表されます。	Zài shuǐmòhuàzhōng, tōngguò mò de shèntòu、fēibái hé nóngdàn lái 在水墨画中，通过墨的渗透、飞白和浓淡来 biǎodá miáohuì duìxiàng de zhìgǎn. 表达描绘对象的质感。
水墨画の特徴の一つは，余白の美の美しさです。	Shuǐmòhuà de tèzhēng zhīyī shì qí kòngbái de měi. 水墨画的特征之一是其空白的美。
余白は，微風や光や水の存在をほのめかし，それが見る人の想像を掻き立てます。	Kòngbái ànshìzhe wēifēng、guāngzhào hé shuǐbō, zhè yíqiè dōu zài 空白暗示着微风、光照和水波，这一切都在 tiǎobōzhe guānshǎngzhě de xiǎngxiàng. 挑拨着观赏者的想象。
水墨画は唐代中期の中国に端を発し，鎌倉時代に禅とともに日本にもたらされました。	Shuǐmòhuà qǐyuán yú Zhōngguó de Tángdài zhōngqī, érhòu zài 水墨画起源于中国的唐代中期，而后在 Liáncāng shídài suízhe chándào yìqǐ chuánrù Rìběn. 镰仓时代随着禅道一起传入日本。
水墨画は，禅僧の雪舟が完成させた室町時代にもっとも栄えました。	Zuòwéi chándào sēnglǚ de Xuězhōu zài Shìdīng shídài jiāng shuǐmòhuà 作为禅道僧侣的雪舟在室町时代将水墨画 tuīxiàng wánměi, tóngshí zhè yě shì shuǐmòhuà de dǐngfēng shídài. 推向完美，同时这也是水墨画的顶峰时代。
桃山時代には多くの城が建てられ，水墨画はそれらの城の内部を飾りました。	Táoshān shídài jiànzàole xǔduō de chéngbǎo, shuǐmòhuà chéngwéile 桃山时代建造了许多的城堡，水墨画成为了 chéngbǎozhōng de nèibù zhuāngshìpǐn. 城堡中的内部装饰品。

日本の水墨画は，江戸時代に独自の発達を遂げました。	Rìběn de shuǐmòhuà zài Jiānghù shídài yǒule dú shù yízhì de fāzhǎn. 日本的水墨画在江户时代有了独树一帜的发展。
俵屋宗達は，「たらしこみ」と呼ばれる新しい技法を開発し，日本の水墨画界に多大な貢献をしました。	Biǎowū Zōngdá kāifāle yì zhǒng jiàozuò "tarashikomi" (móhu fǎ) 表屋宗达开发了一种叫做"たらしこみ"（模糊法） de xīn jìqiǎo, wèi Rìběn shuǐmòhuà jiè zuòle hěn dà gòngxiàn. 的新技巧，为日本水墨画界作了很大贡献。
「四君子」とは，水墨画の重要な四つの画題，蘭，竹，梅，菊のことを言います。	Lán, zhú, méi, jú zhè "sì jūnzǐ" shì shuǐmòhuàzhōng zhòngyào de 兰、竹、梅、菊这"四君子"是水墨画中重要的 sì ge tícái. 四个题材。

◎書道

書道とは，毛筆に墨を含ませ，精神統一して文字を書く芸術です。	Shūdào jiùshì yùn bǐmò, jízhōng jīnglì shūxiě wénzì de yìshù. 书道就是运笔墨，集中精力书写文字的艺术。
書道は日本の小・中学校では国語科の教育の一環として教えられています。	Shūdào bèi shìwéi Rìběn zhōng xiǎo xué yǔwén jiàoyù de yì huán. 书道被视为日本中小学语文教育的一环。
書道の特質は，視覚と精神の融合です。	Shūdào de tèdiǎn shì shìjué yǔ jīngshén de rónghé. 书道的特点是视觉与精神的融合。
書道の際には，背筋を伸ばし，椅子に深く腰掛けます。	Xiě máobǐ zì shí yào zuòzhí zuòwěn. 写毛笔字时要坐直坐稳。
筆を持っていない手で，紙の端を押さえます。	Yào yòng bù ná bǐ de nà zhī shǒu ànzhù zhǐ duān. 要用不拿笔的那只手按住纸端。
ひらがなは二種類のかなのうちの一つで，日本語を表記するときに用いる表音文字です。	Píngjiǎmíng shì liǎng zhǒng jiǎmíng zhīyī, shì biǎoshì Rìyǔ fāyīn de 平假名是两种假名之一，是表示日语发音的 zhùyīn fúhào. 注音符号。
日本人は一般的に上から下へ，左から右に読んだり書いたりします。	Rìběnrén de dú xiě yìbān shì cóng shàng dào xià, cóng zuǒ dào yòu. 日本人的读写一般是从上到下，从左到右。
書き初めとは，一年の最初に行う書道のことです。新しい年への希望の言葉を書きます。	Xīnnián shìbǐ shì zài yì nián zhī chū jìnxíng de shūfǎ huódòng. 新年试笔是在一年之初进行的书法活动。 Xiě yìxiē duì xīnnián de xīwàng. 写一些对新年的希望。

3.「武道」を案内するための必須例文はこれだ！

◎武道

武道とは，柔道，剣道，空手などの伝統的な日本武術の総称です。	Wǔdào shì róudào、jiàndào、kōngshǒudào děng Rìběn chuántǒng 武道是柔道、剑道、空手道等日本传统 wǔshù de zǒngchēng. 武术的总称。

◎相撲

相撲は力士が上手投げや押し出しなどの技を使って行われる伝統的な日本のスポーツです。	Xiāngpū shì Rìběn chuántǒng de yùndòng, xuǎnshǒumen shǐyòng 相扑是日本传统的运动，选手们使用 shàngshǒushuāi hé tuīchū chǎngwài děng jìqiǎo lái jìnxíng bǐshì. 上手摔和推出场外等技巧来进行比试。
相撲の起源はとても古い時代にまでさかのぼります。	Xiāngpū de qǐyuán kěyǐ shàngsùdào yuǎngǔ shídài. 相扑的起源可以上溯到远古时代。
試合［取組み］は邪悪なものを祓うため，神事として行われました。	Bǐsài shì zuòwéi yì zhǒng kěyǐ qūxié de shéndào yíshì ér bèi jǔxíng. 比赛是作为一种可以驱邪的神道仪式而被举行。
江戸時代には，相撲試合は定期的に行われました。	Jiānghù shídài huì dìngqī de jǔxíng xiāngpū bǐsài. 江户时代会定期的举行相扑比赛。
力士は，大衆の人気の的としてしばしば浮世絵に描かれました。	Xiāngpū xuǎnshǒu zài dàzhòng xīnzhōng rénqì pō gāo, suǒyǐ jīngcháng huì 相扑选手在大众心中人气颇高，所以经常会 chéngwéi fúshìhuì de tícái. 成为浮世绘的题材。
今日では，大相撲は年6回行われ，1場所は15日間です。	Xiànzài, xiāngpū měinián jǔxíng liù cì dàsài, měicì shì shíwǔ tiān. 现在，相扑每年举行六次大赛，每次是十五天。
力士は腰にまわしだけを付け，頭にはちょんまげを結っています。	Lìshì yāobù zhǐ chán dōudāngbù, tóu shū fàjì. 力士腰部只缠兜裆布，头梳发髻。

◎剣道

竹刀と呼ばれる竹製の刀と防具を使って人は剣道をします。	Rénmen shǐyòng zhúzhì de zhúdāo yǐjí hùjù jìnxíng jiàndào. 人们使用竹制的竹刀以及护具进行剑道。
侍の武術であった剣術が，明治時代に剣道となりました。	Céngjīng zuòwéi wǔshì wǔshù de jiànshù, zài míngzhì shídài 曾经作为武士武术的剑术，在明治时代 yǎnhuàchéngle jiàndào. 演化成了剑道。
剣道をする人は，面，小手，胴を防具として着けます。	Jìnxíng jiàndào de rén yào pèidài miànbù, shǒuwàn hé qūgàn de hùjù. 进行剑道的人要佩戴面部、手腕和躯干的护具。
剣道では「礼に始まり，礼に終わる」と言われるとおり，礼儀が非常に重要です。	Jiàndào fèngxíng qǐ yú lǐ, zhōng yú lǐ, suǒyǐ lǐyí shì fēicháng zhòngyào de. 剑道奉行起于礼，终于礼，所以礼仪是非常重要的。

◎合気道

合気道は，武具を付けないで身を守る日本の武道です。	Héqìdào shì yì zhǒng bù tōngguò pèidài kuījiǎ bīngqì lái bǎohù zìshēn 合气道是一种不通过佩戴盔甲兵器来保护自身 de Rìběn wǔshù. 的日本武术。
合気道はしばしば「気との一体化への道」あるいは「和合の精神への道」と訳されます。	Hěn duō shíhou héqìdào bèi chēng wéi "héqì yìtǐ zhī dào" huòzhě 很多时候合气道被称为"合气一体之道"或者 "héxié zhī dào". "和谐之道"。
他人と優劣を競わないという精神に基づき，合気道家は試合を行いません。	Jīyú bù yǔ tārén zhēng yōuliè de jīngshén, héqìdào jiā bú jìnxíng bǐsài. 基于不与他人争优劣的精神，合气道家不进行比赛。
合気道は現在，約 95 か国で愛好されています。	Xiànzài yuē yǒu jiǔshíwǔ ge guójiā shèngxíng héqìdào. 现在约有九十五个国家盛行合气道。

◎柔道

柔道は投げ技や固め技などで戦う日本の武術です。	Róudào shì lìyòng tóuzhì hé gùshēn děng jìqiǎo bódòu de Rìběn wǔshù. 柔道是利用投掷和固身等技巧搏斗的日本武术。
柔道家の力量は帯の色で表されます。	Yāodài de yánsè dàibiǎozhe róudào jiā de děngjí. 腰带的颜色代表着柔道家的等级。
柔道家の相手の力を利用する技術を「柔よく剛を制す」と表現します。	Róudào jiā lìyòng duìfāng lìliàng de jìqiǎo bèi chēngzuò "yǐ róu kè gāng". 柔道家利用对方力量的技巧被称作"以柔克刚"。

◎空手

空手は素手による自己防衛の一種で，沖縄で始まりました。	Kōngshǒudào shì yì zhǒng qǐyuán yú Chōngshéng de chìshǒu kōngquán 空手道是一种起源于冲绳的赤手空拳 fángwèi shù. 防卫术。
空手には異なったルールをもつさまざまな種類があり，伝統空手，フルコンタクト空手などがあります。	Kōngshǒudào yǒu guīzé gè bù xiāngtóng de hěn duō zhǒnglèi, yǒu 空手道有规则各不相同的很多种类，有 chuántǒng kōngshǒudào, quán jiēchù kōngshǒudào děng. 传统空手道，全接触空手道等。

◎弓道

弓道は，伝統的な日本のアーチェリーで，その目的は的に集中することにより心身を鍛錬することです。	Gōngdào shì Rìběn chuántǒng de shèjiàn shù, qí mùdì shì tōngguò 弓道是日本传统的射箭术，其目的是通过 jízhōng jīnglì lái duànliàn shēnxīn. 集中精力来锻炼身心。

4.「茶道・華道」を案内するための必須例文はこれだ！

◎茶道

薬としての効能により，茶は8世紀に中国から日本に伝えられました。	Chá yīn qí yǒu yàoxiào, zài bā shìjì yóu Zhōngguó chuánrù Rìběn. 茶因其有药效，在八世纪由中国传入日本。
禅僧の栄西が茶を中国から持ち帰り，茶は日本中に広がりました。	Chándào sēnglǚ Róngxī jiāng chá yóu Zhōngguó dàihuí, cǐhòu chá 禅道僧侣荣西将茶由中国带回，此后茶 chuánbiàn Rìběn. 传遍日本。
茶は，初めは，僧侶によって長い修行の間の眠気覚ましとして飲まれました。	Zuìchū, chá shì zuòwéi sēnglǚ zài cháng shíjiān xiūxíngzhōng de yì zhǒng 最初，茶是作为僧侣在长时间修行中的一种 tíshénjì ér bèi yǐnyòng. 提神剂而被饮用。
村田珠光は，茶の湯の歴史の中で茶の湯を精神的な修行にまで高めた創始者として知られています。	Cūntián Zhūguāng shì jiāng chádào tíshēngzhì jīngshén xiūxíng de chuàngshǐrén, 村田珠光是将茶道提升至精神修行的创始人， bìng yóucǐ zài cháshǐzhōng wénmíng. 并由此在茶史中闻名。
茶の湯は16世紀に千利休によって完成されました。	Chádào zài shíliù shìjì yóu Qiān Lìxiū suǒ wánchéng. 茶道在十六世纪由千利休所完成。
利休が定めた「和敬清寂」の四つは今でも茶道の中心的な考え方です。	Lìxiū dìngxià de "hé jìng qīng jì" de sì xiàng zài jīntiān yījiù shì chádào 利休定下的"和敬清寂"的四项在今天依旧是茶道 de zhōngxīn sīxiǎng. 的中心思想。
茶の湯とは，作法に従って茶を点てて味わうことです。	Chádào jiùshì yīzhào guījǔ diǎn chá, pǐn chá. 茶道就是依照规矩点茶，品茶。
茶は，茶碗に入れた抹茶にお湯を注いでから，泡立つまで茶筅でかき混ぜます。	Chá, yào zài cháwǎnzhōng fàngrù mǒchá hòu jiā rèshuǐ, ránhòu yòng 茶，要在茶碗中放入抹茶后加热水，然后用 cháxiǎn jiǎobàndào qǐpào. 茶筅搅拌到起泡。
茶の湯において，主人と客人が心を通わせることはとても重要な要素です。	Zài chádàozhōng, zhǔkè xīnxīn xiāngtōng shì hěn zhòngyào de yàosù. 在茶道中，主客心心相通是很重要的要素。

茶の湯は，茶道具，建築，庭，生け花，書画，料理，作法などを包括する総合芸術です。	Chádào shì nángkuòle chájù、jiànzhù、tíngyuàn、chāhuā、shūfǎ、càiyáo、guījū děng de zōnghé yìshù. 茶道是囊括了茶具、建筑、庭院、插花、书法、菜肴、规矩等的综合艺术。
「一期一会」とは，一生に一度の経験ということです。	"Yì qī yí huì" jiùshì yìshēngzhōng jǐnyǒu yí cì de jīngyàn. "一期一会"就是一生中仅有一次的经验。
「わびさび」は，茶室や茶道具に表れています。	"Xiánjì gǔyǎ" biǎoxiàn zài cháshì hé chájùshang. "闲寂古雅"表现在茶室和茶具上。
謙譲の心は，客が使う躙^{にじ}り口^{ぐち}に見ることができます。	Qiānràng zhī xīn kěyǐ zài kèrén shǐyòng de cháshì xiǎo chūrùkǒushang tǐhuìdào. 谦让之心可以在客人使用的茶室小出入口上体会到。
利休の死後，彼の子孫によって，表千家，裏千家，武者小路千家などの流派が作られました。	Zài Lìxiū sǐ hòu, yóu qí zǐsūn chuàngjiànle Biǎoqiānjiā、Lǐqiānjiā hé Wǔzhěxiǎolùqiānjiā děng liúpài. 在利休死后，由其子孙创建了表千家、里千家和武者小路千家等流派。
基本的に茶室は四畳半，すなわち8平米の畳の部屋です。	Cháshì jīběnshang shì yí ge pùyǒu sì tiě bàn tàtàmǐ, jiù bā píngfāng mǐ de fángjiān. 茶室基本上是一个铺有四帖半榻榻米，就八平方米的房间。

◎華道

生け花は日本の伝統的な花を生ける芸術で，もともとは宗教儀式と関連があります。	Chāhuā shì Rìběn chuántǒng de chāfàng shēng xiānhuā de yìshù, zǎoxiān shì yǔ zōngjiào yíshì yǒusuǒ guānlián de. 插花是日本传统的插放生鲜花的艺术，早先是与宗教仪式有所关联的。
花は仏壇のお供え用に生けられました。	Chāfàng shēng xiānhuā shì wèile gěi fókān shànggòng. 插放生鲜花是为了给佛龛上供。
池坊は最も古い華道の流派とされています。	Chífāng bèi rènwéi shì zuì gǔlǎo de huādào liúpài. 池坊被认为是最古老的花道流派。
16世紀に茶の湯が一般的になったとき，茶室に花が生けられるようになりました。	Zài shíliù shìjì chádào guǎngwéi liúchuán shí, zài cháshìzhōng yě chūxiànle chāhuā. 在十六世纪茶道广为流传时，在茶室中也出现了插花。

生け花とは，花に命を与えることであり，花は自然と調和して咲いているように生けられるのです。	Suǒwèi chāhuā shì yào fùyǔ huāduǒ shēngmìng, huā yào chāde yǔ 所谓插花是要赋予花朵生命，花要插得与 zìrán tiáohé rútóng zìrán kāifàng yìbān. 自然调和如同自然开放一般。
現在は，池坊，小原，草月などが主流派です。	Xiànzài, Chífāng、Xiǎoyuán hé Cǎoyuè děng shì zhǔliú pàixì. 现在，池坊、小原和草月等是主流派系。
主に和室の床の間に，生け花が飾られます。	Chāhuā zhǔyào bǎifàng zài héshì de bìkānzhōng. 插花主要摆放在和室的壁龛中。
生け花の基本は人と自然との調和です。	Chāhuā de jīběn shì rén yǔ zìrán de tiáohé. 插花的基本是人与自然的调和。
生徒は家元から，それぞれの稽古の習得段階での免状や免許皆伝を得ることができます。	Xuésheng kěyǐ gēnjù gèzì de xiūxíng chéngguǒ cóng zhǎngménrén chù 学生可以根据各自的修行成果从掌门人处 dédào jiēduàn xìng de rènzhèngshū hé qǔdé zhēnzhuàn. 得到阶段性的认证书和取得真传。
西洋のフラワーアレンジメントとは異なり，生け花の稽古は自己鍛錬であり，良い作法を身につける方法だと見なされています。	Yǔ xīyángshì de chāhuā yìshù bùtóng, Rìshì chāhuā de xiūxíng bèi 与西洋式的插花艺术不同，日式插花的修行被 rènwéi shì zìwǒ duànliàn, xuéxí lǐjié de yì zhǒng fāngfǎ. 认为是自我锻炼，学习礼节的一种方法。
かつては生け花と茶道は，若い女性が良い作法を身に着け，良妻賢母になるために欠かせない教養でした。	Chāhuā yǔ chádào céngjīng shì niánqīng nǚxìng xuéxí lǐyí, chéngwéi 插花与茶道曾经是年轻女性学习礼仪，成为 xián qī liáng mǔ suǒ bùkě quēshǎo de jiàoyǎng. 贤妻良母所不可缺少的教养。

5.「温泉」を案内するための必須例文はこれだ！

◎温泉情報

日本には泥風呂から，砂風呂，蒸し風呂まで多岐にわたる様々な種類の風呂があります。	Rìběn yǒu cóng níyù dào shāyù, zhēngyù děng gèshì gèyàng de xǐyù zhǒnglèi. 日本有从泥浴到沙浴，蒸浴等各式各样的洗浴种类。
北海道のカムイワッカ湯の滝は，熱湯が川に流れ込んで滝になっていることでよく知られています。	Běihǎidào de Shén zhī shuǐ wēnquán pùbù, yīn rèshuǐ liúrù héli biànchéng pùbù ér wénmíng. 北海道的神之水温泉瀑布，因热水流入河里变成瀑布而闻名。
登別<ruby>のぼりべつ</ruby>では，原生林<ruby>げんせいりん</ruby>の中で様々な露天風呂が楽しめます。	Zài Dēngbié, kěyǐ zài yuánshǐ sēnlínzhōng xiángshòu gèzhǒng gèyàng de lùtiān wēnquán. 在登别，可以在原始森林中享受各种各样的露天温泉。
群馬県の伊香保温泉は土産物店や旅館が立ち並ぶ365段の階段で有名です。	Qúnmǎ xiàn de Yīxiāngbǎo wēnquán yǐ sānbǎi liùshíwǔ jiē de lóutī liǎngpáng lín cì zhì bǐde lǐpǐndiàn hé lǚguǎn ér wénmíng. 群马县的伊香保温泉以三百六十五阶的楼梯两旁鳞次栉比的礼品店和旅馆而闻名。
芦原温泉は福井県の代表的な温泉地です。	Fújǐng xiàn de dàibiǎoxìng wēnquán shì Lúyuán wēnquán. 福井县的代表性温泉是芦原温泉。
長野県の地獄谷は猿が温泉に浸かるので有名です。	Chángyě xiàn de Dìyùgǔ yǐ huì pào wēnquán de hóuzi ér chūmíng. 长野县的地狱谷以会泡温泉的猴子而出名。
勝浦は白浜と並んで，和歌山を代表する温泉地です。	Shèngpǔ shì yǔ Báibīn qíjiān de Hégēshān xiàn de dàibiǎoxìng wēnquán shèngdì. 胜浦是与白滨齐肩的和歌山县的代表性温泉胜地。
大分県の別府は2千以上の温泉を持つ日本最大の温泉です。	Dàfēnxiàn de Biéfǔ shì Rìběn zuìdà de wēnquán, yōngyǒu liǎngqiān ge yǐshàng de wēnquán. 大分县的别府是日本最大的温泉，拥有两千个以上的温泉。
鹿児島県の指宿<ruby>いぶすき</ruby>は，海岸にある天然の砂蒸し風呂で知られています。	Lùʼérdǎo xiàn de Zhǐsù yǐ qí zài hǎiʼ ànxiànshang de tiānrán shāzhēngyù ér wénmíng. 鹿儿岛县的指宿以其在海岸线上的天然沙蒸浴而闻名。

◎温泉での注意点

浴槽の中で身体を洗うのはお控えください。	Qǐng búyào zài yùchízhōng cuōxǐ shēntǐ. 请不要在浴池中搓洗身体。
浴槽の湯にタオルを浸けるのはお控えください。	Qǐng búyào bǎ máojīn dàirù yùchízhōng. 请不要把毛巾带入浴池中。
コインロッカーのカギをなくすと弁償のため2,000円を請求されます。	Rúguǒ diūshī chǔwùxiāng yàoshi, xūyào péicháng liǎngqiān Rìyuán. 如果丢失储物箱钥匙，需要赔偿两千日元。
脱水症を避けるために水分を摂ってください。	Wèile bìmiǎn tuōshuǐ zhèngzhuàng, qǐng zhùyì shèqǔ shuǐfèn. 为了避免脱水症状，请注意摄取水分。
泥酔された方のご入浴はお控えください。	Zuìjiǔzhě qǐng búyào xǐyù. 醉酒者请不要洗浴。
一般的に，入れ墨のあるお客様は大部分の共同浴場に入ることはできません。	Yībān lái shuō, dàbùfen de yùchí shì bù yǔnxǔ yǒu 一般来说，大部分的浴池是不允许有 wénshēn de kèrén jìnrù de. 纹身的客人进入的。

◎温泉の入り方

服を脱いでかごに入れてください。	Yīfu tuōhǎo hòu fàngzài kuāngzhōng. 衣服脱好后放在筐中。
手ぬぐいをもって浴室へ入ってください。	Qǐng náhǎo bù shǒujīn hòu jìnrù yùshì. 请拿好布手巾后进入浴室。
浴槽の外で身体にお湯を桶でかけてください。	Qǐng zài yùchí wài yòng tǒng jiē rèshuǐ qīngxǐ shēntǐ. 请在浴池外用桶接热水清洗身体。
椅子に腰かけ，身体を洗ってください。	Qǐng zuò zài yǐzishang qīngxǐ shēntǐ. 请坐在椅子上清洗身体。
身体を洗い終わったら，椅子と洗面器を元の位置に戻してください。	Qīngxǐ hòu qǐng jiāng yǐzi hé liǎnpén fànghuí yuánchù. 清洗后请将椅子和脸盆放回原处。

静かに浴槽に浸かってください。	Pàozǎo shí qǐng ānjìng. 泡澡时请安静。
お風呂から出る時は，身体についた水分をぬぐってください。	Líkāi shí qǐng jiāng shēntǐ cāgān. 离开时请将身体擦干。

◎温泉到着前の注意点

夕食付の旅館に宿泊する場合は，遅くとも午後6時頃までには到着してください。	Zài pèi yǒu wǎnfàn de lǚguǎn zhùsù shí, zuì wǎn yě qǐng zài xiàwǔ 在配有晚饭的旅馆住宿时，最晚也请在下午 liù diǎn zuǒyòu dàodá lǚguǎn. 六点左右到达旅馆。
もし夕食の時間に遅れそうな場合は，旅館に前もってご連絡ください。	Rúguǒ gǎnbushàng wǎnfàn de shíjiān, qǐng yùxiā tōngzhī lǚguǎn. 如果赶不上晚饭的时间，请预先通知旅馆。

◎温泉旅館の客室での注意点

旅館では各部屋に電気ポットとティーパック，和菓子が用意されています。	Lǚguǎn de gègè fángjiān bèiyǒu diànrè shuǐhú hé chábāo, xiǎo diǎnxīn. 旅馆的各个房间备有电热水壶和茶包，小点心。
客室に入る際は，靴やスリッパを脱いでください。	Jìn fángjiān qián qǐng tuōdiào xiézi hé tuōxié. 进房间前请脱掉鞋子和拖鞋。
使用した布団は，たたむ必要はありません。	Shǐyòngguo de bèirù bù xūyào shōushi. 使用过的被褥不需要收拾。
たいていの旅館では綿の浴衣が寝具として用意されています。	Dàduōshù de lǚguǎn dōu huì zhǔnbèi miánzhì de yùyī zuòwéi shuìyī. 大多数的旅馆都会准备棉质的浴衣作为睡衣。
旅館滞在中は，浴衣を着たままで温泉街に出ることもできます。	Zhùsù qījiān kěyǐ chuānzhe yùyī dào wēnquán jiē shàngqu. 住宿期间可以穿着浴衣到温泉街上去。
お部屋に用意されている浴衣を羽織って，スリッパを履いて大浴場にお越しください。	Qù dà yùchǎng shí qǐng chuān fángjiān nèi yùbèihǎo de yùyī hé tuōxié. 去大浴场时请穿房间内预备好的浴衣和拖鞋。

◎着物の説明

着物は、成人式、慶弔、茶道、華道などで着用する日本の伝統的な衣服です。	Héfú shì zài chéngrén yíshì、hóngbáixǐshì、chádào、huādào děng 和服是在成人仪式、红白喜事、茶道、花道等 huódòng shí chuān Rìběn chuántǒng yīfu. 时穿的日本传统衣服。
着物は、既婚と未婚の女性で模様や色合い、袖の長さが異なります。	Nǚxìng gēnjù yǐhūn hé wèihūn, héfú de tú'àn、sècǎi hé xiùzi 女性根据已婚和未婚，和服的图案、色彩和袖子 de chángduǎn yě yǒusuǒ bùtóng. 的长短也有所不同。
正装として江戸時代に使われた衣服が今日の着物に進化しました。	Zuòwéi zhèngzhuāng zài Jiānghù shídài chuān de yīfu yǎnbiànchéng 作为正装在江户时代穿的衣服演变成 xiànzài de héfú. 现在的和服。
すべてひとりでフォーマルな着物を着るのは非常に難しいです。	Quándōu shì yí ge rén zìjǐ chuānhǎo zhèngshì de héfú shì fēicháng kùnnan de. 全都是一个人自己穿好正式的和服是非常困难的。
たいていの人は着物を着るときに美容室や着付け師のところに行って、プロの助けを借ります。	Dàbùfen rén chuān héfú shí, qù měifàtīng huòzhě bāng chuān héfú de 大部分人穿和服时，去美发厅或者帮穿和服的 lǎoshī nàli, qǐng zhuānyè rénshì bāngmáng. 老师那里，请专业人士帮忙。
旅館や日本食レストランの仲居さんは、仕事をするときに着物を着ます。	Rìshì lǚguǎn hé Rìshì cāntīng de nǚ fúwùyuán zài gōngzuò shí chuān héfú. 日式旅馆和日式餐厅的女服务员在工作时穿和服。

◎着物の種類

振袖は、成人式や結婚式などの特別な機会のための未婚女性用の袖の長い着物です。	Zhènxiù shì zhǐ zài chéngrénshì huòzhě hūnlǐ děng tèbié de qíngkuàngxia, 振袖是指在成人式或者婚礼等特别的情况下， wèihūn nǚxìng chuān de chángxiù héfú. 未婚女性穿的长袖和服。
留袖は、ほとんどは日本の結婚式で多くの既婚女性が着る着物です。	Liúxiù shì zhǐ zài Rìběn de hūnlǐshang, hěn duō yǐhūn nǚxìng chuān de 留袖是指在日本的婚礼上，很多已婚女性穿的 héfú. 和服。

訪問着は正式なお呼ばれに女性が着用するセミフォーマルな着物です。	Bàifǎngzhuāng shì zhǐ shòudào zhèngshì de yāoqǐng shí, nǚxìng chuān 拜访装是指受到正式的邀请时，女性穿 de bàn zhèngshì de héfú. 的半正式的和服。
小紋はカジュアルな着物で，一般的には小さく同じ模様が着物全体に描かれています。	Xiǎowén shì qīngbiàn shūshì de héfú, yìbān shì xiāngtóng de suìxiǎo 小纹是轻便舒适的和服，一般是相同的碎小 huāwén bèi yìnrǎn zài zhěnggè héfúshang. 花纹被印染在整个和服上。
紋付は家紋が付いた着物のことです。	Wénfù shì zhǐ dài yǒu jiāzú huīzhāng de héfú. 纹付是指带有家族徽章的和服。
袴は，人々が着物の上に着て腰で締める長くゆったりしたズボンです。	Kù shì zhǐ rénmen chuānshang héfú hòu, yòu chuān yì tiáo zài yāobù 袴是指人们穿上和服后，又穿一条在腰部 jìjǐn de yòu cháng yòu kuānsōng de kùzi. 系紧的又长又宽松的裤子。
浴衣は綿でできた日本の着物で，風通しがいいので，夏に着られます。	Yùyī shì yòng miánxiàn zhìzuò de Rìběn héfú, yīnwèi tōngfēng hǎo, 浴衣是用棉线制作的日本和服，因为通风好， shìhé zài xiàtiān chuān. 适合在夏天穿。
浴衣はたいていの旅館に置いています。	Yìbān de lǚguǎn dōu bèi yǒu yùyī. 一般的旅馆都备有浴衣。
<ruby>十二単<rt>じゅうにひとえ</rt></ruby>は平安時代の宮廷女性向けの 12 枚重ねの衣裳です。	Shí'èrdān shì píng'ān shídài gōngtíng nǚxìng suǒ chuān de yì zhǒng 十二单是平安时代宫廷女性所穿的一种 chóngdiézhe yǒu shí'èr céng de yīfu. 重叠着有十二层的衣服。
羽織は着物の上から着用される短い上着です。	Yǔzhī shì zhǐ héfú wàimian chuān de duǎn wàiguà. 羽织是指和服外面穿的短外褂。

◎小物

足袋は着物のときに履く日本のソックスです。	Zúdài shì zhǐ chuān héfú shí chuān de Rìběnshì duǎn bùwàn. 足袋是指穿和服时穿的日本式短布袜。
足袋の形は草履の鼻緒をつかみやすいようになっています。	Zúdài de xíngzhuàng néng gèng róngyì zhuāzhù cǎolǚ de dàizi. 足袋的形状能更容易抓住草履的带子。
帯は着物を着る人の腰に巻くものです。	Dài shì zhǐ chán zài chuān héfú de rén yāoshang de zhuāngshì dài. 带是指缠在穿和服的人腰上的装饰带。

女性用の帯は男性用に比べ幅広く，デザインも手が込んでいます。	Nǚxìng shǐyòng de yāodài hé nánxìng xiāngbǐ gèng kuān, shèjì yě 女性使用的腰带和男性相比更宽，设计也 fēicháng jīngzhì. 非常精致。
草履は平たい足底とV字型の鼻緒からなる日本のサンダルです。	Cǎolǚ shì yóu píng xiédǐ hé V zìxíng dàizi gòuchéng de Rìběnshì liángxié. 草履是由平鞋底和V字形带子构成的日本式凉鞋。
下駄は二本の歯と鼻緒から成る日本の伝統的な木製の履物です。	Mùlǚ shì yóu xiédǐ de liǎng ge mùlǚ chǐ hé mùlǚ dài gòuchéng dè 木履是由鞋底的两个木履齿和木履带构成的 Rìběn chuántǒng mùzhì xié. 日本传统木制鞋。

◎芸者

芸者は文字どおり「特別な芸がある人」で，祝宴の席で着物を着て，歌ったり踊ったりします。	Yìjì gù míng sī yì shì zhǐ "yǒu tèbié jìyì de rén", zhíyè 艺妓顾名思义是指"有特别技艺的人"，职业 jiùshì zài hèyànshang chuānzhe héfú, zài gē zài wǔ. 就是在贺宴上穿着和服，载歌载舞。
芸者は髪は古風な日本髪に結い，上品な着物を着ています。	Yìjì shūzhe gǔshì de Rìběn fàxíng, chuānzhe diǎnyǎ de héfú. 艺妓梳着古式的日本发型，穿着典雅的和服。
ほとんどの舞妓は置屋に属しています。	Wǔjì jīhū dōu cóngshǔ yú jìsù chù. 舞妓几乎都从属于寄宿处。
置屋のおかみが芸者を仕切って，旅館や料亭へ派遣します。	Jìsù chù de nǚ zhǔrén guǎnlǐzhe yìjì, zhǐpài tāmen qù lǚguǎn huò 寄宿处的女主人管理着艺妓，指派她们去旅馆或 gāojí Rìliào diàn. 高级日料店。
芸者は主に京都や東京で見られます。	Yìjì zhǔyào shì zài Jīngdū hé Dōngjīng néng kàndào. 艺妓主要是在京都和东京能看到。
京都の祇園は，芸妓や舞妓に時折ばったり出くわすことで有名な花街です。	Zài Jīngdū de Qíyuán, yǒushí huì ǒurán yùjiàn yìjì huò wǔjì, 在京都的祇园，有时会偶然遇见艺妓或舞妓， suǒyǐ zhèli shì hěn yǒumíng de jiēxiàng. 所以这里是很有名的街巷。
値段が高すぎますが，芸者のもてなしを受けるのは特別な経験です。	Suīrán jiàgé fēicháng guì, dànshì shòudào yìjì de zhāodài shì yì zhǒng 虽然价格非常贵，但是受到艺妓的招待是一种 tèbié de jīngyàn. 特别的经验。

7.「日本の祭り」を案内するための必須例文はこれだ！

◎祇園祭

祇園祭は八坂神社のために京都で 7 月に行われます。	Qíyuánjié wèi Bābǎn shénshè qīyuè zài Jīngdū jǔxíng. 祇园节为八坂神社七月在京都举行。
祇園祭で最も人気があるものは，豪華に装飾された山鉾で，京都の中心部をパレードします。	Qíyuánjié zuì shòu huānyíng de shì bèi zhuāngshì de fēicháng háohuá de cǎichē, 祇园节最受欢迎的是被装饰得非常豪华的彩车， qiánwǎng Jīngdū zhōngxīn dìqū de shèngzhuāng yóuxíng. 前往京都中心地区的盛装游行。
祇園祭は度重なる伝染病を食い止めるために神道の儀式として 9 世紀に始まりました。	Wèile kòngzhì zhù jiē' èr liánsān de chuánrǎnbìng, Qíyuánjié zuòwéi 为了控制住接二连三的传染病，祇园节作为 shéndào de yíshì shǐyú jiǔ shìjì. 神道的仪式始于九世纪。
祇園祭の最大の魅力は 7 月 17 日と 24 日の山鉾巡行と呼ばれるパレードです。	Qíyuánjié de zuìdà liàngdiǎn shì qīyuè shíqī rì hé èrshísì rì de bèi 祇园节的最大亮点是七月十七日和二十四日的被 chēngwéi cǎichē xúnxíng de yóuxíng. 称为彩车巡行的游行。

◎葵祭

葵祭は毎年 5 月 15 日に行われます。	Kuíjié yú měinián wǔyuè shíwǔ rì jǔxíng. 葵节于每年五月十五日举行。
葵祭は平安時代の衣装を身につけた人々の行列が見どころです。	Kuíjié zuì zhíde kàn de shì shēnzhuó píng' ān shídài fúzhuāng de rénmen 葵节最值得看的是身着平安时代服装的人们 de duìwu. 的队伍。

◎時代祭

時代祭は，桓武天皇が平安京に入洛した 10 月 22 日を祝う祭りです。	Shídàijié shì zhùhè Huánwǔ tiānhuáng shíyuè èrshi' èr rì láidào Jīngdū 时代节是祝贺桓武天皇十月二十二日来到京都 de jiérì. 的节日。
時代祭では，日本の様々な時代を再現した衣裳を身につけた人の行列が楽しめます。	Guò Shídàijié shí, néng xīnshǎngdào shēnzhuó Rìběn gègè shídài 过时代节时，能欣赏到身着日本各个时代 fúzhuāng de rénmen de duìwu. 服装的人们的队伍。

祇園祭，葵祭とともに，時代祭は京都の三大祭の一つです。	Shídàijié, yǔ Qíyuánjié hé Kuíjié yíyàng, shì Jīngdū de sān dà 时代节、与祇园节和葵节一样，是京都的三大 jiérì zhīyī. 节日之一。

◎阿波踊り

阿波踊りは日本で最も有名な盆踊りで，毎年多くの人出があります。	Ābōwǔ zài Rìběn shì zuì yǒumíng de yúlánpénhuì wǔ, měinián dōu 阿波舞在日本是最有名的盂兰盆会舞，每年都 huì yǒu hěn duō rén. 会有很多人。
網笠に浴衣を着た踊り子達が，日本の伝統楽器の伴奏で「よしこの」という歌に合わせて踊ります。	Tóu dài cǎolì shēnzhuó yùyī tiàowǔ de nǚxìng men, zài Rìběn chuántǒng 头戴草笠身着浴衣跳舞的女性们，在日本传统 yuèqì de bànzòu xià, hè zhe "yoshikono" zhè shǒu gē tiàowǔ. 乐器的伴奏下，和着"yoshikono"这首歌跳舞。
観客も他の人と一緒に情熱的な踊りに参加できます。	Guānzhòng yě néng hé qítā rén yìqǐ cānyùdào jīqíng de wǔdǎozhōng. 观众也能和其他人一起参与到激情的舞蹈中。

◎さっぽろ雪まつり

さっぽろ雪まつりの見どころは大通公園に並ぶ大きな雪像です。	Zhāhuáng bīngxuějié zhídé yī kàn de shì páilèi zài Dàtōng gōngyuánli 札幌冰雪节值得一看的是排列在大通公园里 de dàxíng xuědiāo. 的大型雪雕。
雪まつりはまた，大きな雪像国際コンクールにもなっています。	Bīngxuějié yě tóngshí shì dàxíng xuědiāo de guójì bǐsài. 冰雪节也同时是大型雪雕的国际比赛。

◎ねぶた祭り

青森ねぶた祭りは灯りのついた巨大な山車が見どころの色鮮やかなお祭りです。	Qīngsēn shuìmójié de liàngdiǎn shì sècǎi fēicháng xiānyàn de guàzhe 青森睡魔节的亮点是色彩非常鲜艳的挂着 dēnglong de jùdà cǎichē. 灯笼的巨大彩车。
横9メートル，奥行き7メートルの大きさの山車もあります。	Yǒu kuān jiǔ mǐ zòngshēn qī mǐ de jùdà cǎichē. 有宽九米纵深七米的巨大彩车。

山車は有名な歴史人物や歌舞伎役者などの像をのせて町をパレードします。	Cǎichēshang zàiyǒu zhùmíng de lìshǐ rénwù hé gēwǔjì yǎnyuán de 彩车上载有著名的历史人物和歌舞伎演员的 huàxiàng, zài shìnèi lièduì yóuxíng. 画像，在市内列队游行。

◎神田祭

神田祭は奇数年の5月に行われ，山王祭は偶数年の6月に行われます。	Shéntiánjié shì jīshù nián de wǔyuè, Shānwángjié shì ǒushù nián de 神田节是奇数年的五月，山王节是偶数年的 liùyuè jǔxíng. 六月举行。
神田祭は土曜日と日曜日に地元の人々によって行われる神輿パレードが見どころです。	Shéntiánjié de liàngdiǎn shì xīngqīliù hé xīngqīrì yóu dāngdì rén jǔxíng 神田节的亮点是星期六和星期日由当地人举行 de tái shénjiào yóuxíng. 的抬神轿游行。

◎高山祭

高山祭は提灯やからくり人形で飾られた豪華な屋台を呼び物にしています。	Gāoshānjié zuì shòu huānyíng de shì yòng dēnglong hé huódòng 高山节最受欢迎的是用灯笼和活动 mù'ǒu zhuāngshì de fēicháng huálì de cǎichē. 木偶装饰得非常华丽的彩车。

8. 「日本の庭園」を案内するための必須例文はこれだ！

◎日本の庭園

日本の庭園は，左右非対称と縮景が特徴です。	Rìběn tíngyuàn de tèzhēng shì zuǒyòu bú duìchèn hé zìrán fēngjǐng jí 日本庭院的特征是左右不对称和自然风景及 míngjǐng de mófǎng. 名景的模仿。
多くの庭は浄土思想や禅の影響を受けています。	Hěn duō tíngyuàn shòudàole jìngtǔ sīxiǎng hé chán de yǐngxiǎng. 很多庭院受到了净土思想和禅的影响。
日本や中国の名所を形どった庭園もあります。	Yě yǒu mófǎng Rìběn hé Zhōngguó míngshèng de tíngyuàn. 也有模仿日本和中国名胜的庭院。
日本庭園は，植栽や岩や水を用いて自然を模倣しています。	Rìběn tíngyuàn lìyòng zāizhòng de zhíwù, shítou hé shuǐ lái mófǎng zìrán. 日本庭院利用栽种的植物，石头和水来模仿自然。
日本庭園は三つのタイプに分類されます。枯山水と回遊式庭園と露地です。	Rìběn tíngyuán fēnchéng sān zhǒng；Kūshānshuǐ、huíyóushì tíngyuàn 日本庭园分成三种；枯山水、回游式庭院 hé lùdì. 和露地。
島根県足立美術館の庭は15年連続で，アメリカの雑誌で日本の庭部門の1位に選ばれました。	Dǎogēn xiàn Zúlì měishùguǎn de tíngyuàn zài Měiguó de zázhìshang, 岛根县足立美术馆的庭院在美国的杂志上， liánxù shíwǔ nián bèi píngwéi Rìběn tíngyuàn bùmén de dì yī wèi. 连续十五年被评为日本庭院部门的第一位。
岩手県の毛越寺の庭園は，浄土思想に基づいて作られています。	Yánshǒu xiàn Máoyuèsì de tíngyuàn shì yǐ jìngtǔ sīxiǎng wéi jīchǔ ér 岩手县毛越寺的庭院是以净土思想为基础而 jiànzào de. 建造的。

◎回遊式庭園

回遊式庭園は池や小道を配置して，季節ごとの眺めを楽しめるのが特徴です。	Huíyóushì tíngyuànli yǒu chítáng hé xiǎolù, néng xiǎngshòu sìjì de 回游式庭院里有池塘和小路，能享受四季的 fēngjǐng shì qí tèsè. 风景是其特色。
有名な回遊式庭園には金沢の兼六園や東京の六義園があります。	Zhùmíng de huíyóushì tíngyuàn, yǒu Jīnzé de Jiānliùyuán hé 著名的回游式庭院，有金泽的兼六园和 Dōngjīng de Liùyìyuán. 东京的六义园。

多くの回遊式庭園は大名によって作られました。	Hěn duō huíyóushì tíngyuàn dōu shì yóu zhūhóu jiànzào de. 很多回游式庭院都是由诸侯建造的。
日本三名園とは，金沢の兼六園，岡山の後楽園，水戸の偕楽園です。	Rìběn de sān dà zhùmíng yuán shì Jīnzé de Jiānliùyuán, 日本的三大著名园是金泽的兼六园， Gāngshān de Hòulèyuán hé Shuǐhù de Xiélèyuán. 冈山的后乐园和水户的偕乐园。
兼六園は，特別な形の燈籠と，雪吊り（庭木の枝の雪折れを防ぐために，枝を支柱から縄でつり上げること）で有名です。	Jiānliùyuán yǐ tèshū xíngzhuàng de dēnglong, tíngyuànzhōng wèile fángzhǐ 兼六园以特殊形状的灯笼，庭院中为了防止 bèi xuě yāduàn diàoqǐlai de shùzhī ér wénmíng. 被雪压断吊起来的树枝而闻名。
偕楽園は早春の梅の花が特徴です。	Xiélèyuán de tèsè shì zǎochūn de méihuā. 偕乐园的特色是早春的梅花。
後楽園は岡山城を背にした素晴らしい眺めで有名です。	Hòulèyuán shì yǐ Gāngshān chéngbǎo wéi bèijǐng de yōuměi jǐngsè ér 后乐园是以冈山城堡为背景的优美景色而 wénmíng. 闻名。
回遊式庭園には，燈籠や橋や島が効果的に配置されています。	Zài huíyóushì tíngyuànli, dēnglong、xiǎoqiáo hé xiǎodǎo bèi jīngxīn 在回游式庭院里，灯笼、小桥和小岛被精心 de pèizhì zài yìqǐ. 地配置在一起。

◎枯山水

枯山水は岩，小石，砂利を用いて禅の精神を表現しています。	Kūshānshuǐ lìyòng yánshí、xiǎo shízǐ hé lìshí biǎoxiànle chán de jīngshén. 枯山水利用岩石、小石子和砾石表现了禅的精神。
京都の龍安寺の庭は，代表的な枯山水です。	Jīngdū Lóng'ānsì de shítíng shì dàibiǎoxìng de kūshānshuǐ. 京都龙安寺的石庭是代表性的枯山水。
小石の海の中に注意深く配置された岩は，瞑想のための小宇宙を形作っています。	Zài xiǎo shízǐ pūchén de dìshang, jīngxīn pèizhì de yánshí wèi 在小石子铺成的地上，精心配置的岩石为 míngxiǎng gòujiànchu yí ge de xiǎo yǔzhòu. 冥想构建出一个小宇宙。
枯山水は，砂利は同心円状のさざ波模様が付くようにならしてあることがよくあります。	Kūshānshuǐ, yìbān dōu shì bǎ lìshí pázhìchéng píngzhěng de 枯山水，一般都是把砂石耙制成平整的 tóngxīn bōwén xíngzhuàng. 同心波纹形状。

枯山水の大きな丸石は滝を表現しています。	Kūshānshuǐ yǒu hěn dà de yuánshí biǎoxiànle pùbù. 枯山水有很大的圆石表现了瀑布。
京都の天龍寺の庭を造った夢窓疎石は，最も有名な作庭家です。	Jiànzàole Jīngdū Tiānlóngsì tíngyuán de Mèngchuāng Sūshí shì zuì 建造了京都天龙寺庭园的梦窗疎石是最 yǒumíng de yuányì shèjìjiā. 有名的园艺设计家。

◎露地

露地は，茶室に隣接した小さくて囲いのある庭です。	Lùdì jiùshì línjiē cháshì hěn xiǎo de yí ge bèi bāowéiqǐlai de tíngyuàn. 露地就是邻接茶室很小的一个被包围起来的庭院。
露地はわびさびや深遠な美観を表現しています。	Lùdì biǎoxiànle xiánjì gǔyǎ, yìyì shēnyuǎn de měijǐng. 露地表现了闲寂古雅，意义深远的美景。
飛び石や蹲いは露地の大事な要素です。	Jiǎotàshí hé shítou xǐshǒu pén shì lùdì fēicháng zhòngyào de yàosù. 脚踏石和石头洗手盆是露地非常重要的要素。
円通寺の庭は借景で有名です。	Yuántōngsì de tíngyuán shì yǐ jièjǐng ér wénmíng. 园通寺的庭园是以借景而闻名。
西芳寺はしばしば「苔寺」と呼ばれ，厚いベルベットのような苔が特徴です。	Xīfāngsì jīngcháng bèi chēngwéi "Táisì", hòuhòu de xiàng tiān'éróng 西芳寺经常被称为"苔寺"，厚厚的像天鹅绒 yíyàng de qīngtái shì sìyuàn de tèsè. 一样的青苔是寺院的特色。

9.「日本の伝統芸能」を案内するための必須例文はこれだ！

◎歌舞伎

歌舞伎は最初，女性が演じていましたが，現在は男性だけが演じます。	Gēwǔjì zuìchū shì yóu nǚxìng lái biǎoyǎn, dàn xiànzài zhǐ yóu nánxìng 歌舞伎最初是由女性来表演，但现在只由男性 biǎoyǎn. 表演。
男性の主役は「立ち役」と呼ばれ，女性の役を演じる男優は「女形」と呼ばれます。	Nánxìng de zhǔjué bèi chēngwéi "zhǔyǎn nán yǎnyuán", bànyǎn 男性的主角被称为"主演男演员"，扮演 nǚxìng de nán yǎnyuán bèi chēngwéi "nǚxíng". 女性的男演员被称为"女形"。
歌舞伎では，「隈取り」と呼ばれる化粧が人物の性格を明確に示します。	Zài Gēwǔjìli, bèi chēngwéi "gōuhuà liǎnpǔ" de huàzhuāng hěn 在歌舞伎里，被称为"勾画脸谱"的化妆很 míngxiǎn de biǎoxiànchūle rénwù de xìnggé. 明显地表现出了人物的性格。
舞台はヒノキ張りで，演出効果を上げるために回り舞台や迫など，さまざまな装置が工夫されています。	Wǔtái shì sībǎi pù zhì, wèile tígāo yǎnchū xiàoguǒ, jīngxīn shèjìle 舞台是丝柏铺制，为了提高演出效果，精心设计了 xuánzhuǎn wǔtái hé tuīchū zhuāngzhì děngděng. 旋转舞台和推出装置等等。
花道（観客の間にある高くなった通路）のおかげで観客は役者をより近くで見ることができます。	Yīnwèi cǎiyòngle huādào（chuānguò guānzhòng xí de lüè gāo qǐ de 因为采用了花道（穿过观众席的略高起的 tōngdào）, guānzhòng kěyǐ jìn jùlí de guānkàn yǎnyuán. 通道），观众可以近距离地观看演员。
歌舞伎では，役者は迫や花道にあるすっぽんから現れることがあります。	Zài Gēwǔjìli, yǎnyuán yǒushí huì cóng tuīchū zhuāngzhì huòzhě huādàoshang 在歌舞伎里，演员有时会从推出装置或者花道上 de xiǎoxíng tuīchū zhuāngzhìzhōng xiànshēn. 的小型推出装置中现身。

◎能

能は劇，踊り，器楽と声楽を組み合わせた日本最古の舞台芸術です。	Néng zuòwéi Rìběn zuì gǔlǎo de wǔtái yìshù, lǐmiàn jiéhéle yǎnjù, 能作为日本最古老的舞台艺术，里面结合了演剧， wǔdǎo, yuèqì hé shēngyuè. 舞蹈，乐器和声乐。

多くの能は人生の深刻で悲観的な側面を描いています。	Dàduōshù de Néng zhuózhòng miáohuì de shì rénshēngzhōng bēiguān 大多数的能着重描绘的是人生中悲观 de yímiàn. 的一面。
能の動作はゆっくりで，象徴的かつ神秘的です。	Néng de dòngzuò huǎnmàn, jì yǒuzhe xiàngzhēng xìng yòu dàizhe 能的动作缓慢，既有着象征性又带着 shénmì xìng. 神秘性。
能の演じ手は舞で人間の感情を表現します。	Néng de yǎnyuán tōngguò wǔdǎo lái biǎoxiàn rén de gǎnqíng. 能的演员通过舞蹈来表现人的感情。
能の演じ手は普通さまざまな木彫りの面をかぶります。	Néng de yǎnyuán tōngcháng huì dàizhe gèzhǒng gèyàng de mùdiāo miànjù. 能的演员通常会带着各种各样的木雕面具。
能面は，若い女性，年寄の男性，嫉妬に狂う女鬼，若い男神などの役柄を示します。	Néng miànjù dàibiǎozhe niánqīng nǚxìng, lǎonián nánzǐ, mù dài jídù zhī 能面具代表着年轻女性、老年男子、目带嫉妒之 huǒ de nǚ guǐ yǐjí niánqīng de nánzǐ shénlíng děng juésè lèixíng. 火的女鬼以及年轻的男子神灵等角色类型。
能の役は，主役の「シテ」と脇役の「ワキ」に大別されます。	Néng de juésè dàzhì kěyǐ fēn wéi zhǔjué de "shìshǒu" hé pèijué de 能的角色大致可以分为主角的"仕手"和配角的 "xié". "胁"。
シテと呼ばれる能の主役が，謡って舞います。	Bèi chēng zuò shìshǒu de Néng de zhǔjué, biān chàng biān tiào. 被称作仕手的能的主角，边唱边舞。
一つの話に登場する役者は，通常1人か2人ですが，4人以上登場することもあります。	Zài yí ge gùshìzhōng dēngchǎng de yǎnyuán tōngcháng shì yí dào liǎng 在一个故事中登场的演员通常是一到两 ge rén, dàn yě yǒu sì ge rén yǐshàng de shíhou. 个人，但也有四个人以上的时候。

◎狂言

狂言は日本で最古の喜劇で，人生の楽観的で喜劇的な面を描いています。	Kuángyán shì Rìběn zuì gǔlǎo de xìjù, miáoxiě de shì rénshēngzhōng 狂言是日本最古老的喜剧，描写的是人生中 lèguān huájī de yímiàn. 乐观滑稽的一面。
狂言は元来，能の幕間に演じられていました。	Kuángyán běnlái shì zài Néng de jù mù zhījiān shàngyǎn. 狂言本来是在能的剧幕之间上演。

狂言は今日では一般的に，能とは独立して劇場で演じられます。	Xiànzài yìbān Kuángyán yǐjīng yǔ Néng fēnkāi, zuòwéi yí ge dúlì de 现在一般狂言已经与能分开，作为一个独立的 jùmù shàngyǎn. 剧目上演。

◎文楽

文楽は日本の伝統的な人形劇で，三味線の音楽，浄瑠璃の語り，そして人形の巧みな操りを合わせたものです。	Wényuè shì Rìběn de chuántǒng mù'ǒu jù, yóu sānxiàn de yīnyuè、 文乐是日本的传统木偶剧，由三线的音乐、 chàngcí niànbái zài jiāshàng xìnì de mù'ǒu cāokòng suǒ zǔchéng. 唱词念白再加上细腻的木偶操控所组成。
文楽の起源は16世紀後半と言われています。	Wényuè de qǐyuán bèi rènwéi shì zài shíliù shìjì hòubàn qī. 文乐的起源被认为是在十六世纪后半期。
文楽では，1体の人形をリーダーの人形遣い1名と，アシスタントの人形遣い2名で操ります。	Zài wényuèzhōng yí ge mù'ǒu shì yóu héxīn de mù'ǒu shī yì míng yǐjí 在文乐中一个木偶是由核心的木偶师一名以及 liǎng míng zhùshǒu suǒ cāokòng. 两名助手所操控。
人形使いは黒装束に身をまとい，黒い布で頭と顔を隠します。	Mù'ǒu shī quánshēn chuān hēiyī, bìng tóu dài hēibù yǎnshì tóuliǎn. 木偶师全身穿黑衣，并头戴黑布掩饰头脸。
人形から観客の注意を奪わないために，人形遣いは黒い衣装を身にまとっています。	Mù'ǒu shī shēnchuān hēisè fúzhuāng wèideshì ràng guānzhòng néng 木偶师身穿黑色服装为的是让观众能 jiāng zhùyì lì jízhōng zài mù'ǒu shēnshang. 将注意力集中在木偶身上。

◎日本の伝統楽器

邦楽（日本の伝統音楽）は雅楽（宮廷の音楽）や能楽のような「古典」，民謡のような「民俗音楽」，そして「現代音楽」の3つに分類されます。	Bāngyuè（Rìběn chuántǒng yīnyuè）kěyǐ fēn wéi yǎyuè（gōngtíng yīnyuè）hé 邦乐（日本传统音乐）可以分为雅乐（宫廷音乐）和 néngyuè zhèyàng de "gǔdiǎn", mínyáo zhèyàng de "mínsú yīnyuè" 能乐这样的"古典"，民谣这样的"民俗音乐" yǐjí "xiàndài yīnyuè" zhè sān dà lèi. 以及"现代音乐"这三大类。
琴は日本の伝統的な13弦の楽器です。	Qín shì Rìběn chuántǒng de yǒuzhe shísān gēn de xián yuèqì. 琴是日本传统的有着十三根的弦乐器。

琴は木製で，長さは約 180 セン チ，幅は約 30 センチです。	Qín wéi mùzhì, cháng yuē yìbǎi bāshí límǐ, kuān yuē sānshí límǐ. 琴为木制，长约一百八十厘米，宽约三十厘米。
琴は右手の親指，人差し指，中 指に爪をつけて弾きます。	Qín yóu pèidàile bōzi de yòushǒu mǔzhǐ、shízhǐ hé zhōngzhǐ lái yǎnzòu. 琴由佩戴了拨子的右手拇指、食指和中指来演奏。
三味線は3弦の弦楽器で文楽や 歌舞伎の伴奏に用いられていま す。	Sānwèixiàn shì yǒuzhe sān gēn xián de xiányuèqì, yòng yú wényuè hé 三味线是有着三根弦的弦乐器，用于文乐和 gēwǔjì děng de bànzòu. 歌舞伎等的伴奏。
尺八は日本の伝統的な竹製の管 楽器で穴は5つ空いています。	Chǐbā shì yì zhǒng yǒuzhe wǔ ge kǒng de Rìběn chántǒng zhú zhì 尺八是一种有着五个孔的日本传统竹制 guǎnyuèqì. 管乐器。

◎寄席

落語は，一人のプロの噺家が座っ て演じる日本の伝統的なコメ ディで，ユーモアあふれる表現 や落（おち）のある会話のやり とりが特徴です。	Luòyǔ shì yóu yí ge zhuānyè de yìrén zuòzhe biǎoyǎn de Rìběn 落语是由一个专业的艺人坐着表演的日本 chuántǒng xǐjù, qí tèzhēng shì fùyǒu yōumò de biǎoxiàn yǐjí yǒu huájī 传统喜剧，其特征是富有幽默的表现以及有滑稽 jiéwěi de duìhuà. 结尾的对话。

▼巻末資料

「文化編」必須例文リスト

未

10.「居酒屋と和食」を案内するための必須例文はこれだ！

◎居酒屋一般

居酒屋は，さまざまや料理や飲み物を手ごろな価格で提供する日本式のパブです。	Jūjiǔwū shì tígōng gèzhǒng dàzhòng jiàwèi càipǐn hé jiǔshuǐ de Rìshì 居酒屋是提供各种大众价位菜品和酒水的日式 xiǎo jiǔdiàn. 小酒店。
お通しは，居酒屋で出される前菜で，300円から400円の料金を課されます。	Zhèngshì cài shànglái zhīqián de xiǎocài shì jūjiǔwū tígōng de 正式菜上来之前的小菜是居酒屋提供的 lěngpán, jiàgé zài sānbǎi Rìyuán dào sìbǎi Rìyuán. 冷盘，价格在三百日元到四百日元。
割り箸は，半分に割って使う使い捨ての木の箸で，通常飲食店で出されます。	Yí cì xìng kuàizi shì yì zhǒng kěyǐ pīkāi lái shǐyòng de yí cì xìng 一次性筷子是一种可以劈开来使用的一次性 mùzhì kuàizi, duō jiànyú cānyǐn lèi diànpù. 木制筷子，多见于餐饮类店铺。
おしぼりは，レストランで客が食事前に手を拭くために出される，湿った布です。	Xiǎo máojīn shì fàndiàn tígōng gěi kèrén zài yòngcān qián cāshǒu de 小毛巾是饭店提供给客人在用餐前擦手的 shī shǒujīn. 湿手巾。

◎居酒屋メニュー

揚げ出し豆腐は，しょうゆ風味のだしにつかった揚げた豆腐です。	Zhádòufu shì jiāng dòufu zài jiàngyóu wèi de tiáowèi zhīzhōng jìnpào 炸豆腐是将豆腐在酱油味的调味汁中浸泡 hòu yóuzhá zhìchéng. 后油炸制成。
焼き鳥は串に刺して焼いたチキンで，砂糖醤油か塩で味付けされています。	Kǎojīchuàn shì bǎ jīròu chuànqilai hòu, jiā táng hé jiàngyóu huòzhě shì 烤鸡串是把鸡肉串起来后，加糖和酱油或者是 yán hòu kǎo zhì ér chéng. 盐后烤制而成。
「冷奴」とは，通常，刻んだネギとおろしたしょうががトッピングされた，冷えた豆腐のことで，しょうゆをつけて食べます。	Suǒwèi "lěngnú", tōngcháng shì zhǐ pèi yǒu qiēhǎo de xiǎocōng hé cāsuìle 所谓"冷奴"，通常是指配有切好的小葱和擦碎了 de jiāng de liáng dòufu, yào zhànzhe jiàngyóu chī. 的姜的凉豆腐，要沾着酱油吃。
「枝豆」は茹でた緑色の大豆で，ビールによく合います。	"Zhīdòu" shì zhǔguo de lǜsè dàdòu, shìhé zuò hē píjiǔ shí de xiǎocài. "枝豆"是煮过的绿色大豆，适合做喝啤酒时的小菜。

お好み焼きとは，小麦粉，キャベツと豚や海鮮などの具が入った日本式パンケーキです。	Shíjǐn jiānbǐng shì zài miànfěnzhōng jiāle juǎnxīncài, zhūròu hé hǎixiān 什锦煎饼是在面粉中加了卷心菜，猪肉和海鲜 děng de Rìshì jiānbǐng. 等的日式煎饼。
たこ焼きは小さな蛸が入ったボール型パンケーキです。	Zhāngyú xiǎowánzi shì jiāle zhāngyú de yuánxíng kǎowánzi. 章鱼小丸子是加了章鱼的圆形烤丸子。
てんぷらは，野菜や魚介類に衣をつけて揚げたもので，つゆとともに出されます。	Tiānfùluó shì shūcài hé hǎixiān lèi guǒle miàn yǐhòu yóuzhá ér chéng, 天妇罗是蔬菜和海鲜类裹了面以后油炸而成， duō pèi yǒu tiáowèi tāngzhī. 多配有调味汤汁。
肉じゃがは，スライスした肉とじゃがいもをしょうゆと砂糖で味付けして煮たものです。	Tǔdòu dùn niúròu shì jiāng qiēchéng piàn de ròu hé tǔdòu jiā jiàngyóu 土豆炖牛肉是将切成片的肉和土豆加酱油 hé táng zhǔ zhì ér chéng de cài. 和糖煮制而成的菜。
茶漬けは，鮭やのりがトッピングされたご飯に熱い茶をかけたものです。	Chápàofàn shì zài jiāle guīyú hé hǎitái de mǐfànshang jiāozhù rè chá 茶泡饭是在加了鲑鱼和海苔的米饭上浇注热茶 ér shíyòng de càipǐn. 而食用的菜品。

◎麺類

うどんは，小麦粉でできた日本の麺で，そばはそば粉でできた日本の麺です。	Wūdōngmiàn shì yóu miànfěn zhìchéng de Rìshì miàntiáo, 乌冬面是由面粉制成的日式面条， qiáomàimiàn shì yóu qiáomàifěn zhìchéng de Rìshì miàntiáo. 荞麦面是由荞麦粉制成的日式面条。
釜揚げうどんは，茹でたての麺で温かいつゆに浸けて食べます。	Dàguō wūdōngmiàn shì jiāng gāng chūguō de miàn jìnpào zài 大锅乌冬面是将刚出锅的面浸泡在 chángwēn de tāngzhīzhōng hòu shíyòng. 常温的汤汁中后食用。
日本人がそばやうどんを食べる時ズルズル音を立てるのは，風味を増し，食欲を高めるためです。	Rìběnrén zài chī qiáomàimiàn hé wūdōngmiàn shí fāchu xīshǔn shēng 日本人在吃荞麦面和乌冬面时发出吸吮声 shì wèile zēngjiā miàn de fēngwèi jìn' ér tígāo shíyù. 是为了增加面的风味进而提高食欲。

◎鍋物

しゃぶしゃぶは，薄切りの牛肉および豚肉や野菜を沸騰した出汁にくぐらせ，ポン酢かゴマダレをつけて食べる料理です。	Rìshì shuànguō, jiāng piànhǎo de niúròu hé zhūròu yǐjí shūcài 日式涮锅，将片好的牛肉和猪肉以及蔬菜 fàngzài fèiténg de tāngdízhōng shuànhǎo hòu, zhànzhe chéngcù 放在沸腾的汤底中涮好后，沾着橙醋 huòzhě shì májiàng chī de càipǐn. 或者是麻酱吃的菜品。
すき焼きは，鍋の中に牛肉と野菜と豆腐を切って入れ，砂糖，しょうゆ，酒を加えて作った鍋料理です。	Rìshì huǒguō, shì zài guōzhōng fàngrù piànhǎo de niúròu hé shūcài, 日式火锅，是在锅中放入片好的牛肉和蔬菜、 dòufu, jiārù táng, jiàngyóu, hé jiǔ zhìzuò de huǒguō. 豆腐，加入糖、酱油和酒作的火锅。
湯豆腐は，昆布だしで煮た豆腐で，ポン酢に浸けて食べます。	Tāngdòufu, shì yòng hǎidài tāngdí zhǔguo de dòufu, zhànzhe chéngcù chī. 汤豆腐，是用海带汤底煮过的豆腐，沾着橙醋吃。

◎フォーマルな和食

懐石料理は，茶席の前に出される軽い食事です。	Huáishí liàolǐ shì zài cháhuì qián tígōng de jiǎndān fànshí. 怀石料理是在茶会前提供的简单饭食。
会席料理は，伝統的な日本の宴会の席で，膳で出されるコース料理です。	Huìxí liàolǐ shì jiāng càipǐn fàngzài xiǎo zhuōshang duānchulai de 会席料理是将菜品放在小桌上端出来的 Rìběn chuántǒng yànhuì tàocān. 日本传统宴会套餐。
精進料理は，宿坊で出される僧侶のための菜食料理です。	Jīngjìn liàolǐ shì sùfáng tígōng de gōng sēnglǚ shíyòng de sùzhāi. 精进料理是宿坊提供的供僧侣食用的素斋。

◎和食一般

しょうゆは，和食に欠かせない万能調味料です。	Jiàngyóu shì héshízhōng bùkě qiànquē de wànnéng tiáowèiliào. 酱油是和食中不可欠缺的万能调味料。

植田 一三（Ichay Ueda）

英語の最高峰資格8冠突破・英才教育＆英語教育書ライター養成校「アクエアリーズ」学長。英語の勉強を通して，人間力を鍛え，自己啓発と自己実現を目指す「英悟道」，Let's enjoy the process!（陽は必ず昇る）」をモットーに，36年間の指導歴で，英検1級合格者を約2200名以上，資格5冠（英検1級・通訳案内士・TOEIC 980点・国連英検特A・工業英検1級）突破者を約110名以上育てる。ノースウェスタン大学院修了後，テキサス大学博士課程に留学し，同大学で異文化間コミュニケーションを指導。著書は英検1級・TOEIC満点・通訳案内士・工業英検1級・国連英検特A突破対策本をはじめ，英語・中国語・韓国語・日本語学習書と多岐に渡り，多くはアジア5か国で翻訳されている。

高田 直志（たかた・なおし）

英語・中国語・韓国語のマルチリンガル通訳案内士。KGO全日本韓国語通訳案内士会代表。CGO中国語通訳案内士会幹事。NHK「テレビで中国語」，「NHK国際放送」などに，通訳案内士の代表としての出演多数。また，2014年以降の観光庁通訳案内士制度のあり方に関する検討委員として試験改革を積極的に提案し，同試験の改善に影響を与えるキーパーソンとなる。2007年より通訳案内士試験道場を主宰し，過去12年間で延べ308名の合格者を輩出。著書に，『全国通訳案内士試験「地理・歴史・一般常識・実務」直前対策』『英語でガイドする関東の観光名所10選』『全国通訳案内士試験「一般常識」直前対策問題集【2019年度版】』（以上，語研刊，共著），『英語と一緒に学ぶ中国語』（ベレ出版刊，共著）。取材協力に，『職場体験完全ガイド51（通訳案内士）』（ポプラ社刊）がある。

上田 敏子（うえだ・としこ）

アクエアリーズ副学長。英検1級・通訳案内士・工業英検1級・国連特A級対策講座講師。バーミンガム大学院（翻訳学）修了（優秀賞）。通訳案内士，観光英検1級（優秀賞），工業英検1級（文部科学大臣賞），「国連英検特A」（優秀賞）取得。鋭い異文化洞察と芸術的鑑識眼を備えた英語教育界のワンダーウーマン。日本紹介関係の主な著書に，『英語で説明する日本の文化』シリーズ，『英語でガイドする関西／関東の観光名所10選』（語研），『英語でガイド！外国人がいちばん知りたい和食のお作法』（Jリサーチ出版），『日本人についての質問に論理的に答える発信型英語トレーニング』（ベレ出版）などがある。季刊誌『ゼロからスタートEnglish』にて「ボランティア通訳ガイド入門」を連載中。

劉 志国（リュウ・ジーグオ）【中国語翻訳】

中国黒龍江省出身。教育大学を卒業し，3年間国語教諭を務めた後，京都教育大学に留学し，大学院教育研究科を修了。通訳案内士国家資格（中国語），中国語標準語検定1級，日本語能力試験1級取得。『快速マスター中国語』（語研）を執筆。

賈 子申（ジャ・ツーシェン）【中国語翻訳】

中学時代から日本からの訪問団の通訳を務め，日本留学後は法学部で日中間の歴史と法律について研究し，現在はアジアの社会福祉について研究中。関西学院大学法学部学士・修士，日本語能力試験1級，実用日本語検定A級，通訳案内士中国語取得。

© Ichizo Ueda; Naoshi Takata; Toshiko Ueda, 2020,
Printed in Japan

**中国語でガイドする
関東の観光名所10選**

2020年1月31日　　初版第1刷発行

編著　植田 一三
著者　高田 直志
　　　上田 敏子
制作　ツディブックス株式会社
発行者　田中 稔
発行所　株式会社 語研
　　　〒101-0064
　　　東京都千代田区神田猿楽町2-7-17
　　　電話03-3291-3986
　　　ファクス03-3291-6749
　　　振替口座00140-9-66728
組版　ツディブックス株式会社
印刷・製本　倉敷印刷株式会社

ISBN978-4-87615-350-3 C0087

書名　チュウゴクゴデ ガイドスル カントウノ
　　　カンコウメイショジュッセン
編著　ウエダ イチゾウ
著者　タカタ ナオシ／ウエダ トシコ

株式会社 語研
語研ホームページ https://www.goken-net.co.jp/

本書の感想は
スマホから↓

学習レベル
中級～上級

中国語でガイドする
関西の観光名所10選

植田一三 [編著]
上田敏子＋小室葉子＋Michy里中 [著]
劉志国＋賈子申 [訳]
定価：本体2,200円＋税
ISBN:978-4-87615-335-0
A5判 248頁 MP3CD付き

京都や大阪など関西地方の定番観光スポット
10ヶ所を厳選。名所旧跡や日本の伝統文化
について、中国語でわかりやすく伝える技術を
身につけます。インバウンド観光の現場に立つ
方だけでなく、全国通訳士案内士試験の合格
をめざす方にもオススメ。付属のMP3CDには
ダイアローグが収録されています。

全国通訳案内士試験
「地理・歴史・一般常識・実務」
直前対策

植田一三＋高田直志 [著]
定価：本体2,400円＋税
ISBN:978-4-87615-336-7
A5判 344頁

2018年3月に公表された新ガイドラインに完
全準拠。17年分の過去問を徹底分析し、出題
の要点と押さえておくべき必須項目を一冊に
まとめました。「実務」対策には、最重要ポイン
トをマスターできるようにQ&A形式の正誤問
題を100問用意。一次試験突破に向けて、知
識の定着を図りましょう。

語研では英語をはじめ、中国語、韓国語、スペイン語など世界22の
国と地域のことばを出版しております。詳細は弊社ホームページ
(http://www.goken-net.co.jp/)をご覧ください。

 語研 | TEL:03-3291-3986
FAX:03-3291-6749

〒101-0064 東京都千代田区神田猿楽町2-7-17
https://www.goken-net.co.jp/